U0934668

中信改革发展研究基金会 · 中国道路丛书 · 译丛

国家发展动力

Dynamics among Nations

[美] 希尔顿 · L. 鲁特 （Hilton L. Root）著

刘宝成 译

中信出版集团 · 北京

图书在版编目（CIP）数据

国家发展动力 /（美）希尔顿 · L. 鲁特著 ; 刘宝成译 . -- 北京 : 中信出版社 , 2018.9
书名原文 : Dynamics among Nations
ISBN 978-7-5086-9362-0

Ⅰ . ①国… Ⅱ . ①希… ②刘… Ⅲ . ①世界经济 – 研究 Ⅳ . ① F11

中国版本图书馆 CIP 数据核字（2018）第 188404 号

国家发展动力

著　　者：［美］希尔顿 · L. 鲁特
译　　者：刘宝成
出版发行：中信出版集团股份有限公司
（北京市朝阳区惠新东街甲 4 号富盛大厦 2 座　邮编　100029）
承 印 者：北京楠萍印刷有限公司

开　　本：787mm×1092mm　1/16　　印　　张：19.25　　字　　数：295 千字
版　　次：2018 年 9 月第 1 版　　印　　次：2018 年 9 月第 1 次印刷
京权图字：01–2016–9499　　广告经营许可证：京朝工商广字第 8087 号
书　　号：ISBN 978–7–5086–9362–0
定　　价：68.00 元

“中国道路”丛书学术委员会

“中国道路”丛书编委会

“中国道路”丛书总序言

中华人民共和国成立60多年以来，中国一直在探索自己的发展道路。特别是在改革开放30多年的实践中，努力寻求既发挥市场活力，又充分发挥社会主义优势的发展道路。

改革开放推动了中国的崛起。怎样将中国的发展经验进行系统梳理，构建中国特色的社会主义发展理论体系，让世界理解中国的发展模式？怎样正确总结改革与转型中的经验和教训？怎样正确判断和应对当代世界的诸多问题和未来的挑战，实现中华民族的伟大复兴？这都是对中国理论界的重大挑战。

为此，我们关注并支持有关中国发展道路的学术中一些有价值的前瞻性研究，并邀集各领域的专家学者，深入研究中国发展与改革中的重大问题。我们将组织编辑和出版反映与中国道路研究有关的成果，用中国理论阐释中国实践的系列丛书。

“中国道路”丛书的定位是：致力于推动中国特色社会主义道路、制度、模式的研究和理论创新，以此凝聚社会共识，弘扬社会主义核心价值观，促进立足中国实践、通达历史与现实、具有全球视野的中国学派的形成；鼓励和支持跨学科的研究和交流，加大对中国学者原创性理论的推动和传播。

“中国道路”丛书的宗旨是：坚持实事求是，践行中国道路，发展中国学派。

始终如一地坚持实事求是的认识论和方法论。总结中国经验、探讨中国模式，应注重从中国现实而不是从教条出发。正确认识中国的国情，正确认识中国的发展方向，都离不开实事求是的认识论和方法论。一切从实际出发，以实践作为检验真理的标准，通过实践推动认识的发展，这是中国共产党的世纪奋斗历程中反复证明了的正确认识路线。违背它就会受挫失败，遵循它就能攻坚克难。

毛泽东、邓小平是中国道路的探索者和中国学派的开创者，他们的理论创新始终立足于中国的实际，同时因应世界的变化。理论是行动的指南，他们从来不生搬硬套经典理论，而是在中国建设和改革的实践中丰富和发展社会主义理论。我们要继承和发扬这种精神，摒弃无所作为的思想，拒绝照抄照搬的教条主义，只有实践才是真知的源头。“中国道路”丛书将更加注重理论的实践性品格，体现理论与实际紧密结合的鲜明特点。

坚定不移地践行中国道路，也就是在中国共产党领导下的中国特色社会主义道路。我们在经济高速增长的同时，也遇到了来自各方面的理论挑战，例如将改革开放前后两个历史时期彼此割裂和截然对立的评价；例如极力推行西方所谓“普世价值”和新自由主义经济理论等错误思潮。道路问题是大是大非问题，我们的改革目标和道路是高度一致的，因而，要始终坚持正确的改革方向。历史和现实都告诉我们，只有社会主义才能救中国，只有社会主义才能发展中国。在百年兴衰、大国博弈的历史背景下，中国从积贫积弱的状态中奋然崛起，成为世界上举足轻重的大国，成就斐然，道路独特。既不走封闭僵化的老路，也不走改旗易帜的邪路，一定要走中国特色的社会主义正路，这是我们唯一正确的选择。

推动社会科学各领域中国学派的建立，应该成为致力于中国道路探讨的有识之士的宏大追求。正确认识历史，正确认识现实，积极促进中国学者原创性理论的研究，那些对西方理论和价值观原教旨式的顶礼膜拜的学风，应当受到鄙夷。古今中外的所有优秀文明成果，我们都应该兼收并蓄，但绝不可泥古不化、泥洋不化，而要在中国道路的实践中融会贯通。以实践创新推动理论创新，以理论创新引导实践创新，从内容到形式，从理论架构到话语体系，一以贯之地奉行这种学术新风。我们相信，通过艰苦探索、努力创新得来的丰硕成果，将会在世界话语体系的竞争中造就立足本土的中国学派。

“中国道路”丛书具有跨学科及综合性强的特点，内容覆盖面较宽，开放性、系统性、包容性较强。其分为学术、智库、纪实专访、实务、译丛等类型，每种类型又涵盖不同类别，例如在学术类中就涵盖文学、历史学、哲学、经济学、政治学、社会学、法学、战略学、传播学等领域。

这是一项需要进行长期努力的理论基础建设工作，这又是一项极其艰巨的系统工程。基础理论建设严重滞后，学术界理论创新观念不足等现状是制约因素之一。然而，当下中国的舆论场，存在思想乱象、理论乱象、舆论乱象，流行着种种不利于社会主义现代化事业和安定团结的错误思潮，迫切需要正面发声。

经过60多年的社会主义道路奠基和30多年的改革开放，我们积累了丰富的实践经验，迫切需要形成中国本土的理论创新和中国话语体系创新，这是树立道路自信、制度自信、理论自信、文化自信，在国际上争取话语权所必须面对的挑战。我们将与了解中国国情，认同中国改革开放发展道路，有担当精神的中国学派，共同推动这项富有战略意义的出版工程。

中信集团在中国改革开放和现代化建设中曾经发挥了独特的作用，它不仅勇于承担大型国有企业经济责任和社会责任，同时也勇于承担政治责任。它不仅是改革开放的先行者，同时也是中国道路的践行者。中信将以历史担当的使命感，来持续推动中国道路出版工程。

2014 年 8 月，中信集团成立了中信改革发展研究基金会，构建平台，凝聚力量，致力于推动中国改革发展问题的研究，并携手中信出版社共同进行“中国道路”丛书的顶层设计。

“中国道路”丛书的学术委员会和编辑委员会，由多学科多领域的专家组成。我们将进行长期的、系统性的工作，努力使“中国道路”丛书成为中国理论创新的孵化器，中国学派的探讨与交流平台，研究问题、建言献策的智库，传播思想、凝聚人心的讲坛。

孔丹

2015年10月25日

目 录

| 中文版序言 |

中国经济转型的驱动力

倘若中国一直对外闭关锁国，于内讧乱扰攘，史学家将见证又一文明古国的衰落；假如中国急于事功，模仿苏联的休克疗法，实施颠覆性的改革，泱泱华夏仍将沸反盈天，朋党林立，寡头横暴征利，贪贿公行，剧作家乐得采撷丰富的素材予以揶揄讥诽；再或中国合盘西化，舶来民主，放任市场，西方政治经济学家虽能给出合理的解释，但谁能有足够的智慧为其指点江山，确保社会稳定和经济增长的均衡发展呢？难道有着类似封建历史和庞大人口的邻国印度就是他们为中国力荐的楷模吗？殊不知，世界银行的数据已经显示，就在1978年中国改革初始之时，中印两国的国内生产总值（GDP）尚且不分伯仲，而光阴荏苒，历经近四十载国家的励精图治，人民的奋发图强，中国卓然跨入了持续高增长的轨道，2016年已领先于印度5倍之遥。这起码让两类从事转型研究的经济学派百思不得其解，一类属于宏观经济学派，另一类属于制度经济学派。其实，二者为转型政策开具的处方不外乎：私有化，自由化，对外开放，体制改革，依法治国，技术外溢，等等。

在经济转型问题上，宏观经济学派将新自由主义奉为圭臬，强调通过结构调整来对冲周期性危机，以放松管制后的自由市场来维持宏观经济的稳定及持续增长，因此往往诋斥政府在经济规划、产业布局、基建投资以及企业所有制中发挥的主导作用。显而易见，中国对这样的发展战略一直保持质疑的态度。首先制度经济学派会质疑，如果制度安排偏离了广为认同的公理，则社会势必乖舛迭生，政策改革无异于徒托空言。平心而论，为了自圆其说，那些程式化的经济理论都必定以建立超脱现实的假定为前提，并且在复杂的现实当中抽离出为数有限的变量，然后便可套用计量模型予以对比评说。分析过程是通过对比找出现行实践和所谓的最佳模式之间的差距，然后建议在要素配置或制度设计方面进行补苴罅漏。他们往往信誓旦旦，坚称如果一切都按照其框定的模型运转，那么转型中的市场就能尘埃落定，大致接近其他成功经济体的模样。这种强加于人的方法为中国的体制改革设定了一个目标——将其转变成为与其他西方国家相似的市场经济体。

中国的改革家虽然对各种治理和经济理论采取了包容的态度，甚至鼓励中外学者百家争鸣以便择善而从，但他们深知，没有任何现成的理论可以指导中国进行转型。照搬西方的教训殷鉴不远，推翻封建帝制并剪掉辫子的民国时代，选举制、总统府、内阁制、参众两院，各色民主建制一应俱全，但结果依然是军阀势力和阴鸷权奸横行朝野，假托民主之名争相为民做主。20世纪七八十年代，马克思列宁主义指导下的社会主义国家纷纷黄花凋零，而作为其中一员的中国，在经历了 40 年的改革开放后，不仅走出了百业凋敝、积贫积弱的窘境，而且已成为世界第二大经济体。尽管中国把邓小平崇奉为改革的总设计师，并将其言论和做法总结成“邓小平理论”写进了宪法，但即使是他本人也承认改革没有现成的理论和模式。不过，以邓小平为主要代表的中国共产党人坚信一点，那就是“实事求是”以及“实践是检验真理的唯一标准”。他们没有简单照搬西方模式，因为他们更加了解中国与西方的差距和差异，所以能够从中国当前的现实问题出发，务实地迎接更美好的明天。

他们认定，改革必须顾及所有参与者的承受能力，只能渐次推进，由点及面，贪功冒进势必会适得其反。

中国的改革家以遵循常理和实干精神回答了制度经济学派通常忽略的一个问题：在基础能力尚且处于低位的情况下，工业化将如何实现？换言之，面对羸弱不堪的生产力和数以亿计的贫困人口，遽然的结构转型和制度变革将会带来怎样的后果？

管子曰：凡治国之道，必先富民。果敢的领导者不会坐等万事俱备而贻误时机，而是把经济改革视为一个循序渐进、不断试错的过程。不少人将如今的贫富分化归咎于“让一部分人先富起来”的指导思想，这种说法失之偏颇，因为公允的评价不能脱离当时的历史背景，也忽视了改革决策者的初衷。改革必须找到一个突破口来注入新的动力机制，希冀先富起来的人能够带动后进的人，最终共同创造一个繁荣而公平的社会。但是，“身处于水深火热之中”的中国台湾和中国香港通过推行市场经济和参与全球分工而迅速跻身亚洲“四小龙”之列，而与之隔岸相望的深圳当时还是一个人口不过 3 万的小乡镇，如此巨大的反差足以令当时的中国领导者痛心疾首；而更为严峻的是，以安徽省小岗村为代表的人民公社的广大农民还在流离乞讨，广大市民仍然依靠各种票证维持最基本的生计。在那样的时代背景之下，任何的改变都意味着改善。但是，面对意识形态上的巨大惯性，特别是在取得成效之前，改变不仅需要打破僵局的勇气，而至关重要的是，需要在各种势力当中展示纵横捭阖的政治智慧。正所谓，民不可与虑始，而可与乐成。因为过程一般是难以预料的，而关键在于结果。国之将兴，必听于民。他们期望以经济增长为先导，以民众对美好生活的向往为动力，缓缓牵动体制改革和法制建设。

物有本末，事有终始；知所先后，则近道矣。在法治建设领域，与其搭建浩繁的法制体系，还不如首开商业之条规，以应市场及契约所急需。全面创设比肩西方的法治环境，绝非一代人所能完成的目标。况且，中国领导人审时度势，并未合盘照搬或嫁接西方的理论和模式，而是建立了一种兼收并蓄的混合体制，因为他们一方面必须正视本国的历史和现实，另一方面要在既定的全球贸易体系中寻找发展机遇。他们无意引进资本主义，也没有放弃共产主义的理想，而是要在风云变幻中力挽狂澜于既倒，复苏中国经济。他们没有冒进速成，而是适时调整了自身的定位，重新回溯到社会主义初级阶段，同时又扩大了社会主义的概念内涵，以顺理成章地接纳与资本主义相通的市场经济。经过十多年的摸索前进，1992 年召开的党的十四大正式将发展社会主义市场经济确定为经济改革的主要目标。

在此方面，中国的市场经济建设没有旧例可循，其结构是通过多种势力的交互博弈逐步演化而成的，类似于 19 世纪英国的维多利亚工业经济。这种前进的步伐和节奏仍然具有很强的不确定性，每一项新的举措都可能引发新的变化，在百端待举中激起意想不到的波澜。饶有意思的是，中国成功之路恰恰在于其领导层没有固守既定章法。他们意识到，唯有通权达变，才能与民更始，除旧布新。这体现了先哲孔子的智慧：道不远人，人之为道而远人，不可以为道。中国特色的社会主义市场经济，以及混合经济之类的概念，深刻印证了中国特有的哲学思辨。相对主义，而非绝对主义；实用主义，而非经院主义；功利主义，而非平等主义；渐进主义，而非激进主义……在两相对比当中，中国做出了自己的选择。

初见成效的改革进入一个当今学者号称的正态反馈回路。决策者的首要任务就是要动员全国上下解放思想，突破剩余价值论，这为外资企业和民营企业的营利行为赋予了合法性，为劳动力大军的市场化就业体系确立了框架；土地包产到户，工厂承包经营，城市住房商品化，绩效工资制，种种举措均突出了一个极其明确的目标：解放“无形之手”，奠定市场经济的基石。

在运用市场分配原则解决了老百姓的温饱问题之后，消除城乡差距和地区差距被提上了议事日程。仅仅依靠价格改革来消除“剪刀差”或者由中央进行补贴或转移支付，很难实现根本性的改观。在美国，林肯为了解放南方的劳动力，使之进入北方勃兴的制造业，不惜以发动内战为代价。而中国则只需一声令下，鼓励农村人口外出务工，调动亿万剩余劳动力进入城市和沿海地区，就收到了一举多得的功效：基础设施建设日新月异，商业制造充分利用了廉价劳动力的优势，农民工带回家乡的不仅是额外的收入，而且是信息、技能和创业的机会。在改革过程中，中国遵循了效率优于公平的原则，没有阻止劳动力资源的流动，而且使其流动更具有明确的经济性。

不像其他发展中国家，中国没有向西方国家或国际组织求援。领导层一旦认定了需要达成的目标，他们便千方百计，根据自身实际的社会能力来制订解决方案。在全球经济中抓住机遇，起点永远是自身现有的能力，这使中国得以摆脱国际社会的指手画脚，理直气壮地坚持自己的道路。其转型过程既不同于资本主义道路，也不同于社会主义空想，而是超越了支撑这两种模式的机械主义观念——经济是一个可以规划和控制的实体。他们对大多数西方国家的忠告一笑置之，认为市场和国家的界限不必畛域分明。改革的进程是一种在黑暗中的摸索，按照邓小平的原话，是“摸着石头过河”。中国没有现成的制度可以模仿。与其徒费口舌，争论究竟应该走资本主义道路还是社会主义道路，邓小平提出了一个切实可行的、非意识形态的评判标准，即“三个有利于”：是否有利于发展社会主义社会的生产力，是否有利于增强社会主义国家的综合国力，是否有利于提高人民的生活水平。这种改革方法和目标被写进了1999年的中国宪法，称作“邓小平理论”。将这一理论付诸实践的一个关键在于，邓小平允许一些地方或行业先行先试，在取得成功经验之后，总结成一种模式向全国推广。不同的模式可以在多个地方或行业同时试验，这种自下而上的改革方法有利于调动市场的力量来加速转型。

自20世纪50年代开始，合作社以及之后的人民公社构成了农村的主要生产方式。改革之初，国家并没有立即取消上缴公粮的制度，而是允许家庭留存或销售剩余的产品，于是在保障国家粮食储备的前提下调动了农民的劳动积极性。家庭联产承包责任制推行不到两年的时间，农业生产激增，公社体制下罕见的瓜果蔬菜在全国范围内铺满了路旁和街边的小店。

中国没有急于通过私有化来大面积地消灭公共企业，而是将其由国营变为国有，逐步将所有权和管理权分离开来，引进现代企业管理制度，并鼓励部分国有企业通过上市变为公共公司，从而接受机构及股民的监管。与此同时，改革开放形成了三股经济力量——国有企业、外资企业和民营企业——交相竞争的格局。实践证明，贴近市场的外资企业和民营企业蓬勃发展起来，它们的地位也由国民经济的补充上升到了国民经济的重要组成部分。这种做法容忍了意识形态的惯性，因而避免了大举私有化带来的社会震荡和政治风险，降低了改革成本，实现了改革的平稳过渡。

另一种独具中国特色的改革模式是发展乡镇企业，这是一种集体所有制经济实体，它对于解决社会基层就业和制造满足市场需求的产品发挥了巨大作用。这显然是一种明智的创举，因为在转型的过程中，由于中央政府控制的资产比例在逐步下降，税基也相应地收缩。将基层的社会服务职能交给乡镇企业，政府不仅减少了财政支出，而且为这些企业增添了市场活力。在计划经济时代，中国的生产性功能采用了单位的组织方式，管理者无须关心市场和利润，工人端着“铁饭碗”，享受从摇篮到坟墓的社会保障。乡镇企业就是这些基层生产单位走向公司化的雏形，随着时间的推移，最初的公共功能和地方政府对管理的参与逐步淡化，乡镇企业也彻底走上了商业化的道路。如今，乡镇企业这个名称渐趋退出了历史舞台，它们要么发展成像海尔一样的大型上市公司，要么在发展中被一些中外大公司兼并重组。

尽管中国有数以千万计的公司化经济实体，但政府从企业征收的税收仅占国内生产总值的20%左右，远远低于美国，仅相当于法国和瑞典的一半。实际上，政府通过征税所能提供的公共产品和服务低于任何西方的市场经济体。

另外一种有别于西方教科书的做法加速了中国的转型：土地政策。土地的所有权始终掌握在政府手中，将所有权与使用权分离，允许农民和地产开发商按照一定的期限向政府租用。如此一来，政府保持了支配土地的灵活性，避免与使用者陷入旷日持久的谈判，可以随时为了全局发展的战略目的征用或收回，用于建设工业园区或者修筑高速公路等，这是中国得以在大型基础建设项目突飞猛进的一个重要优势。当然，地权的不确定性也刺激了农民急功近利的行为，过度地施用农药和化肥不仅导致了严重的环境污染，而且也破坏了土壤的肥力；野蛮拆迁加剧了民众与地方政府的矛盾，地方政府和司法部门不能正确履责，且缺乏与民众的沟通能力，这构成了激化社会矛盾的主要原因。

中国的改革时常因不够放开而招致诟病。批评家指出，改革无法实现真正意义上的转型，而且，一旦社会剩余有所积累，既得利益集团则会挟私掣肘，阻挠改革进程。中国的决策者遇到的问题都是无章可循的。一切从实际出发，兼收并蓄的做法更有利于减小改革的阻力。随着改革的推进，他们开始认识到，市场经济原本就没有固定的模式，它并不完美，但很有用。时移势易，解决问题的体制和机制等手段必须与时俱进，在不断摸索中创新。即使初步的改革方案已经出台，也不妨因地制宜，随时进行调整，再以优化的版本进入二次试验，直到形成更加完备的体系。另外，指责中国改革发展毫无规划是缺乏根据的。最为明显的，虽然中国政府每五年制定的《国民经济和社会发展规划》属于计划经济的遗产，但中国的领导者能够吐故纳新，不断充实和更新内容，不仅为今后五年的发展指明了方向，而且设立了诸多切实可行的量化指标。当然，在执行过程中，期待中国的政策具有很强的可预见性，也是不现实的。

在上述所有的举措中，中国的转型过程超越了传统的设计思路。政治领导人明白，在发展市场经济方面，他们没有任何历史的经验可以借鉴，由此需要边改革边试点，抱残守缺是绝无出路的，巨大的转变势在必行，不能刻舟求剑，让旧的期待、标准和习惯束缚住手脚。在走向现代化的征程中，他们不愿意重蹈教条主义的覆辙。在强烈反对教条主义的过程中，他们实事求是，不盲目接受未经检验的意识形态。

实际上，在中国的改革开放过程中，领导者并没有偏离毛泽东思想，毛泽东在1937年发表的著名的《实践论》中指出："通过实践而发现真理，又通过实践而证实真理和发展真理。从感性认识而能动地发展到理性认识，又从理性认识而能动地指导革命实践，改造主观世界和客观世界。实践、认识、再实践、再认识，这种形式，循环往复以至无穷，而实践和认识之每一循环的内容，都比较地进到了高一级的程度。"①

纵观前共产主义国家的改革实践，会发现：这些国家普遍会陷入一个两难的困局。一方面，疾风骤雨式的改革可以瞬间破坏一切旧制，令人振奋一时，但在全新的制度建立之前，难免造成杌陧难抚的乱局；另一方面，改革过于缓慢，则会陷入左支右绌的泥潭，改革者往往陷入骑虎难下的困境。苏联的解体成就了寡头的垄断，市场改革背离了理想的轨道，导致国力一蹶不振；精英集团滋扰改革进程的问题在中国亦愈演愈烈，庞大的政府机构体系控制了大量的社会资源，大型国有企业的内部人特权成为低效和腐败的渊薮。但是，中国的改革步伐不能简单地用激进或渐进来形容。它如何绕过了这种两难的陷阱呢？市场导向的改革之所以能够不断推进，主要原因在于改革者调动了正和博弈的动力机制，使每一轮改革都能在政治上与关键的角色保持一致，在确保中国共产党领导地位的同时，地方政府的利益也得到了增进。企业承包机制活跃了市场，提高了企业效益；税收包干模式划定了地方和中央政府的分利界限，既提高了地方政府的积极性，又确保了中央可预见的收

① 毛泽东.《毛泽东选集》(第一卷)［M］. 北京：人民出版社，1991.

入。总之，地方政府、企业和农村的生产单位获得了越来越多的自主权。

改革之路重峦叠嶂，每一轮改革都意味着一次利益再分配。值得注意的是，当改革派获得了自己期望的利益之后，往往会变成保守派，成为下一轮改革的拦路虎。然而，在大势所趋之下，改革者代代辈出，整个社会结构得以递相演进。持续的改革使政策得以保持在良性循环之内，遏制了利益集团的干扰。当然，其破坏性一直不容小觑。在加入世界贸易组织的八轮谈判中，中国的产业代表担忧行将遭遇“与狼共舞”的厄运，期待得到政府保护。结果证明，那些政府过度保护的产业，由于缺乏国际竞争的压力，如今大多成为去产能的主要对象。相反，服装纺织业、家用电器行业，开放最早且最为彻底，政府甚至率先撤销了主管的行政机构，而如今却能称雄全球市场。

在深化改革中，市场标准日趋应用于衡量国有部门的表现。为私营部门提供更大的自主权来适应市场需求，使得国家主导的改革过程更加向市场力量开放。私营部门对市场做出的适应性反应，以及国有部门难以跟随市场的发展，使得政府要求国有部门进一步提高效率。只要私有部门的绩效持续高于国有部门，国有部门的压力就会不断增加，去适应、改革和改善生产效率，并开辟新市场。促使国有企业接受市场经济的考验，落后的企业就能被市场竞争所淘汰。可见，最根本的是市场竞争，而非所有制形式。

彼得森研究所的经济学家尼古拉斯·拉迪（Nicholas Lardy）认为，国有部门在中国经济中的占比继续下降。在许多行业，私营企业凭借其能够提高资本利用效率的优势，获得了更高的资产收益率而占据市场；私营企业也是城市就业的主要来源以及出口的重要贡献者。另外，自 2006 年以来，中国共产党把许多知名企业家吸收到党内，这说明中国共产党正在进行自身调整，以适应私营商业利益不断上升的政治环境（Lardy，2014）。

今天，随着中国“走出去”战略的实施，私营部门对外贸易和对外投资日益机动灵活，其业绩表现甚至令有些国有部门相形见绌。在 2015 年的对外投资中，包括金融和非金融类，非国有企业已达到总额的65.3%，非国有企业在全球购并中达到了总额的75.6%。截至2015年末，在非金融类对外投资存量中，民营企业和国有企业几乎平分秋色，分别为49.6%和50.4%，而且民营企业较上年提高了3.2%。

将中国的经济模式指称为“威权资本主义”或“国家资本主义”都不确切。在“有为的政府”和“有效的市场”这两类经济学家眼中水火不容的力量之间，其领导者要找到某种协同或者均衡。这是一场前所未有的挑战，若能以鲜活的案例打破传统的思维定式，中国将有望重新书写全球化的新篇章。既然像中国这样非西方化的社会能够植入市场经济并获益良多，将这一逻辑推演开来，它也同样可以适用于印度或越南。更进一步，中国的样板有望扩展市场经济的文化多样性。

对于中国来说，拓展对外贸易是其国内经济扩张的必然结果，也是检验其自身体制、资源和社会能力的必要手段。打开了一个机会，另一个机会便接踵而至，有些汇入了熟悉的格局，有些则生成了全新的组合。中国人适应环境的能力令人击节称赏，依靠敏锐的嗅觉和锲而不舍的精神，他们往往能主动抓住市场机遇，填补空白。根据全球经济的结构和总体变化调整自身的步骤，又为全球经济创造了新的景象。随着中国与全球的交融日深，其内在的创新和改革过程将引领全球化进入一个新的疆域。其他国家很可能接纳并仿效中国的政策，将其经验变成全球治理的新的经验来源。

中国人的原创能力尚未赢得国际社会的尊重，但他们承接技术转移，并将之放大生产和应用的能力却令世界叹为观止。如今，他们已经不甘心模仿西方的技术，为了弥补其原创能力的不足，他们干脆在欧美直接收购有前途的业务部门和研发团队。“中国制造2025”这一强国战略直接对标德国的工业4.0，提出了“创新驱动、质量为先、绿色发展、结构优化、人才为本”的基本方针。西方世界为之喜忧参半，因为它一方面为西方企业参与中国的发展提供了商机，但另一方面也激起了行将被赶超的忧虑。这一次，中国提出的不再是一句空洞的口号，而是以实力和眼界为基础的行动纲领。

中国的领导人希望在保持社会主义市场经济主体地位的同时，引领全球技术的扩散，但是他们必须清晰地认识到，网络化的全球经济改变了基于威权的动力机制。所以，依靠自上而下的发号施令很难适应新的形势，将会使中国与诸多稍纵即逝的机遇失之交臂。在一个互联互通的全球经济中，每一次互联性的增强，都会带来新的改变。随着全球经济总体格局的改变，他们必须建立一套新的反应机制。每一个问题和解决方案都要求中国经济体制结构形成新的组合，决策者别无选择，必须持续适应在其参与下并行演进的格局。市场通过自组织形成的格局不会听命于权力，也难以预测。我们仅能预见全球经济将给社会主义和资本主义的计划者带来各种惊讶，试图依靠权力将经济发展模式纳入稳健可控的体系之中，有可能引发难以预料的经济和社会危机。

中国的经济转型是一个不断演进的复杂过程。在开放之初，包括中国的领导人在内，谁能预料到中国经济会保持30年的快速增长？改革和增长绝非一帆风顺的，往往是一波未平，一波又起。当今的世界是否也和当年中国改革开放前后的情形类似呢？人人都出于对现状的不满而希望变化，但不清楚将走向何方。中国宋代改革家王安石曾有一句千古绝唱：不畏浮云遮望眼，自缘身在最高层。但在当今这个扁平、透明、交织和相互依赖的世界，“身在最高层”意味着高屋建瓴的视野和心系天下的胸怀，而非高高在上的地位和权柄，任何以先进国家或者圣君自诩而追求集权控制的企图，都将属于倒行逆施的徒劳，因为历史的长河虽然蜿蜒曲折，但从来不会逆流而上。

希尔顿·鲁特（Hilton Root）

刘宝成

第 1 章

后全球化：全球网络社会治理的复杂性

所有的发展和安全政策都假设了一种变革理论。本书介绍了现代化理论和自由国际主义理论，前者是第二次世界大战以来推动社会变革的主导理论，后者是冷战以来西方国家在政治与经济发展中推行外交政策时的指南。[1] 通过对比现代化理论的分析框架与复杂性进化理论的分析框架，本书力图阐释不可预见的发展失败、治理趋势和联盟的嬗变。

自由国际主义假定，如果发展中国家推行旨在融入全球经济的贸易、货币和财政改革政策，那么经济变革的加速将导致其他社会结构发生变化，这有助于各国在社会政治领域的相互联系，从而走向全球性的合作，最终形成一个真正意义上的国际社会。然而，人们没有预想到，社会和政治领域的改革速度要远远落后于经济和技术领域的发展速度，遑论更加缓慢的文化和社会转型。世界并没有像自由主义者预期的那样走向一个日益趋同的价值框架，西方国家和新兴国家之间日益凸显的多样性和差异性，经济领域日益增强的相互联系正在促成一种新的最佳治理规范。

随着应用范围从区域化转向了全球化，自由主义理论必须面对许多始料未及的挑战。要知道，世界人口增长和区域间的贸易流动，大都集中在自由主义不受当权者青睐的国家。这些趋势，包括贸易变化和人口压力，都对全球合作的演变及其政策范式产生了影响。而且，对世界各地追求财富和权力带来的出人意料的治理差异，就自由国际主义与现代化理论的结合，也未能提出令人信服的解释。[2]

自冷战结束以来，在自由国际主义理论中处于阶梯顶端的西方世界，鉴于其在经济领域取得的成功，它们预期在治理方面会呈现出一段稳定而持续的趋势，不断朝最佳实践的方向演进。而现代化理论所设想的，随着各国城镇化的发展和经济的繁荣，各个国家将会接受自由国际主义的价值理念，并未能成为现实，因为在全球体系中，集体行为取决于其组成部分的行为，后者的变化可能引起整个体系的震荡，所以维持全球体系的稳定会变得更加复杂而棘手。

自由国际主义虽然奉行平等主体之间彼此合作的经典理念，排斥中心主义的权威，但却使其本身成为一个需要西方国家自上而下指导的全球性的发展标准。[3] 言外之意是，美国居于核心，为全世界提供系统的组织和管理。然而，在未来，顶端可能根本没有某种中央权力来统率整个系统的组织和管理，甚至根本不存在这样一个“顶端”。传统的地缘政治思想认为，如果没有一个国家能够在顶端威服四海，那么这个世界是不稳固的：它始终处于漂泊不定的状态，因此世界需要寻找某种“领袖”的角色掌控驾驭前进的航程。随着世界从层级模式向网络系统的转变，全球互动的方方面面都会受到影响，因此我们需要一种新的话语体系来适应这样的变化。[4]

国际关系体系，就像神经系统或热带雨林系统等极其复杂的生态系统一样，遵循的是复杂性规则。在复杂系统中，一个中央管理者很难掌控发展过程中的集体行为，因为系统本身的集体行为将依赖于各个局部的行为。它不是向某种主导型或“全球最优”的模式融合，而是通过交互式的动力机制共同演化：各个组成部分的相互作用导致自身以及整体的变化。在全球化的社会体系里，动态化的相互依存对于每个地区的影响具有质的不同。非自由主义政权和自由主义政权都将参与到共同创造的模式中来，每一个都在塑造另一个的模样。这种共同演化的过程逐步消除了对全球走向趋同的期望，并可能导致全球体系在深度和广度上的扩展。

随着环境变得更加相互依赖，生存战略越来越依赖于局部环境下的“成本函数”。与传统社会理论家预测的高阶适应的模仿不同，功能隔离随着新的组织层次的出现而得到加强。在生态系统中，生态缺位属于罕见的现象。随着国家对财富和权力的争夺，竞争和侵略共存于共生和合作的网络之中，导致了一系列无法预见的治理差异（Smil，2008）。以航空物理学进行类比，虽然它普遍适用于所有的飞行器，但战时的需求会刺激一连串的创新，以增添特殊的功能，这导致了军用飞机与民用飞机的快速分野，具有独特战斗结构性状的飞机于是得以勃兴。

同样，冷战结束后，当美国的竞争目标转向其他国家时，对手就变得更加多样化。今天的竞争对手是规模和形态各异的扁平式的跨国网络；它们在地缘上飘忽不定，没有垂直的分层结构，也不存在官僚式的管理；它们可以发轫于多个来源，遍布全球各个角落，有些甚至正在酝酿潜在的灾难。伊斯兰激进组织只是无国界对手的许多形式之一，它们没有固定的边界，却可以把势力的不对称转化为自身的优势（Treverton 和 Wilhelm，2009）。[5]

处于高度相互依赖的全球环境中，竞争会产生更大的局部变化，也会使结构和策略更加多元化，其内涵和外延远远超过了现代化理论的预期。在竞争不断加剧的情势下，新兴的挑战者不会与业已取得成功的老手一对一地用自身的特点比权量力，而是设法通过驱动环境变革来创造新的市场空间和互动的机会，而竞争反过来又为其他的参与者创造了可资利用的市场空间。[6] 即使（就个体或局部而言）属于次优的策略，从经济生产可能性曲线来看，这样也可能有助于增强整体系统的持久性（Arthur，Durlauf 和 Lane，1997）。

集体安全和集体价值观

在冷战后的相当长一段时期里，西方国家的长期安全战略根植于这样一种信念：随着自由主义在世界各地的蔓延，越来越多的国家将成为西方国家可靠的盟友。[7] 也就是说，西方国家之所以在促进自由国际主义价值观念方面投入巨资，是因为它们希望建立一套普适的准则来确保全球的安全。

第二次世界大战和冷战的胜利，使西方的自由市场民主国家有能力成为全球体系的掌控者，并通过执掌决定法律规则的权威，来制定其他国家应该遵守的经济和政治秩序（Amsden，2007）。经济上的成就赋予了西方国家另一个规范全球体系的角色：它们如今可以选取某个愿意配合的国家来做样板，以展示其理想的特征。因为如果自由国际主义只被那些具有欧洲血统而且观念一致的政权自愿遵守，那么其影响力注定是狭隘的。

在诸如失业、贫穷以及老弱病残的社会保障等问题上，西方国家在其国内政策目标上业已达成共识，因此很容易就世界经济中所需的运行规则达成一致。[8] 在共同的价值观和理念的基础上界定公共物品有助于增强集体安全和福祉，它们无须经年累月地交涉和磨合，无须很强的执法能力，也无须一一阐明合作的具体细节，便能在安全领域展开合作，遵循彼此认同的逻辑，而不是作为潜在竞争对手相互制衡。这足以证明，西方国家已经建立了符合共同观念的体制和机制。作为共享基本原则的国家，它们完全可以在没有中央管理者的情况下形成默契并开展合作。

西方认为，人类总有一天会接受同样的价值观，参与开放的国际贸易体系表明各国将接受构成政治进步规范的共同框架。到 20 世纪 80 年代后期，西方的宏观经济管理理念也趋向于全球最优化：标准经济政策改革的“华盛顿共识”（Williamson，1990）。可见，未来的政治合法性进程和经济效能的走向，都是基于西方的历史经验而框定的。

对自由国际主义的普遍诉求以及对其最终必胜的信心，建立在这样一种信念基础上：市场（对交换的渴望）和民主（对社会认同的追求）都源于人类的天性，将这两种动力集结到一起，对于解决集体行动中复杂而普遍的困境来说，是最为行之有效的手段。民主是政治本质所固有的，可以受到一时的抑制，但这只能维持一段时间（福山，1992）。与资本主义市场经济的紧密联系，加上繁荣的民主国家呈现的光辉榜样，为民主的优越性提供了进一步的佐证（Mandelbaum，2007）。

自由国际主义者认为，随着中产阶级不断成长的国家日趋增多，全球体系将更加稳定，因为不断增加的中产阶级拥护自由的价值观，他们会从内部推动本国的改革，既而为进一步稳定全球体系贡献力量。正如国际关系理论家约翰·伊肯伯里（John Ikenberry）所写的（2011）：

> 战后秩序的“美国愿景”也描绘了对全球进步的理想画面……自由的国际秩序虽然首倡于西方，但它将不断向外扩散，逐步渗透到非西方国家和发展中国家。假以时日，随着民主进程的推进，这些国家将进一步融入开放的资本主义体系，这一理想的画面必将囊括世界上新兴国家和地区……并将推动业已成为其中一部分的国家取得社会和政治进步。

然而，经济增长与自由民主建设之间的联系，很少在新兴国家的发展轨迹中得到体现。与其接纳一个基于普世价值的自由制度，国际社会的新成员也不愿接受西方国家的“邀请”。巴西、俄罗斯、印度和中国等国家都得益于日臻完善的国际规则和国际组织，但它们对自由国际主义的核心价值观心存质疑，包括民主、劳工保护、人权以及开放的国内经济等，而这些恰恰是西方意识形态的精髓所在。它们驳斥西方对国家主权的限制，例如旨在保护人民免受本国政府欺压的干预主义理念。

倘若大国之间在价值观方面各执一理，建立在自由国际主义基础上的体系就容易改弦更张。倘若有相当一批参与者都固执己见而且都决然各行其是，那么关于自由主义的共识即使不分崩离析，起码也会遭到严重破坏。只要这类国家达到了足够的数量，或者形成了一定的组合，它们就会质疑自由主义的支配地位，促使国际生态发生改变。

政策扩散和全球大趋势提出的新问题

长期以来，全球贸易体系一直在西方自由主义的主导之下呈现垂直流动的格局，它期望其价值观的传导也同样遵循自上而下的进程。但新兴的经济体和人口发展趋势正在以不利于自由主义持续主导的方式改变着全球的生态系统，世界贸易格局的变化正在通过重塑经济边界来改变其经济地理的分布。在新的经济地理中，南方国家正从全球贸易的边缘向中心移动（Amsden，2001，2007；Khanna，2008）。按市场汇率计算，新兴经济体提供了 40% 的全球产出，而且预计将继续以 6% 的速度增长，而发达经济体却处于停滞不前的状态。经济学家尤里·达杜什（Uri Dadush）和威廉·肖（William Shaw）（2011）预测，到 2050 年，发展中国家在全球出口中所占的份额将从 30% 增加到 70%。如能保持当前的经济增长率，7 个最大的经济体中将有 6 个属于发展中国家。经济发展学者艾利斯·阿姆斯丹（Alice Amsden）报告说，增长首先发生在区域内部，然后才向其他地区蔓延开来。一个国家是否置身于快速增长的区域之内，结果将大不相同。在东亚，区域间的贸易增长激发了组建某种亚洲集团的构想。

主流的区域间贸易一度分布在南北之间，而这一格局如今正在发生变化，西方在全球区域间贸易和生产的中心地位已经日渐式微。贸易流动正在沿着新的道路前进，南南贸易在全球贸易总值中的比重显著增加。2001 年至 2011 年，中国与拉丁美洲的贸易增长了 1 200%，从 100 亿美元飙升到 1 300 亿美元。这意味着，与西方利益不符的玻利维亚和委内瑞拉这样的拉丁美洲国家又开辟了贸易和投资的新渠道。如果这些趋势继续下去，南南贸易有朝一日将有可能超过南北贸易。随着贸易流向的改变，最初只是作为基于国家经济利益的商业网络，将会演变成文化、政治和思想上的亲近。

现如今，许多依赖中国贸易的国家也逐步依赖从中国获得军事和其他关键的技术。非洲许多国家同样依赖中国的民用和军事技术。对中国技术专长的依赖为在合作伙伴当中重塑政治规则以及经济安排打开了许多通道。一旦对中国技术的依赖变成了一个政权维持稳定的重要因素，这将影响其政权与世界的互动。这一点可以例举中国与斯里兰卡的关系来加以说明，第 10 章讨论了这一点。虽然新的地缘政治趋势并非不可逆转，但全球商业和技术变革的格局决定了 21 世纪的政治力量将如何展开新的角逐。

全球大趋势对世界政治经济的走向提出了新的问题。南方国家区域间贸易份额的增加，会对信仰、思想和政策网络的演变产生什么影响？它会铸就新的联盟和新的国际合作模式吗？假如新兴的全球贸易中心同时变成了全球秩序的思想中心，那么全球贸易体系还能否保持其通过冷战和冷战后的一段时间里获得的特性？新文化中心的兴起和地缘政治关系的出现是否将导致全球性合作规则的修订？[9]

自由主义还能否在复杂的世界发展转型中存活

从 19 世纪中叶起，国际体系的地理中心就一直是欧洲和北美，它们对周边地区价值观和规范的传播产生了巨大影响。西方国家相信，在获得独立之后，各国将在追求富强的道路上设法模仿追逐强大的贸易伙伴。但自从冷战结束以来，这种自下而上的仿效逐渐淡化，因为新兴国家之间的联系，即

“南南合作”，要远比它们与欧洲和北美的联系更加紧密而快速。随着这些命运共同体国家形成新的联盟，新的治理边界将呈现愈发清晰的方向。

冷战的结束标志着两极化的终结，世界各国有了更大的自由来实现本国的利益偏好，突出本国的发展特色，无论其表现有多么偏狭和令人费解。在设法维护其主权和增加其财富的过程中，一国的精英之间会围绕国际体系，尤其是围绕应否以及如何将国民经济融入国际经济体系，展开内部的对话和辩论，由此丰富了全球治理的多样性。在一个没有舵手的全球经济航船中，新兴国家是否会出现远离自由民主的增长理论，而另行开辟服务自身局部利益的发展道路（Kagan，2009）。

自由国际主义预期的社会经济发展序列未能实现，原因有很多，最主要的是国际体系中的经济和社会进程会影响一个国家内部的发展格局，促使国内与外部势力结成联盟的精英派系不断壮大。这种联盟有助于加速经济全球化，但也加深了政权内部的分歧。国民精英享受第一世界的收入和生活方式，这会激化与社会底层大多数民众的矛盾，造成民粹主义者的抵制，进而威胁政权的稳定。[10]

自由主义精神能否继续指导全球贸易体系，其中所涉及的问题远远超出了现代化理论所能驾驭的范畴。相互依存但多样化发展的参与者正在加速编织一张巨大的网络，他们会根据来自本地以及全球局势的线索做出反应，既而重新塑造全球发展的进程。

全书概览

接下来的章节将采用系统分析方法，其中体制变革和经济发展被理解为自我组织的复杂性。本书力图在不失理性的基础上，描绘一种全新的体制变革及其持久性的图景，以挑战当代社会理论的范式。

复杂性的研究包含了大量的模型和观点，以解释和理解全球社会变革过程，这是基于许多学者开拓性的努力。他们的努力把我们带到了一场重大科学革命的门外。在此基础上，本书选取了几个重要但我们并不十分了解的国家，通过深入研究其发展历程，以新的视角进一步阐释全球的政治经济变革过程。

本书所选择的主题属于在全球发展和制度变迁领域学术界广为辩论的热点问题：东西方的巨大差异；欧洲国家的出现，它们与中国崛起的对比，及其各自创新体系的网络特性；发展中国家和地区的民主发展轨迹；土耳其作为中东伊斯兰国家之间的桥梁所起的作用；中国对世界秩序可能产生的影响。

第 2 章探讨了在日益交织和相互依赖的全球社会中，系统稳定性的交互动力如何酷似复杂性科学所研究的变化过程。神经学、生态学和物理学等不同领域的科学家对网络形成了一种新的认识，将网络视为复杂的集成系统，这为社会组织的研究提供了有益的启示。

第 3 章重新思考了市场在社会变革的传统理论中所拥有的自主性。这一章回顾了关于现代化的传统学说：认为市场是将自由价值观传递给其他政体的媒介（工具）。然而，与迅速转移资金的财务管理软件相比，文化和社会规范（例如言论自由以及个人在社会中的角色）转型的过程是相当缓慢的。因此，诸多其他的社会政治因素为具体采用怎样的一套市场体制，留出了相当大的自由空间。市场产生并依赖于不同的买方和卖方、生产商和供应商之间进行交换的网络，而交换网络又与社会系统中的其他组成部分相互依存。

第 4 章探究了自由国际主义这一现代化理论的根源，它假定经济增长和民主是相互促进的。但对专制政权的警告，即如果它们拒绝民主化，最终将导致经济停滞，这被证明并不完全可信。现代化理论成为第二次世界大战后全球发展议程的主导逻辑，当时人们普遍相信，一个国家之所以取得了经济上的成功，是因为它们拥有最为良性的社会、经济和政治制度。但是，随着西方工业化国家控制的全球资源逐步萎缩，现代化理论愈发被视为只是难以持久的鼓吹。新兴大国将根据自身的历史和经验谱写属于自己的现代化乐章。

第5章审视了学者们试图揭示经济增长之谜的努力，他们认为支持经济增长的基石最终必然是资本主义社会的制度及其治理规则。但是，为什么同样实行资本主义制度的一些国家取得了辉煌的经济成就，而其他国家却徒然望洋兴叹呢？在庞大的资本主义经济体系中，成功的个案和单一的元素并不能完全解开个中的谜团。仅仅依靠鉴别现代资本主义的成功要素，最终不足以解释其生发的条件，更无法提供可资他国复制的模板。

第6章和第7章提供了关于宏观经济演化过程的分析视角。第6章探讨各国之间的经济互动如何通过自我组织来扩充整个系统的共享生态。[11]它假定存在一个局部和整体或个体与环境之间没有实质区别的世界。为了发现决定个体之间交互作用的规律，我们构建了一个适应性的情境，其中处于高位区间的属于解决方案，而处于顶峰的则被视为最佳的解决方案。

其中，决定个体行为的根本因素在于特定个体在给定的情境（或时间跨度）能否适应所要面临的挑战。虽然全球发展政策假设全球化将促进各国向某种主导模式靠拢，但每个国家面对的选择反映了其不同的地位或起点，这也框定了其在全球体系中的位置。起点决定了终点。[12]一个给定的适应性情境，其形状（或稳固性）将决定置身其中的人民将如何为了生存而做出最优的选择。在没有更多备选方案的条件下，内生的制度决策通常是褊狭而短视的。情境越复杂严峻，找到全球最优解决方案的可能性就越小。

通过与处于相同或相邻情境中的其他国家交流互动，本地的政策选项在此过程中逐步得以确立。情境变化的幅度和速度取决于交互作用的强度，而随着强度的增加，特定国家面临的优化问题会变得更加复杂；并且，随着时间跨度的收窄（紧迫性），其行为将变得更加机会主义或短视。

复杂或严峻的环境不容易通过干预来加以控制，这使得大型的发展中经济体比其较小的同行更具有优势；在相对适应的环境中，它们对关键的变量有更强的控制力。而且，它们面临的情境不容易因其他经济体的变动而发生改变（Amsden，2007）。

复杂性显然不是当代社会关系所特有的条件。多样性和互联性与人类文明一样古老，古希腊和罗马历史学家希罗多德（Herodotus）和塔西佗（Tacitus）在著作中就描绘了这样的情景。我们将看到，复杂性理论提供了关于社会关系的新知识，可以用来理解欧洲帝国或中国王朝在历史上的兴衰更替，正如它可以用来解析当代的治理模式及其演变一样。

第 7 章重新聚焦于那个“千年之问”：为什么像火药或大炮的使用，这些威胁社会秩序和阶级基础的创新手段会在欧洲得以扩散？为什么这些创新在世界其他地区却受到抵制，尤其是在作为火药和大炮发源地的中国？网络分析可以帮助我们进行这样的思考：欧洲国家的体制容易进行有效的自我调整，以应对剧烈的变化和极端的事件，例如推动系统变革的技术创新和打破了其演进路径的战争。它们没有像中国的古代王朝那样，在政权更替过程中频繁地经历长期的割据和令人崩溃的挫折。欧洲的权力网络是分布式、多节点或模块化的，这种特征增强了整个系统的弹性。虽然系统内部各个节点之间的分布可能在系统层面酿成极端的事件，但当这些情况发生时，欧洲比中国表现得更具韧性。即便某个关键的节点被消灭之后，欧洲分布式的权力结构也能够适应新的变化。这提高了技术创新的强度，虽然促发了一次次的军事革命，但也让贵族得以保持连续的统治，即使是在特定的血统被击败后也不例外。

如果创新是群龙无首的系统中频繁发生军事革命的产物，那么中国会对此退避三舍。欧洲的情形规范了军事技术的扩散，以及国家对煤炭、钢铁以及金属铸造厂的垄断，并且提供了一种成本有效的方法，用以防止对中央权威造成威胁的军事技术扩散。但中国早期的集权制度拦阻了那些在西方引起社会关系巨变的一次次创新浪潮。

既然各个国家之间的交互作用促进了系统的变革，并对其他国家的发展进程产生影响，那么第 8 章、第 9 章和第 10 章我们将探询可以从中了解哪些内容，以及认识怎样的道理。其重点是在微观层面剖析演变过程，评估国家体制对本国的社会网络所产生的影响。

自冷战结束以来，迅速扩散的消费者便利、全球金融市场和大众传播，创造了一股“世界是平的”的效应。然而，经济变化的速度很少能与政治和社会变化的速度同步。不过，在第二次世界大战期间及其之后，无论是在发达国家还是在发展中国家，政治和社会的变化速度却超过了经济变化的进程。在南方，殖民主义退出了历史舞台；在北方，战争对社会结构的影响以及人民通过选票所表达的期望，在主要国家的政府职能转变中得到了突出体现，人们要求国家承担更高标准的社会责任。经济变化的快速步伐是否会对发展中国家的政权统治者提出类似的责任要求？[13]更大的问题是，经济变化的加剧将如何改变国际体系，并且如何构建一个稳定的国际关系体系。

第 8 章讨论的焦点是，随着越来越多的国家开始推行某种形式的民主政体，世界是否变得越来越整齐划一。民主改革的结果会呈现巨大的差异，因为同一个社会的成员对环境的压力和机遇会做出不同的反应。民主转型与复杂系统有着许多共同的特征：它们的表现是非线性的，对初始条件高度敏感，并且常常与一连串的突发事件或极端事件（如革命或战争）联系起来。

第 9 章通过一系列不同的历史事件对比了中国和欧洲的官僚体制及其生发的背景。其结果是实现了并行的政治现代化，但两者的发展道路却大相径庭。

第 10 章探讨了中国的崛起对自由国际主义体系的影响，包括其中的规范、规则和制度。本章试图追问，假如全球体系的核心成员决定与西方主导的国际关系理念分庭抗礼，结果将会怎样？中国的崛起对自由主义将产生怎样的影响？在中国的影响之下，一些国家改变了其内政和外交的政策机制，这表明中国在全球的影响力正在通过与其他国家的良性互动而不断加强，同时也进一步证明了全球互联的复杂格局正在创造一种新的网络和激励机制，这也意味着新一轮全球政策环境的改变。

第 11 章讨论了更加宽泛的问题，即全球化、社会变革和现代化之间的联系。例如，中国社会属于集中式的轴心型网络，而西方国家属于密集而扁平的网络。随着中国在全球贸易网络中地位的提升，两个网络结构之间的差异将意味着什么？它为全球化提供了清晰的创新理念，这些理念在受过教育的公众当中引发了想象力，对全球发展政策的形成具有极其深远的影响。

通信、金融、贸易、移民、时尚和生活方式趋势下的网络正在改变我们的世界，这迫使我们必须认真研究复杂性问题，因为网络无论大小，都属于复杂的系统。这种复杂性产生了层出不穷的新现象，成就了强大的自我组织能力。例如，2011 年的“阿拉伯之春”或 1989 年柏林墙倒塌后苏联的解体，信息互通在背后发挥了决定性的作用。复杂性科学如今已经广泛地应用于各个领域的实证研究，从电路中断到传染病的蔓延，直至市场崩溃和交通堵塞。在所有这些领域中，落在正态分布范围之外的小概率事件可能会产生巨大的破坏作用。照此逻辑，工业革命也可以被视为信息互通产生催化作用的一个例证。

一旦读者对复杂性的术语有了初步认识，理解这些概念和想法就变得相对容易。作者尽力避免过多地使用术语，以便在通俗易懂与技术性概念之间求得适度的平衡。但这并不意味着可以完全回避诸如无标度或间断均衡等技术上精确的术语。对于那些喜欢学习新术语的读者来说，以复杂的自适应系统的思维来审视社会系统，会从中获得许多乐趣和启示。况且，今天看起来像科学术语的东西，明天就会变得彻底通俗易懂。

读者如若建议采用量化的指标来支持假设，这自然是完全正确的。只有在定性的基础上理解了经济活动如何演化成为全新的活动之后，这一需要才能得到满足。复杂性能够改变可度量的输入值和输出值之间的关系，它通过改变元素之间的关系来改变结果。[14]新一代计算社会科学刚刚起步，开始学习如何解决全球政治经济的关键问题。复杂性的测量手段将随着学者对诸如空间计量经济学、基于主体的建模、网络及聚类分析等方法学的设计和实施而得到改善。

然而，要建立起贯通所有复杂系统的一般原理，现在还为时过早，而且可能永远不会有一个连贯和严格的数学理论能够统一复杂系统的许多动态特性，并满足科学严谨的标准。社会复杂性的演算可能超出人类的心智边界。这种数学简单性的缺失，构成了复杂性科学在科学合理性方面的挑战。然而，生物学、进化学、神经学、生态学和其他生命科学，均从复杂系统理论中获得了重要的启迪。同样地，在社会变革过程的研究中，我们能清楚地理解，多种形式的复杂性是共存的。复杂性科学不能保证对复杂的历史变迁过程创立精确的算法解释，但它可以为这些过程中杂乱的丰富性提供相应的解释。

第 2 章

开启复杂性思考之门

复杂性思考是指系统化的思维方式，它帮助我们发现事物之间互动与联系的重要性，以免仅关注孤立的事物及其可量化的部分；它引导我们在制定政策时不仅要考虑反馈的循环机制，而且也要将社会学习的机能纳入管理过程。复杂性思考也会指引我们考察一个整体的各个组成部分及其相互作用，从而实现整体决策和布局的优化：揭示系统中业已存在的智慧，并确定系统内的行为主体。它还能帮助我们更好地理解为什么在对问题的理解和成功地实施改革之间存在鸿沟，同时它也能让我们看到多样性的价值，并挑战习以为常的规则。

对于全球的政治经济问题，例如社会结构、政权形式、制度体系、政党或者家族等，常规的研究方法往往根据其变化的特性进行统计和分类。但是，这些社会制度下的行为，几乎不可能通过简单地将各个部分加总起来就能掌握其全貌。社会制度是随着环境的变化而不断演进的，各个部分的行为交互作用，会扩充复杂系统，并赋予其新的特性，由此也会制定新的规则。认识各种变化过程背后的驱动力差异及其对系统的影响，是本书研究的主要目标。

社会制度中的驱动力

在日益相互依赖和网络化的全球社会中，系统稳定性的交互动力，颇似科学家运用神经学、生态学和物理学等交叉学科所研究的变化过程。他们分别采用不同的术语来解释这些系统：动力系统理论、复杂性理论、非线性动力、网络动力、分形理论、耗散理论以及复杂适应性体系，凡此种种。其中的某些术语也被应用在本书的许多章节中。

市场和社会制度（如政党或国家）就属于复杂适应性系统，其中各因素（主体）间的相互作用又会生成多个局部的网络或组织层级，共同支撑一个庞大而复杂的适应性系统的运转和演化。实际上，在组成部分和环境（系统）之间并不存在真实的区分。网络并不仅仅指组成部分的简单聚合，还包括主体的自我组织以及因互动而造就的更大体系中的共享生态系统。环境和联动网络一起组成了对应的生态系统。

一个网络系统是由众多主体组成的，主体之间根据共同且不断演进的行为规则相互作用，进而生成并确定更大的环境或体系。这种机制循环往复，驱动着各个主体一边提高认知能力，一边按照其他主体的反应调整自身的行为，由此对所在的系统加以重塑。可以说，复杂适应性系统就是通过各个能动的主体相互联动和沟通而生成的。持续的“反馈循环”会刺激这些主体重新评估自身的定位，因为各个主体不停地对其他主体的行为做出反应，所以系统中没有什么是一成不变或永恒存在的。为了充分理解这些主体的影响，我们应该以发展的眼光从其与更广泛的系统互动过程中来看待其行为。这与传统的社会科学有很大差异，后者往往将各个主体孤立起来（原子化），然后再考察其对正式的规则和制度确定的激励因素做出何种反应。在传统的理论中，对变化的研究大多依靠简单的加总，因此结果与所纳入变量的多寡呈正比，社会的整体状况是通过加总各个部分的特征得出的。以增长统计为例，这些数据是通过加总一个国家或经济体中所有公司的产出而得到的。[1] 但是，就业率、产出或者通胀等数据的加总，都没有考虑区分系统复杂性所需的数据变动。[2] 这些简单的加总求和，隐藏了微观数据的变动引起的复杂性结果。在复杂性系统中，微小的变动也非常重要。了解了系统中的各个组成部分，并不等于掌握了各个组成部分之间相互作用的原理。基于这样的考虑，以制度为中心的研究方法对于社会发展而言是不完整的。也正是由于这一原因，试图采用整齐划一的标准来衡量一国的政治表现，是简单而粗暴的。

在复杂性系统中，主体会适应环境，但不会促使其优化。主体对某一社会体系或全部体系的认知，就像人类对于宇宙的认知一样，总是局部的、片面的。作为置身其中的一部分，主体不能够预测未来环境的变化路径。[3] 主体的行动取决于他如何理解其他主体即将采取的行动。主体是异质的，他们会运用演绎和归纳方法从一系列能够认知的选项当中进行相机抉择。

复杂适应性系统对于初始条件表现出敏感性。经济学家布莱恩·亚瑟（Brian Arthur）、道格拉斯·诺斯（Douglass North）和保罗·大卫（Paul David）在提及制度设计的不可逆属性时，都分别使用了“路径依赖”这个术语（亚瑟，1994；大卫，1985；诺斯，1981）。“对初始条件敏感”一词是由气象学家爱德华·洛伦茨（Edward Lorenz）创造的，这也是路径依赖的基本属性。其重要意义在于，小系统内的变化将会导致结果的巨大差异。1961 年，洛伦茨发现了令人信服的证据，表明小系统中的扰动会引起气象系统中结果的剧烈变化。这一发现就是著名的“蝴蝶效应”，也是混沌理论的基础。在洛伦茨之前，科学家们普遍认为不规则的行为是毫无意义的，但是当洛伦茨证明一个微小的变化可能会影响诸如气象等庞大的系统时，这一理论也被证明同样适用于人类设计的系统。计量纳斯达克股市的变化时，即使移动一下小数点（很微小的差异），也会对财务估值和价格变动带来巨大的破坏性影响。

一个系统的发展过程涉及诸多互动的环节，每一环节都可能引起结果的变化。经济学家们习惯于寻找代表性的案例，而这一见解则给他们带来了挑战。在经济学领域，考察单一代表性变量的模型具有很强的学术权威性，但是这类模型不能鉴别联系和变化对变量间的交互产生怎样的影响，这就属于复杂性系统的范畴。例如，2008 年全球金融危机爆发之前，由于代表性变量的思维模式占据了主导地位，人们很难发现系统性的缺陷。对股市丧失信心的情绪一旦在由银行家、证券交易商和投机者构成的网络当中扩散开来，该类模型就与现实世界的主要条件脱节甚远了（鲁特，2012）。

那么，某一个体何时才认识到自身是一个具有贡献的主体呢？个体是否能知道自身是一股波浪呢？对于复杂性的研究，帮助我们认识了个体变化在其所属的更大的格局或系统中的重要性。此外，我们还必须理解集体行为的要素，以把握一些重大事件，譬如法国巴黎 1848 年 2 月爆发的游行示威，以及席卷整个欧洲的暴力革命，柏林墙的倒塌和苏联的解体，或者是 2008 年爆发的全球性金融危机，等等。

社会网络就像富有生命的有机体，通过一系列支脉进行活动和延展，类似一个家族的谱系。主体部分微小的变化能够在支脉端引起巨大的变动，它引入的随机因素成为下一条支脉的参照，促使同一条主脉上的支脉继续分化。一条支脉能够创造一个递推的格局，按照动作的先后形成有序且不可逆转的结构。人类脊椎的进化就是一个递推格局的典型，整个过程能够一直追溯到非人类的祖先。在社会经济方面，不可逆转和重复递推的例子包括产权体系，甚至更广阔的法律体系。由于摆脱既定的格局是非常困难的，所以决定分化的节点或分流点的工作是非常关键的一步。不可逆转的特性具有非常深厚的人文意义，这是一种能够使我们“从一般到特殊，并向着丰富与多样迈进的机制”（Prigogine and Stengers，1984）。[4]

多样化的进程会一次次地打破系统的均衡，因为一个系统只有在没有空间容纳或丧失了制造内部动能的情况下才能真正达到均衡状态。而复杂系统正是由于变量多样而且结构复杂，所以才有巨大的能力制造，也有宏大的空间容纳新的内生动力，其中包括爆发极端事件的可能性。

经济学界推崇的发展模型是一种趋向均衡的线性序列，正如冷水和热水彼此交融而中和成为统一的温度。其定量的特征是汇总性的，也就是所有输入变量的加总。这里引入一个新的变量，比如技术的进步，其效应类似于添加了几滴水，变化的结果与水的滴数成正比，因为其前提在于，内部空间结构是既定的。然而，将冷热水混合到一起形成的温度均衡，属于朝向一个线性目标对输入变量的累加，这种方式很难反映社会系统驱动力的真实面貌。在复杂性系统中，主体相互结合，并创造出其他不同的产物，将苏打粉和醋混合到一起进行烘焙，就会产生新的物质和性状：冒泡的液态醋酸钠。

涌现（emergence）是指主体之间激发的有助于促进整体行为复杂化的任意一种行为，它描述了一个系统获得其个体组成部分所不具备的新的结构和行为的过程。在自然界，涌现的一个典型例证就是氢氧原子结合形成水分子后出现的潮湿。复杂性的研究方法认为发展具有涌现的特性，而不是将构成人民生活水平的要素进行简单的加总。社会组织的涌现特性可以用这样的概念来说明，即一群蚂蚁可以比单个蚂蚁处理更多的信息，或者一大群萤火虫能比单只萤火虫照亮更大的范围。复杂适应性系统包含很多层级的组织，处于每一层级的主体都是下一层级的构件。一个家庭也是一个复杂系统，其中包括一群彼此密切关联的成员。家庭也有很多不同的类型：核心家庭、继亲家庭和数世同堂的大家庭。在家庭内部，一个成员会根据其他成员的行为做出反应，一个家庭也作为一个综合的独立单元对其他家庭的行为做出反应。

在复杂性架构的每个层级，适应性的主体都服从不同的规则，这些规则会改变系统各个组成部分的性质。复杂程度越高，系统与“较低”或“较简单”的行为能够共享的规则就越少。若一个系统中的组成部分同时也属于其他不止一个系统，这个难题就会特别突出，因为一个复杂性系统的行为不能通过观察更低级别的个体行为而被预言或者演绎出来（还原论）。

在复杂性系统中，造就一个集体现象的“规则”其实简单得离奇，比如一个条件化的“如果/那么”的互动。举个例子，成群的鸟儿能通过遵循一个简单的规则顺序而被调动起来：“要接近，不要离鸟群太远，至少紧跟着另一只鸟。靠鸟群越近越好，跟着前排鸟儿的大致方向飞行。”像这样简单的一系列规则能够揭示复杂的社会行为及其结果，例如，华沙、布拉格和布达佩斯大街上此起彼伏的游行示威活动加速了苏联的解体，或者 2011 年阿拉伯地区爆发的反政府起义，其始因并没有蓄意的策划和复杂的政治议程。人们并没有给朋友们发短信说：“让我们推翻穆巴拉克的政权吧！”而是用极其简短的语句——“上午 11 点塔希尔广场见”传递信息。就这样，没有政治议程也没有政治领袖的一场政治运动便有了星火燎原之势，就像成群结队的鸟儿飞去南方过冬，春天又飞回北方生活一样，就是那么自然而然。因为适应性的主体会对其他主体的行为做出反应，所以即使是简单的规则也能够产生复杂的结果。

在一个复杂性系统中，主体间的互动次数（不论是社会的还是生物的）会随着新的或不同主体的加入而直线增加，因此任一数量的新奇行为都可能涌现出来。而且，由于主体间互动和沟通的丰富程度，复杂性系统自身不可避免地会自发地进行自我组织，进而与其他系统形成新的联系纽带。然而，系统的层级不是永恒不变的，这些层级将会进化、适应并获取新的动能。

因为复杂性系统中各个层级的规则均是有条件的，且不断演化，所以系统的改变就呈现非线性的状态。改变是系统不同组成部分之间相互作用的结果，并非输入信息的加总求和，或者说，输出的东西并不等于输入的加总。发展是一种涌现的质变，是经济与社会体系中不同组成部分相互作用的结果。

宏观进化的改变在系统的每一层级都会造就新的适应性区域。

那些仅仅属于复杂性的机械，例如一块手表、一台缝纫机或者一座核反应堆，并不是适应性的，无论其初始设计有多么缜密。因为，如果其中的一个组件被拆掉或者损坏，其他的部分不会做出反应，整个系统就可能停止运转。而复杂性的系统则更具韧性，一个组成部分的改变不会导致整个系统的崩溃，只会改变其他组成部分的行为。在复杂性系统中，没有单独的属性、战略或者模式可以解决所有的优化问题。但是适应性系统不需要导致最优的结构，具有适应能力的有机体也不一定是最复杂的系统。

进化还是复杂性

关于变化和网络的问题，是研究进化和复杂性的核心。两者都从互补的角度来考虑是什么力量推动着系统向更复杂的程度发展，是什么驱动着系统组成部分向多样化的方向演变，是什么使得一些变革成为可能，以及变化的速度是怎样改变适应性系统的变化程度和复杂程度的。那么又是什么因素在用复杂适应性系统来解释社会变革的过程，例如现代国家的兴起。为什么它并不简单地停留于缓慢的进化状态。

进化的系统行动缓慢。系统中一个有机体必须保持存活，这样的前提条件决定了其结构的生命力。单一细胞或者细胞网络的变化需要其他细胞做出适应性的改变。系统的进化非常顽强，不屈不挠，无休无止。进化会穷尽各种可能的选项，试图努力找到一个最合适的结构。但是由于受制于路径依赖，进化不能够恢复或还原已经丢失了的结构。不过，就社会系统而言，其约束条件没有那么严格，因此其进化的速度更快，所以我们没有从进化的适应性角度对其展开研究。

另外，一个给定的基因库中的多样性会阻碍进化，因为高度多样化的基因库不能互动。进化性的变革在变动的环境中容易兴盛，但会受阻于高度的多样化。例如，在生物种群中，成员之间哪怕存在很微小的基因差异，也会阻碍交叉繁殖。相形之下，由于社会系统并不是在基因的基础上构建的，因此不存在严格的路径依赖，不同文化血统之间的混合和匹配也不会受到限制。

进化和复杂性都强调随机产生秩序的可能性。在试错的过程中，通过持续的调整，两者均会逐渐适应新的环境。然而，生物系统的易变性受限于遗传物质的突变和重组，从而呈现出渐进转变的模式。实际上，大多数的突变都是有害的。根据达尔文（1876）的理论，“自然的选择仅仅是通过微小而连续的变化而实现的，绝不会骤然间发生剧烈的跳跃，一定是缓慢而稳步地向前推进”。野生动植物的驯养和繁殖过程佐证了达尔文渐进主义的进化驱动模式，它们均依循一定的生物条件，以一种缓慢而平和的速度发生改变。在达尔文的自然选择理论中，有机体会不断地进行自我调整，以适应环境，直至达到最佳的生存和繁殖状态；而随着时间的推移和环境的变化，它们还会继续进行自我调整。

相较而言，社会体系是通过主体有目的的行动而演进的，是人们有意设计的结果，虽然目标明确的行动不一定总是理智或者高效的。发生改变的生物基因无法有意识地进行结构重组，因此对社会、国家和政权变化的研究不能完全照搬进化理论的框架。虽然进化最先发生在基因和基因谱系里，但进化理论不能完全解释各组成部分之间的互动如何导致系统层面的集体行为。

社会性的学习会引发强化效应，包括模仿、复制、仿效或者排斥等行为反应。在社会网络的影响之下，集体思考会导致一连串的后果，如流行趋势的兴衰或市场情绪的高低等。由于系统的宏观性质发生了突变，在生物系统内不常出现的阶段性过渡，在社会系统中却经常发生。[5] 信息串联诱发的事件，比如“阿拉伯之春”，催生出诸多社会创新，从而弥补了时间上的损失，使停滞的社会进步得以续航。综上所述，社会系统分析不能与生物系统互相类比。

进化和复杂性理论相辅相成，可以从不同视角更充分地解释全球变化。进化理论可以让我们发现某个社会、国家及其体制建设的能力。而由于复杂性理论涵盖更广泛的变化机制，它可以使我们更全面地理解社会系统。根据模拟我们发现，通过自然选择的进化会减少物种总量；随着时间的推移，适合生存的有机体的数量也会减少。[6] 因被流行的逻辑或者意识形态所蒙蔽，人类社会可能长期抵制变化，然后又在骤然之间发生巨变。它不必受制于先例的制约，却可以重新复活先前的观念。它可能退化或者崩溃，也可能引发政变、革命、内战等。

人为的政权不可能是铁打的江山，国际关系系统就反映了其反复无常的变化。质疑现有秩序的合法性，构成了国际关系的一贯特征。政治历史学家菲利普·博比特（Philip Bobbitt）一直在探寻社会制度转变的根源：究竟是怎样的力量改变了政权合法性的定义，国际战争产生了怎样的效果（2002）？威斯特伐利亚和约的签署象征着“三十年战争”（1618—1648 年）的结束，它改变了欧洲的势力格局，加速了王朝帝国的衰落以及现代国家的兴起。

然而，威斯特伐利亚秩序的合法性和有效性最终又受到一连串战争的挑战。“法国大革命”撼动了整个欧洲舞台，旨在彻底终结王朝统治的残余，代之以现代民族国家。民族国家的理念本身也陷入一系列冲突之中，从 1914 年 8 月开始，一直延续到冷战结束，博比特称之为“持久战”。这场持久战的焦点集中于三种截然不同的国家制度愿景：法西斯主义、共产主义和自由民主主义。自由民主主义的胜利又开启了新一轮针对政权职能的争斗，最终确立了这样的主导理念：国家应该成为经济发展的引擎，市场应该服务于人民的福祉。

总而言之，达尔文的核心原则并不能完全解释产生国家、经济、技术轨迹以及其他社会制度等一系列的动态过程。反复无常、临界点以及阶段化的转型，所有这一切都是对进化论的突破。作为有目的的人类行动，例如法国大革命、西班牙对墨西哥的征服，结果都能够改变历史的进程。自然进化系统和人为主导的社会系统的区别在于，人类建立了网络，它能传输思想、发动革命甚至摧毁帝国。

政治经济学的分析框架及其在全球发展中的应用

为了阐述本书中的基本命题与常规的政治经济分析框架有何区别，下面将讨论当代政治经济学家在构建全面的国际发展理论时运用最为广泛的两种研究方法。[7]

在政治经济学领域，有两位公认的先锋人物，即达龙·阿西莫格鲁（Daron Acemoğlu）和道格拉斯·诺斯。他们都在试图解释为何一些国家可以长盛不衰，而另一些国家却始终萎靡不振，并且两人都从历史和经济的角度将发展与社会变革联系起来，以支持其一贯的主张。他们都采用当代常规的政治经济分析框架，来证明民主和经济必然会形成合流这一“铁律”的存在。二者的研究均基于这样的信念，即“有效的社会现代化需要政治和经济在价值观上齐头并进”。援用广泛认同的社会科学理论，他们通过实证研究来证明两种价值观终将趋同的必要性。我们首先来回顾一下这些理论，然后再说明很多历史和现实的经验与他们关于趋同的观点并不契合。

阿西莫格鲁和政治科学家詹姆斯·罗宾逊（James Robinson）合著的《国家为什么会失败》（*Why Nations Fail*）（2012），可谓研究历史政治经济学的鸿篇巨制。他们均宣称，“榨取式政权”，即可以让精英依靠垄断而坐收渔利的政治制度，普遍而持续地存在于世界上增长受阻的各个角落；在这种政权的统治之下，政治失败和经济衰退业已成为它们毫无悬念的宿命。[8] 与之相反，包容性的政治制度会造就包容性的经济。换言之，假如缺乏包容性的民主政治制度，国民收入即便在总体上有所提高，也注定会被那些贪婪的精英阶层通过密谋而巧取豪夺，悉数落入他们的囊中。

阿西莫格鲁和罗宾逊对于不同经济体之所以兴盛或者衰败的预测，与诺贝尔奖得主道格拉斯·诺斯早期作品中关于制度对经济体的影响的观点不谋而合。诺斯在很多专著和论文当中均阐明，制度结构是解释经济成败最普遍适用而且业已得到验证的自变量，也是大规模社会变革背后的首要驱动力。制度与国家兴盛的关系涵盖了非常广泛的议题，从产权保护到科技发明，从创业到投资和经济增长。“制度是游戏规则，也是管理与约束人际关系的互动模式，它包括正式的规章、成文的法律、成文的行为规范和不成文的社会习俗，制度也必须包括确保规则和规范得以实施的方式（诺斯、沃利斯和温加斯特，2009）。”

如果有把握收获经济效益，投资者和发明者就愿意投身于技术发明与创新。能够降低交易成本，并将其转为互利交换的制度，可以激励个体从事交易和生产活动，增加自身的收入并提高社会福利，这是所有理性的人都希望看到的局面。但历史上很多社会秩序都刻意阻挠高效的交换，目的是便于政权内部人攫取私利。社会秩序是人群赖以生产、生活以及相互交往的较为稳定的社会组织方式。

> 根据我们的框架，纵观整个历史过程，迄今为止人类只创设了三种社会秩序。
>
> 第一种是原始秩序，属于狩猎与采集者主导的社会，我们在这里不予赘述。
>
> 第二种是专制秩序。在这样的秩序里，人为地设限形成了一种屡试不爽的寻租方法，结果抑制了良性的政治和经济功能。限制人们获取资

> 源和抑制社会的正常功能（比如朝圣、交易、教育、竞争），以及限制人们加入更大的社会组织，都能够产生租金。强大的个体享有特权和租金，而暴力活动会威胁或者降低租金。由于害怕租金流失，强大的个体或组织就会选择与当权者联手合作，而不是设法与之展开斗争。享有特权的个体可以享受独占的社会工具，进而形成势力强大的组织。在阻碍重重的社会秩序中，政治制度通过操纵经济来制造租金，以解决暴力冲突问题。通过认可制造租金和维护秩序之间的直接关系，我们可以用一种新的方式来整合经济与政治理论。
>
> 第三种是开放秩序。它通过鼓励竞争、扩大组织开放以及推行法治构建和维护社会秩序。这类社会运用自由竞争和制度建设的威力，鼓励政治官员出于自身的利益而自觉地遵守宪法规则，包括强化对所有组织的政治控制，将可能的暴力冲突消灭在萌芽状态。

诺斯与经济历史学家约翰·沃利斯（John Wallis）和政治科学家巴里·温加斯特（Barry Weingast）合作发表了题为《暴力与社会秩序》（2009）的论文，并将这一题目扩展开来在世界银行做了报告演示。他们提出了一个“门槛条件”的概念，宣称所有国家都需要跨越这个门槛才能实现经济现代化。该项研究还考察了发展顺序问题，认为“专制秩序”（阿西莫格鲁称之为“榨取式政权”）会随着经济与社会的发展，逐步让位于开放秩序。与先前的定量社会科学成果相比，他们认为自己的独特之处在于发现了一个被忽略的影响因素，即“开放秩序中的社会关系格局”。在这种格局之下，每个人都享有追求经济收入的权利，可以自由地发表政治见解，各行各业都充满竞争（阿西莫格鲁称之为“包容性政权”）。

寻找被忽略的力量

阿西莫格鲁和诺斯所采用的无外乎普通社会科学研究中常用的求证方法。

在大量历史资料的基础上，他们运用均值回归分析等统计学工具，建立了自变量和因变量的关系。他们俩又参考了大量论述发展的研究成果，通过计算国民经济各个组成部分的特征来建立国民生产总值的标准，即一个国家内部所有企业的产出总和。

传统经济学将收入视为衡量发展的主要指标，而联合国开发计划署则认为，发展应更着重关注国民的幸福程度，而非经济增长或实际的人均收入，于是联合国开发计划署在 1975 年推出了一套复杂的统计指标，称为人类发展指数。[9] 这套指标通过计算人力资本总和，并加总其中各个部分的表现（如医疗、教育、休闲和性别权利等），来测定一国民众的幸福指数，从而反映这个国家的相对发展水平。它衡量社会发展的方法与国内生产总值计算经济增长的方式相同，两者都建立了输入和输出的线性关系，并使用各部分的加权总和来衡量一个国家的发展程度。

诺斯的团队也反对将收入作为衡量发展的主要指标，所不同的是，他们没有使用医疗、教育和生活条件这些指标，而是采用了制度变量。他们称之为满足非个性化交换的“门槛”。该门槛将民主与高收入联系起来，这正是他们长期以来一直寻找的理想化的综合标准，其中包括国家对暴力的管控、对军队的统一指挥、保护精英产权的法治以及“长寿机构”的形成。在长寿机构里，机构的身份与其内部成员的身份是彼此独立的（诺斯、沃利斯、温加斯特，2009）。[10] 用这样的门槛来诠释民主和高收入水平之间的联系固然有其道理，但在实践中，这是否属于可遇不可求的“圣杯”呢？就诺斯通往开放秩序的“门槛”而言，颇具讽刺的是，它将最成功和最开放的新兴经济体排除在外。这个理论没能涵盖新近进入工业化进程的东亚国家，而这些国家从 1960 年开始实现了令人瞩目的高速经济增长。相反，当代的印度非常符合其加强型交换的门槛，而其实际表现却一直落后于未包含在内的东亚邻国。

被忽略的三分之一人口

诺斯力求找到被忽略的变量，他却忽略了世界上另外三分之一的人口。1949 年之后的亚洲发展轨迹证明，民主进程与经济增长并没有齐头并进。这意味着，诺斯关于善治与经济增长之间存在绝对因果关系的学说排除了东亚，包括中国，甚至也未能解释印度落后的原因。亚洲“四小龙”的集权主义有着深厚的历史渊源，其中只有日本在经济鼎盛时期举行了民主选举。中国坚持一党执政，而迄今已经经历了 30 多年的持续快速增长。此外，东亚主要通过复制其他国家的技术来发展经济，而非依靠自主创新。印度虽被称为亚洲最民主的国家之一，而它的法规却充满歧视，经济壁垒也高于威权主义色彩更浓的邻国。取得独立之后的大部分时间里，民主化的印度在经济增长方面一直庸庸碌碌。这主要是因为印度很难摆脱种姓制度的桎梏，其建国者大多属于婆罗门的后代，他们坚信商业是社会良俗的破坏力量。

诺斯、沃利斯和温加斯特反复强调，代议制政府是保障产权安全的前提，而且他们坚持认为，成功的市场经济必须依赖保护私有财产的民主制度（2009）。那么中国经济高速增长的驱动力源自何处呢？援用诺斯的理论框架，相对于正式制度的非正式制度为此提供了答案。在中国，由于产权保护制度还不够完善，所以某些非正式契约的效力在某种程度上替代了正式的产权保护制度，不过这种状况正在逐渐改善。

历史事实并不偏爱诺斯或阿西莫格鲁的理论。不像欧洲，中国的皇权历史中几乎没有大面积没收财产的例子，通过扭曲市场来为精英提供攫取利益的规章制度也十分罕见。在中国，居于统治地位的精英属于文职官僚，他们通过提供公共产品来寻求合法性，绝大多数并不像诺斯和阿西莫格鲁所推测的那样从事压榨剥削行为。诺斯和阿西莫格鲁的理论也没能解释 1850 年之后德意志帝国的辉煌崛起，它也是在没有民选国家元首的状态下成为欧洲工业强国的。和周围更加民主抑或更加专制的邻国相比，德意志的生产效率之所以鹤立鸡群，主要因为它们能够在全国范围内更加广泛地配置医疗和教育等社会资源。在两次世界大战中，专制的德国军队，其受教育程度明显高于民主的法国或者英国派出的军队。

阿西莫格鲁和罗宾逊（2012）对中国的情况不以为然，也不愿意接受中国一定会持续增长的趋势。他们认为，如果中国拒绝实行包容性的制度，当前取得的经济成就有可能难以为继。

尽管有着威权主义历史的东亚似乎正在向阿西莫格鲁的铁律低头，但他同时也认为这些国家已经开始对民主张开了双臂。但正如本书第 8 章将会讲到的，东亚所适应的民主与多元民主的自由化理念大相径庭。对于东亚国家来说，民主的压力来源于外部，这违背了阿西莫格鲁关于经济与民主并行发展的铁律。亚洲“四小龙”都将美国作为其主要贸易伙伴，而美国又将民主作为正常贸易关系的前提强加给了它们。如果这些国家拒不推行民主选举，美国就会因其政府不合法而撤掉对其安全的保护伞。

同样的外部压力推动了墨西哥的转型，使其超越其他拉丁美洲国家。然而，同样的做法对中国却影响甚微。日本的文化渊源和经济交往与一衣带水的中国有着千丝万缕的联系，它在双边乃至全球贸易和投资过程中，最终会在何种程度上认同或体现中国的理念呢？总的来说，如果能够在全球政治经济中剔除来自他国的外部干预，制度中心论是可以自圆其说的。但是，在这样一个动态的、相互影响和互相依赖的体系中，若清楚地解释不计其数的微观行为如何通过相互碰撞和挤压造就了当今全球化的格局，任何一度被奉为经典的理论或模式都显得力不从心。

中国在全球的溢出效应

阿西莫格鲁和罗宾逊（2012）曾经预言中国的增长必将走向停滞，而诺斯则较为乐观，认为中国有可能依靠非正式契约的效力来取得成功。但国际政策的制定者对这两种可能的局面都抱有疑虑：中国的增长一旦发生停滞，全球的合作伙伴将会受到剧烈冲击。

全球长远而持续的发展前景必须认真考虑中国崛起的影响力，这个国家在贸易、投资以及金融领域的实力及其在世界市场上的布局，业已对发达国家和新兴经济体产生了强烈的溢出效应。中国以国家为主导的经济逻辑所释放出的强大力量，正在改变国际政治和经济格局。而其他国家，不论大小，无论发达还是落后，都不得不正视这一现实。对于政策制定者来说，如何以新的视角来推进宏观经济的稳定，将是一场前所未有的挑战。

不管是阿西莫格鲁对中国政治必将陷入动荡的臆测，还是诺斯对于民主和经济增长注定走向趋同的预言，都没有给试图应对当前全球经济转型的决策者带来多少慰藉。他们关注的是另外一些问题：中国的崛起是否对现有国际体系产生较大影响？全球秩序是否会就此分崩离析，分解成为区域性的单元和次单元，甚至形成多种国际体系并存的局面呢？在古代世界，邦国林立，帝国迭出，野蛮人四处征伐……他们彼此交往、摩擦和倾轧，但没有统一的全球体系。这种历史的画面是否会因中国的崛起而重现于世界舞台？又有哪些价值观能够足以支撑世界秩序的稳定呢？

实现国际经济的稳定需要全球性的合作。出于对当前局势的担忧，国际货币基金组织（IMF）开始探寻一种新的政策工具，用以追踪一国内部经济政策的溢出效应，例如，中国的国内政策就具有强大的外部性，只要政策一出台，就可能对全球造成震荡。所以，要想解答中国崛起的政策之谜，就需要寻找新的方式来评估与平衡系统风险，降低局部的政策对全球经济秩序产生的压力。

国际货币基金组织前首席经济学家格赫拉姆·拉扬（Raghuram Rajan）同样认为，中国对国际金融的稳定有重大影响。“因为不同的金融系统遵循不同的原则，政府之间互动的形式也灵活多样。”他警告道，“当各种系统密切交织到一起时，单一系统的运转就会受到扭曲（2010）。”当两种系统（例如，由政府主导的东亚经济与由市场主导的西方私营经济）相互碰撞时，弥合差异并恢复平衡的机制就更难建立。透明度低（非正式）的融资方式带来的不安全因素如今可以迅速传导至更透明、更开放的体系中，于是进一步放大了全球范围内的金融风险（诺斯等，2009）。[11]

若要恰当地描述全球金融体系的宏观状态，首先需要采集必要的信息，国际货币基金组织已开始着手这项工作。描述总体的行为必须从掌握其各个组成部分的行为入手，然后才能考察其对整体状态的影响。而面对如此庞大的体系，若想完成引领全球经济走向繁荣的丰功伟业，对于国际货币基金组织来说，可谓任重而道远。

国际货币基金组织认识到，全球的相互依赖性对发达国家和发展中国家都意味着更大的风险，曾经处于边缘的经济体也可能迫使全球体系发生改变。在 19 世纪，边缘地区的异动对全球供应链的干扰是短暂的。如果一个地区不能生产棉花，另一个地区就可以取而代之，因为低质的产品或原材料很容易找到替代性的货源。而现如今的情形却大不相同了，中国作为全球技术的发明者，同时也是主要的购买者，它已融入全球制造链当中，其增长是否会出现剧烈的波动，将会对紧密联系的全球生产网络产生广泛而深刻的影响。

复杂性科学促使我们转变思维方式，重新认识新兴的国际秩序以及以此为中心的全球政策辩论，帮助我们看清其中存在哪些最为紧迫的问题，从而可以明确地理解这样的启示：世界经济不仅是相互联系的，而且是相互依赖的。

国家是发展起来的，不是创建起来的

关于社会变革和经济发展的动力，复杂性理论提供的思路与阿西莫格鲁及诺斯的理论有着天壤之别。发展是涌现的，而不是简单汇总或者叠加的结果。考虑到全球发展政策和现代国家的角色，这一区别尤为显著。国家既是国际体系中人类集合体的主要代表，又是国际政策的核心实施者。[12]

正如阿西莫格鲁和诺斯所言，国家由政府机构和规章制度构成。但如果仅仅依靠政府机构和规章制度就足够了，我们就不会提出这样的问题：为什么长期耗时费力搭建起来的国家制度在发展中国家和地区往往以失败而告终？要知道，良好的制度是用来协调和敦促公民团结一心，共同履行复杂的集体职能的。

需要着重考虑的问题是，在引入新的制度之后，公民的行为、期望以及文化将如何改变。随着环境的变化，人际的互动会无意间产生新的行为和特点，有些现象可能与制度设计者的初衷彻底背道而驰。

国家的形态不只是一定辖区内国民活动的总和，它也是国际体系的一部分，所以需要适应更大的体系来形成自身的结构。一方面，国家与更大的体系相互作用；另一方面，国家内部的组成部分在相互作用的同时，也与更大体系进行互动。当一个国家相互作用的基础从本国扩大到了区域乃至全球时，它在网络以及更大体系中的行为方式就会发生变化。因此，系统论的基本原理不能依据其各组成部分的性质来推导，正如宇宙不能由基本的物理法则来构建一样。

国家是由相互作用的各个部分嵌套在一起的层级化组织。组织的低层（或者内层的）相互结合，构成更高层的（或者外层的）组织，正如多个个体构成家庭，多个家庭构成社区，多个社区构成城市，多个城市构成大都市，进而连接各省区一样。处于一个层级的主体会影响相邻层级的行为，然后促使总体的行为发生变化。最终，这些层级以及系统整体的行为特征会背离个体部分的行为特征。

国家的形成会改变其治下个体公民的行为规则，这一点并不是显而易见的。由于国家与其他复杂体系的相互作用，始料不及的行为在该国内部会涌现出来。因为，一个层级的变化会改变其他层级的变化选项。主体会逐渐适应，以新的身份、根据新的规则以及其他成分所期望的互动方式来改变自身的行为。如此一来，持续变化的环境和组织所构成的个体行为就更加难以预测。在每个层级，各组成部分可能会产生新的行为。单纯依靠加总各部分行为的方法，难以推导出它们怎样通过共同适应、相互作用来形成整体行为。

新的结构和行为必然创造出更加复杂的整体，这一过程叫作涌现，它对探究现代国家的起源和行为等基本问题具有至关重要的意义。例如，在民族主义、民主和工业化等重大变革进程中，国家成为催化剂（格尔纳，1983）。这些社会及经济的大趋势是在国家背景下涌现出来的例子，但同时，国家也是这些趋势的产物。经济发展、民主、全球化和自由国际主义相互构成了变化的环境，同时也是相互作用的产物。过程与结构之间的差别和界限不可能是泾渭分明的，这令那些喜欢假定的传统理论家无所适从。

同理，即使掌握了最完整的制度目录，也推导不出一个国家的行为。在复杂、密切交织的系统中，互动的规律与整个结构及其组成部分的特点同样重要，因为在同一环境里，成功的适应和变革取决于其他因素。其部件及其社会网络互相联系的方式决定了一段时期内的国家行为。在不同的网络中，相同的制度会产生不同的结果；在不同的网络中，不同的制度可能产生相似的结果。在一种环境中取得成功的改革，放到另一种环境中可能会失败。由于社会网络中的联系，即使相同的制度设计也会产生不同的结果。

相对于更大的体系，国家不是与世隔绝的孤岛。治理规则的改变不只是一个国家内部精英互相作用的结果，一些赢得战争的国家曾有权决定其他国家的立法秩序，因此赢家也是国际体系的统领者，既而决定其他国家的游戏规则。

国际体系与自然界的相似之处在于进化。从较高层级来看，物种进化是有意义的，而从细胞角度来看，就没什么意义。[13]宏观进化只发生在系统层面，比如从无性繁殖到有性繁殖，从冷血动物到温血动物。

在当今世界政治经济体系中，上一次世界大战的影响正在逐渐被全球趋势淡化，包括全球的人口特征。西方统治地位和新兴力量此消彼长的趋势会颠覆全球势力的格局吗？这些趋势会动摇当今秩序的政权契约，引发难以预测的潜在灾难吗？或者，全球制度能够成功做出必要的调整，以合理的牺牲来避免暴力冲突的蔓延吗？

如果诺斯或者阿西莫格鲁的理论是正确的，那么开放的贸易和经济增长将会使各个国家接受西方人权和民主制度的价值观。然而，对于中国、巴西、印度和土耳其等一些新兴国家的研究显示，它们并没有采用现代化理论的“规范”，它们并没有照搬西方民主和市场导向的准则，这促使我们思考是否需要采用其他的框架来解释新兴国家的发展驱动力。诺斯和阿西莫格鲁宣称，他们已经发现了可以重新解释人类历史上经济增长的自变量，这一点还有待确认。他们用来连接制度与发展的金线并不像他们吹嘘的那样熠熠生辉。在新的全球化背景之下，面对国家之间以及公民之间迅速增强的相互依赖性，他们的金线充其量不过是一根黯淡无光的棉线而已。

本书第 3 ~ 5 章会重点说明，在制度选择及体系稳定方面，传统的理论方法难以做出合理的解释。第 6 ~ 10 章会论述如何使用复杂性模型来为解释经济政治的现代化另辟蹊径，每一章开始都会对过往的理论方法做出综述和评价，目的是揭示常规分析没有发现的体系性特质。第 11 章通过评估全球的政策导向做出总结，即一国经济和政治的发展不一定必然保持同步，世界的航船也不会由伟大的舵手来主导发展的结果。

宣称人类社会的结构和网络像自然界那样遵循同一条规律，如此论断迄今为时过早。在政治经济和国际关系领域，复杂性方法即使不能完全解释所有的社会现象，它起码可以鼓励我们突破现今所谓的权威理论所框定的范围及向度。运用诸如自我组织、初始状态敏感性、路径依赖、锁定、同步进化、适应性以及分流等系统论中的词汇，我们可以从网络结构和进化的角度来梳理和描绘系统层面的变化过程。它也指导我们如何研究个别国家的组织方式、国家体系的兴衰以及推动系统变革的规则，从而认清在国家建设和发展的背后，隐藏着哪些不断变化的驱动力。

|第 3 章|

经济增长动力与社会复杂性

现代化理论的谬误

不论是在学术界，还是在政治界，现代化理论对于如何理解当今的全球发展都具有决定性的影响。不过，就现代化本身而言，鉴于其影响如此广泛，将其视作一种理论似乎有些牵强。美国的发展政策浓缩了现代化的理念，其民主党政府和共和党政府均将之奉为圭臬。在比尔·克林顿执政期间，现代化理论使美国的政策制定者坚信，中国和俄罗斯只要推行开放的贸易政策，提高国民收入，它们就会迎来发展的曙光。轮到乔治·布什当政，现代化理论又使白宫相信，推翻伊拉克的独裁政府，可以促使其自发地转向民主，发动伊拉克战争的决定于是赢得了两党一致的支持。布什执政时期的国务卿康多莉扎·赖斯（Condoleezza Rice）曾认为，中国不断壮大的中产阶级将要求获得代表性的民主权利和媒体自由。当民主党赢得 2008 年大选时，现代化理论对国际政策的影响依然没有改变。巴拉克·奥巴马总统和他的前任们一样，将开放经济体、开放社会和开放政府联系在一起。总之，从吉米·卡特政府开始，美国每一届政府都认为，人类发展只有一条轨迹可以遵循：可以先从发展经济出发，但最终一定会走向民主。

作为著名的现代化理论学术代表，罗纳德·英格尔哈特（Ronald Ingelhart）和克里斯蒂·韦尔泽（Christian Welzel）声称，现代化“将社会经济发展、文化变迁以及民主化进程融为一体，统统置于人类发展这一宏伟的主旋律之下”（2005）。根据这两位学者的观点，现代化进程会培育客观的能力，使人们能够根据自主选择来决定自己的生活方式。经济繁荣为人们追求自由表达和自我实现提供了物质基础，由此引发的一系列变革将推动社会迈上民主的必由之路。集权主义的发展模式不是一条备选的道路，而只是一定阶段的过渡。随着教育程度的提高，公民对于人权和自由的意识及呼声必然上升。作家托马斯·弗里德曼（Thomas Friedman）认为，如果某一个街角新开了一家麦当劳快餐店，那么后现代的价值观也就指日可待了。

以现代化理论为出发点，发展理论和实践都基于一个大胆的主张，即为了缩小与西方先进的现代科学和工业领域的差距，其他国家必须亦步亦趋地跟随西方的发展轨迹（McNeill，1992）。西方国家制定的金融和贸易规则席卷了全球各个角落，于是造成了一种假象，即西方的意识形态、治理模式等其他结构也会随之以同样的速度并沿着同样的轨迹一路前行。的确，经济的发展变化在全世界一路高歌猛进，远远超过了其他领域的变化速度，与之相伴的科学技术使很多新兴地区的城市景观趋同，同一品牌相同模样的快餐连锁店也在世界各地如雨后春笋般涌现。

然而，由于各个国家和民族的制度千差万别，其适应能力取决于其所处的社会秩序，比如宗教、生活方式或者身份意识，而这些国家和地区的变化速度与经济增长实际上是很难同步的。很多国家，包括中国、俄罗斯和沙特阿拉伯，它们在经济增长和教育普及方面几乎与第一世界国家不相伯仲，但在民主、公民自由、产权保护等其他方面，却没有达到同样的现代化水平。

正因为如此，“我们现在需要认真观察全球经济增长的动力的异常之处，研究全球政体和全球社会为何相对滞后的原因”。两位国际关系理论家巴里·布赞（Barry Buzan）和理查德·利特尔（Richard Little）说道（2000）。一方面，经济变化的步伐在不断加快；另一方面，社会变化的进程却一直步履蹒跚。对于二者之间的差距究竟源自何处，现代化理论只能提供十分浅陋的解释。

在柏林墙倒塌之后的一段时间里，现代化的理论家沉浸在一片胜利的喜悦当中，认为其理论终于可以和自由理想主义双剑合璧，从而产生一种新型的社会主义过渡理论，来证明经济和政治自由主义的进程完全与自然选择的进化理论契合。根据这一理论，财富的创造促进了开放，开放又能带来更多的财富，如此进入一个理想的良性循环。于是乎，他们经常发现，民主和自由市场原本是在一个系统内同气连枝的，二者可以珠联璧合，齐头并进。他们假设，经济增长与民主的互相促进似乎毋庸置疑，可以在全球范围内推而广之，市场自由主义和转型理论应被看作放之四海而皆准的真理，而非一般意义的学说或猜想。市场自由主义理论认为，民主和资本主义不仅是目标，而且也是社会制度变革标准化的发展手段，是供世界各国模仿、复制和移植的模板。

根据自由主义理论，经济是自由价值观的播种机。[1] 不管先前的环境有何差异，经济可以促进社会制度进行相应的改良，充分发挥专业化和劳动分工的功能，复制适应性较强的社会组织结构。[2] 然而，这种假设是有缺陷的。实践证明，制度移植的效果往往不尽如人意。作为自由理论武库中最强有力的两种变革机制，无论是民主选举还是由价格主导的市场机制，在发展中国家都没有达到预期的变革效果。

发展政策需要认真思考的问题是，现代经济中许多核心制度源自不同的环境因素和初始条件。[3] 市场经济本身也包含多个秩序体系，它们以不同速度和幅度同时运行，且处于不断的变化之中，因此会减弱市场的合理性对其他社会秩序领域的转换能力。进化生态学家在处理跨尺度的平行分析问题时得到的教训是，如果一个尺度的事件影响到其他尺度的事件，优化模型往往会失灵。这种跨尺度的效应，极大地增加了在世界范围内移植制度的难度。

移植理论的谬误

2006 年，我开始负责一项由美国国际开发署（USAID）开展的政府效率提升计划（EGE），探索如何利用美国的技术援助来协助发展中国家和地区建立有效的政府。这项计划是由美国国际开发署的民主和经济事务部门设计的。这两个部门通力合作，共同确定了项目的重点，即在宗教激进主义色彩浓厚的伊斯兰国家修复支离破碎的公共管理体系。我被派往宗教激进主义运动盛行的地区，负责查找原因、设计改进措施，以厘清推行公共管理改革究竟会遇到哪些社会障碍。经过 5 年的时间，我们研究了约旦河西岸/加沙、也门、摩洛哥、印度尼西亚、巴基斯坦 5 个国家和地区的 20 多个政府机构，认真考察了它们的人力资源管理、招聘、财政和预算、规划，以及机构间的协调机制和评估标准等方方面面。[4]

冷战结束后，经济合作与发展组织（OECD）1992 年宣布，一个国家良好的公共治理对于发展具有至关重要的作用。一个国家是否有资格获得国际援助，不再取决于它是否反对共产主义。1993 年世界银行的一份文件中对此采用了政治上相对中性的语言，如“透明度、可预见性、问责制”等，表明借款国的治理状况会影响银行贷款项目的绩效，因此必须予以密切关注。1994 年世界银行发布的一份题为《亚洲奇迹》的报告强调，有效治理在东亚经济体的崛起过程中发挥了巨大的作用。

治理魔鬼已经从瓶子里逃了出来，到 20 世纪 90 年代后半期，治理改革已成为发展领域明确宣示的政策目标。学术界也积极响应，研究出了相应的架构、指标和模型。其中一个模型是我和布鲁斯·梅斯奎塔（Bruce Bueno de Mesquita）在斯坦福大学胡佛学院合作完成的，后来成为政府效率提升计划项目的分析基础。[5] 根据我们的模型，某个政体的领导层是否有能力维持其权位，取决于一个关键的群体，即获胜联盟（Bruce Bueno de Mesquita 和 Root，2000；Bruce Bueno de Mesquita 等，2003）。联盟成员可能不只是清一色的精英，也包括不同领域里有一定影响力的不同社会阶层的人物。当权者反过来也会用公共产品和私有产品犒赏获胜联盟，犒赏的多寡和分配方式要视当权者保位所需要的联盟规模而定，同时也要照顾到一定比例的为他们摇旗呐喊的选区头领。[6]

由于当权者能够决定政府收入的分配方式，他们可以直接向获胜联盟恩赐私有产品。然而，只有对获胜联盟的犒赏在政府财政中占比较小的情况下，这种方式才可持续。如果获胜联盟人数众多，而政府的财政收入又非常拮据，每个联盟成员能够分得的私有产品就会令人失望。在这种僧多粥少的情况下，获胜联盟成员发现自己分得的犒赏不足，当权者就可能面临丧失支持的危险。因此，如果获胜联盟规模较大，政府较为明智的做法是将财政收入作为公共产品而非私有产品来分配。

选举代表团模型打开了国家治理的“黑匣子”，于是执政者一心维护精英的权力和获胜联盟的利益。具体而言，他们只顾眼前，忙于解决局部问题，可能将自由主义视为唯一的解决方案。这意味着，他们从一开始（即对初始状态的敏感程度）就忽视了其他的备选方案，而且执政者内部也极有可能发生分歧。他们最初的选择也许是不可逆转的，并会影响未来的机会（形成路径依赖）。同理，每个参与者的选择不仅会影响自身的相对机会（相互依赖性），而且会影响社会各阶层其他人的福利（相机互动与共同进化）。

移植理论的缺点在于，复杂社会体系的各个部分都不能独立于整体而存在，也不能保持同样的功能。将发达国家的制度移植到发展中国家，不能使后者沿着前者走过的同样的道路前进。如果想要得到相同的效果，就必须从原始状态开始复制全部发展过程。[7]

此外，就像大多数“理性行为者”模型一样，我们的理论假设，不太理想的政策、制度和技术可以被市场激励淘汰。这一过程主要是基于这样的理念：“在竞争性的市场环境中，只有那些力求效益最大化的决策者方能存活下来（Simon，1969）。”支撑这一理念的是，市场规则具有强大的调节作用，决策者实际上可以在一揽子备选方案中找到最优决策。然而，即使备选方案中存在最优决策，它也可能会因为触动核心精英的利益而遭到遗弃。这样，阶级冲突变成了焦点，尤其是谁掌握着权力以及如何行使权力的问题。

然而，我们在模型中设法定位的精英阶层不具备充分的先见之明来识别究竟哪一个属于最优策略，他们的理性是有限的，不可能掌握社会及经济环境中的全部信息。认识到这一点，关于经济激励来源的两个错误概念便昭然若揭了。其一，它假定制度是为服务于获胜联盟成员的理性利益而存在的。然而，事实上，制度变革需要与多个阶层进行协调，涉及众多国内乃至国外的参与者。通过复杂的相互依赖关系，阻碍公共管理效率提高的因素与社会结构的各个层面交织在一起，这并不是精英阶层为了维护自身权力而有意设计的产物。其二，获胜联盟之所以兴起，是适应制度生态的结果；他们接受制度生态的塑造，正如他们试图塑造它一样。

选举代表团模型本质上是维护精英阶层的模型，同时它反映了国内外紧张的政治局势，但它不能充分解释整个系统政治经济层面的宏观变量如何影响部门层面的制度。在后续章节，我们将从复杂性的视角出发，对照先前的选举代表团模型，阐释适应性行为模型的优越性。复杂性理论更加契合局部的情形和多样性，也可以更好地解释各种角色的局限性，以及他们看待和评价其选择的方式。但由于集中关注公共管理子系统中各类属性的相互依赖性，选举代表团模型无法解释系统中一个组分对其他相关组分的依赖性。各组分之间的相互依赖使管理行为比我们预想的更加难以改变。[8] 例如，某位政府官员或者企业主做出的决策很少能达到效用最优化的水平。由于受到被政治经济学家斯坦·梅特卡夫（Stan Metcalfe）称为“组合爆炸”现象的影响，各组分之间的相互关系将决定结果。

由于主体在回应和预测其他主体的行为时存在短视，在共同进化的簇拥之下，复杂的相互依赖性应运而生，既而限制了系统适应性的潜能。每个参与主体都要适应其他主体的环境，并共同进入进化过程。[9]这种调整是在有限理性的背景下发生的。

事实上，在我们重点考察的5个国家当中，大多数国家的治理水平离国际标准相去甚远，但改革的空间却比我们预想的狭窄。正如其他复杂性系统一样，某个组分的变化会影响与之互动的其他组分，把一个在子系统内正常运行的单一组分放置到其他子系统里，会产生无法预料的效果。只有当采取干涉措施获得的益处大于对其他所有组分的负面作用时，整个系统才可能得到全面改善。

将理性行为者模型应用于不同政府部门的行政管理领域，我们团队在此过程中遇到的困境与科学家在流行病学（研究传染）、地质学（预测地震）或者生态学（分析生物多样性的流失）等其他离散科学领域所开展的研究颇为类似。例如，生物学家只有在发现DNA之后，才知道还需要做很多工作才能选出有积极效果的突变基因来改善生命。对于生命中互相依赖的元素，每一个基因突变都会影响其独特的排列顺序。与之类似，行政改革能否产生有益的效果，依赖于不同制度间复杂的相互依赖关系。某种突变可能会提升局部的效率，却同时可能对系统整体造成危害。对于多种因素相互交织的公共制度来说，单一的改革措施既可能产生积极的效果，也可能产生消极的效果。为了理解各类政策在不同程度上取得成功或归于失败的原因，社会规划者必须认真研究相互依赖性对于发展的影响，或者说“上位效应”（epistasis）。

通常而言，制度选择是为了找到本国最优解而进行的探索，进而发现最适合的解决方案，而不是按照某种普世的标准达到最佳状态的过程。某个群体在攀登顶峰的过程中所付出的代价，极有可能会决定最终的结果，因此，究竟有哪些压力会推动一个政权在庞大复杂的国际体系中选择某种特定的政治制度，这往往与当代转型模式所设立的假设有很大出入。政策制定者必须清楚，他们力图改革的体系仅限于获得本国最优解，并且只能通过在预定范围内进行不断的试验才有望取得最佳的结果。

只有通过大刀阔斧的改革，而非跬步式的渐变，才有可能全面改变游戏规则，使这些国家彻底消除导致不确定性、腐败和不平等的根源。然而如果改革力度过于猛烈，也可能带来严重误判的风险，就像伊朗国王巴列维发动的“白色革命”。从理论上讲，尽管做出最优的决策需要穷尽所有的可能性，而现实中，没有哪个政权能够完全预见和规避各种改革方案的利弊得失。某个政权如果将全部资源悉数投入这种无休止的尝试之中，反而会将自己置于倾覆的风险之中。

总而言之，要推行制度改革，我们需要理解复杂性系统内部的互动规律。尽管各个部分可以独立适应环境的要求，但这些要求也与同一环境中的其他部分产生联系，或者说发生权宜反应。为了挖掘某个问题的根源，我们必须开阔思路，将其置于完整的形成过程中加以考察，而非局限于某个具体的部分或环节。

经济转型理论的谬误

卡尔·马克思可能是第一个提出经济转型理论的人。他认为，因科技进步所牵引，制度的生成过程是叠加的和线性的。与之对立的是沃尔特·罗斯托（Walter Rostow）提出的经济增长阶段模型，它在冷战时期对国际发展发挥了主要的指导作用（1960）。罗斯托依照马克思的理论，将历史分成几个增长阶段。但是，他没有将历史顺序地划分为封建主义、资本主义、社会主义以及共产主义，而是将所有的非工业化秩序归为一类，即传统阶段；紧随其后的是起飞阶段，并不是共产主义，而是将大众高消费作为发展目标。他反对马克思的理论，却赞同科技有利于促进系统效率的观点。罗斯托的理论迎合了国际秩序的统御者所希冀的地缘政治目标，所以美国相信，推行消费主义有助于最终实现向民主的过渡。美国的执政者可以因独裁政权者的支持而对其专制制度做出妥协，支持专制政权的领袖推进现代化，既而促使其国家最终走上民主化的道路。

在20世纪70年代，以美国为首的西方国家对该目标的追求反而导致许多落后国家出现了暴政肆虐的局面，表现为政府对经济生活的严格管制或者疯狂的对外借贷。鉴于此，西方国家宣布了一个新的目标，即市场自由化，推动其他国家降低政府支出，平衡预算，对国有企业实行私有化，开放国内经济，积极参与世界贸易。20世纪80年代，这些目标（被称为结构性调整和稳定计划）再次以失败告终。于是乎，制度经济学开始粉墨登场，抛出了善治的概念作为答案，主张良好的治理，诸如可靠的产权保护、透明且可预测的法制，以及由技术官僚主导的负责任的行政管理，等等，均可以在世界范围内进行复制、引进和嫁接。他们普遍认为，善治还有利于抵御制度转型可能出现的另一种顽疾：不良治理导致的精英腐败，而非包容性的经济增长。

进化制度选择的谬误

运用博弈论的原理，经济历史学家道格拉斯·诺斯和阿弗纳·格雷夫（Avner Greif）分析了规范和市场的进化规律，例如，从最原始的物物交换，到纯粹从事现货交易的集市，又如何一步步地演变成为如今容纳巨大风险池的股票市场。他们据此得出结论：在每一步向有效市场进化的过程中，制度的变革发挥了决定性的作用，它通过调整激励机制而改变了市场参与者的行为。

这个过程始于某种原始的或者说野蛮的模式，当时契约的效力取决于社群中约定俗成的惯例，比如用放逐的手段惩罚违约者。接下来的发展路径，从面对面的物物交换，一直到现代金融体系的实时线上交易。换句话说，就是一路变得越来越复杂而抽象起来。在高度发达的市场体系中，契约活动是完全自由独立的，独立个体之间进行公平交易，社会的每个成员，不论其家庭背景、宗教信仰以及种族身份如何，其契约行为以及由此产生的权利和义务都受到法律的约束和保护。随着契约的履行和经验的积累，社会管理和降低风险的能力逐步增强，从事经济活动的个体可以放心大胆地订立契约，不用耗费大量的资源进行自我保护。

为了鼓励个体从自身的经济利益出发形成自我组织的网络，市场化的国家需要建立完善的机制来防止机会主义行为。在不同的市场参与者之间确保契约得以履行，需要制度化的规范来提供信息，使之了解每一笔交易中违约的可能性。契约的履行最初是以私有品的面目出现的，由社群中的某位成员基于家庭或者部落关系提供给其他成员。在基于社群的交易体系中，基础的社会组织，如家庭、部落或者行会之类的商业联合体，都需要对个体成员的行为负责。社群可以监督个体的行为并为之承担责任，同时通过道德或者社会的手段对违约的成员施以惩戒。

但在这种自然的环境中，几乎没有什么手段可以应对非本社群成员的失信或者机会主义行为，这一缺陷抑制了整个社会的交易数量和频率。然而，正如阿弗纳·格雷夫所观察到的，源自社会声誉的舆论压力可能有利于促进全球贸易。例如，10 世纪马格里布犹太商人的足迹遍布整个地中海地区，他们以婚姻关系为纽带所建立的贸易网络是排他的。因此，如果没有其他制度来建立信任机制，社会资本的形成只能局限在一个封闭的基于血缘关系的熟人圈子里，因而血缘在契约关系中发挥了举足轻重的作用（Greif，1993）。[10]

经过研究，格雷夫发现，11 世纪在世界经济史上出现了一个关键的转折点，热那亚自那时起超越了马格里布部落，进而在贸易上称雄于整个地中海地区。他们之所以能够取得霸主地位，是因为他们将公共权力和契约执行权赋予了国家机构。中世纪的法国香槟公爵在北欧刚刚巩固的世俗势力当中建立的经济贸易展销会也是以类似的方式发展起来的，该贸易展销会始建于 11 世纪，在 12 世纪末达到鼎盛，并延续至 13 世纪。在国家建立的早期，不分民族或宗教派别，将契约效力作为公共产品提供给公民，极大地拓展了经济活动的范围和规模。通过包容背景各异的参与者，建立和维护交易规则，由第三方来确保契约的效力，贸易得以大幅拓展，产品和服务的种类也迅速地丰富起来。

根据复杂性思维，经济制度的结构性变化通常是由某种临时的环境需求驱动的。某种契约的组织形态并不包含之前的形态，即便最简单的社会组织形态也不一定会因此消失。在同一个市场，基于血统的契约执行方式和基于国家的契约执行方式可以同时并存。在高增长的东亚经济体中，比如韩国或者泰国，大公司始终没有摆脱其创始家族的光环。尽管国家的现代化增加了官方的监管，但基于血缘关系的关联交易却并未消除。西欧市场的特点，即由独立司法机构确保依法履约的制度，在这些国家迟迟没有生根，甚至影响也微乎其微。在中国，改革开放前契约执行的效力也难以保障，这就需要经济主体不断地猜测政治领导人的政策指向和行动措施，同时努力向党的政策靠拢。

现代化理论和自由国际主义认为市场也存在进化机制，认为既然复杂的有机体可以随着时间而持续进化，那么不断增强的市场力量也必将能够改写历史或改变地缘政治格局。但是，复杂性理论告诉我们，制度在向复杂的结果演进的过程中，没有一个全球的罗盘在发挥引领作用，甚至没有任何机制来确保相对简单的制度就一定能演变成更为复杂的制度。那么，更为复杂的制度是如何产生的呢？为什么随着时间的推移，最复杂的经济组织形式和最简单的经济组织形式之间会产生越来越大的差异呢？

复杂性层级的增加很难完整地解释经济制度之间的差异。在一个高度发达的社会，交易在很多层级上同步进行，因此需要多种制度性的规范来确保人人都能够认真履行责任。例如，基于社群的规范，公司按照层级式的结构进行集中规划和管理；基于市场的规范，人们通过交换来互通有无，彼此都能从中受益。可见，制度是人们在解决现实问题的过程中，通过不断积累和总结经验而逐步定型的。鉴于社会活动变得越来越丰富多样，更为复杂的制度渐渐取代了简单的制度。然而，如果就此认为复杂的制度彻底代替了简单的制度，这无疑是一种幻觉。实际上，高度发达的社会包含丰富多样的制度，有基于社群的纪律，有基于市场的规则，也有基于国家的强制性规范。举例而言，从查理曼大帝时期到第二次世界大战之后，整个欧洲布满了各种小规模的王国，形成了一个个以家族为纽带的互相依赖的网络。社会的进步和经济的发展是各个阶层和团体共同努力和相互竞争的结果，“在复杂的环境中不断积累经验，通过努力适应和改善自身的生活方式，同时也渐渐增强了自身的特色”（Dawkins，1997）。

即使是在发达的工业化国家，契约的执行也没有完全排除亲朋好友的关系网，以民间的规范开展协作的例子比比皆是。福山指出，纵然部落社会早已退出了历史舞台，但很多原始的做法也不会彻底消失。“如果说社会的进步意味着已经摆脱了世袭的关系和寄生的政治，那就必须解释为什么这些现象在很多地方仍然十分盛行，为什么貌似现代的政治体系还经常重复这些做法”（Fukuyama，2011）。甚至在自由民主的王国，比如美国国会，依附和恩庇的链条依然屡见不鲜。在大批穷苦百姓聚集的城市和乡村，那些通常被称作“大佬”的当地财阀，仍然控制着大把的政治选票。在世界的任何角落，对于行政权力的制约和定期的选举，都没有彻底祛除世袭的权力分配。我们将在第5章讨论在解释经济增长时唯制度论造成的谬误。

有效市场的谬误

市场的神秘之处在于，它可以作为自我重组的制度将众多彼此陌生的买卖双方集合到一个系统里进行成千上万的交易。正如弗里德里希·哈耶克（Friedrich Hayek）所描述的（1988，77）：

> 市场是目前已知的唯一能够提供信息的有效方法，它让人们判断资源的不同用途会取得怎样的相对优势，不论他们是否知晓或者是否有意为之，远方陌生人的需求总可以得到满足。这种分散的知识，没有任何一个权威机构可以依靠专门的指令便将之收集到一起并将之传播开来。

有效市场的神奇之处在于，它会按照诸如供求关系等一系列既定的法则实现自我运行，而不需要自上而下的计划和控制。但是在这种自我组织的魔力到来之前，还有很多干预的环节。这些环节不是自动生成的，而需要刻意地建立、规范和维护。毕竟，市场是有交易成本的，但像任何人为的网络关系一样，成本和收益不可能在各个成员当中进行平均分配（Root，1994，2006）。阿西莫格鲁和罗宾逊坚持认为，管理者能够通过创造和维持市场而成为租金的受益者，而且这种收益会超过他们贡献的社会价值。但是这两位学者却忽略了一个事实，即市场不会毫无目的地出现，维持市场也会产生成本。

契约执行的机制，例如法院和新出台的法典，以及对市场负有核心治理职责的训练有素的法官，都不可能凭空自发地出现。在古代，成本和收益是由农民和市民结合当地具体的文化背景或社会秩序，根据有目的的协作来划分的（Casson，2011）。利用政治或者社会机制来攫取剩余价值的共谋屡见不鲜，名目和手段也随时变换，但是变换的速度，或者说时间的滞后，则可能取决于社会进步的速度，而非市场。

“当合作伙伴和契约当事人的信誉存在不确定性时，共谋关系有利于弥补市场制度的缺陷（Root，2006）。”共谋的做法可以缓解两种最为严重的不确定性：一是个体交易者的机会主义，二是国家征用的风险。在不同国家，寻租的结构和其他形式的共谋所表现的形态具有很大差异。行会、专业协会或商业寡头等中介组织，会以不同的顺序出现。在自由经济理论看来，这类组织限制竞争，制造共谋；但在一定条件下它们的存在也有利于降低交易成本，从而提高效率，促进合作。如果一个国家除了家庭之外缺乏可靠的组织，几个家族控制大型的企业，反而有利于社会的稳定和发展。家族化的集中控股模式极其容易产生共谋，这种现象是对薄弱的公共治理做出的权宜反应。

支持有效市场理论的另一个关键假设是，价格能够充分反映所有现成的信息（Grossman，1976，1981；Grossman 和 Stiglitz，1980）。如果这一假设能够成立，知情的交易者将失去用武之地，他们不可能找到愿意购买专业建议的客户。如果他们提供的信息其他人也能免费获取，他们怎么可能借助自己的信息服务赚取回报呢？桑福德·格罗斯曼（Sanford Grossman）与约瑟夫·斯蒂格利茨（Joseph Stiglitz）总结道：“价格不能完美地体现所有可用的信息，如果是这样，那么耗费资源来获取信息的人将会倾家荡产。在市场扩散信息的效率和获取信息的激励之间，存在根本性的冲突。”经济系统的信息加工能力决定了价格机制的效率，而这又取决于市场主体（买卖双方）之间了解对方需求的能力。格罗斯曼发现，“在随机震荡的世界…… 人人都面临两种挑战，首先是预测自身在未来的生存环境，其次也是更为重要的，就是预测这些环境因素将如何影响其他人的行为”。

这种学习能力贯穿于全部的人类社会历史。传统的风险模型假定，只有极少数的理性参与者才能驱动市场提高效率；然而，在真正的市场上，由于交易者有着千差万别的期待和目标，如果他们不能预料彼此的行为，结果必然会产生变幻无常的波动。市场主体的时间观念各不相同，有些能做出快速的反应，而另一些则不紧不慢。信息可能不会直接得到吸收。在物理世界中，关于某个现象特征的信息，例如光速或者门的宽度，不会因为被丈量或公开而改变。相反，在市场上，交易者如何为所收集和散播的信息赋值，这本身就决定了当期的价格。市场的参与者无论是追求实际交易还是纯粹地买空卖空，都会产生实时的反馈，既而改变其他参与者的期待和行为。

经济学中的经典风险模型在假定每一个决策者都是独立的前提下最为适用，但是纽约和伦敦应用的风险分散模型，全世界任何人都可以使用。只要打开电脑，你看到的信息和在东京的某个人所看到的完全相同。点击一下鼠标，一名交易员移动资产的速度将与另一名交易员一样快。于是问题便出现了，由于每个人都使用相同的风险评估方法，资金只会朝同一个方向快速流动。所以说，经典的风险模型改变了金融系统中的统计概率，让所有的玩家都不约而同地将赌注下到同一张赌桌上——实现了从安全到危机的转身。

这种波动的格局反映出，经典风险模型关于市场的适应性和有效性的假设存在严重的局限性。市场的行为是不连贯的，也是无休止的。因为构成市场的买卖各方都可以进行自我组织，而且市场本身也是更大环境中能动的主体。

在没有统一指挥的情况下，人们却能为了一个目标而采取步调一致的行动。揭示这一现象背后的规律，是经济学作为一门学科的优势之一。但是作为一门学科，经济学没有很好地描述交易者之间互动的规则，而正是这些规则才形成并丰富了市场系统。因此，它也无法描述或预测导致市场波动的根源。这是因为，传统经济学一方面明确指出个体行为者的效用，另一方面又放眼于市场的铁律，结果却跳过了关键的中间环节。在中间环节当中，每一个市场主体都根据对他人行为的预判来追求自身的利益，由此在彼此之间形成了多重的反馈循环，经济系统于是获得了自身的内在动力。不过，我们将会在第 6 章谈到，这种自我组织只有在适宜的土壤里才能实现，而且还必须具备信息收集的能力。

社会网络中的知识传播

本章所描述的许多理论缺陷之所以出现，是因为价值形成模型忽略了网络的作用。经济学的基本假定是人们会对激励做出反应，并且能够充分理解经济激励。这并没有错，然而这只反映了现实的一部分。

社会学习也会发生在网络和组织内部。认知的过程会在多个层次上进行互动，行为主体的决策取决于其对其他人行为的预判，一个人的行为会受到其他人行为的直接影响（Arthur，1994；Arthur，Durlauf 和 Lane，1997；Ormerod，2012）。认知心理学家发现，源于同伴的压力，人们若有肥胖的朋友，则自身更可能变胖；若有嗜酒的朋友，则自己更容易饮酒作乐；一旦身边有人结婚生子，其他女士也会积极效仿；若有熟人购买了技术股，即使对技术一无所知的投资者，也倾向于购买同一只股票。不管自身的认知有何局限，上述种种都是作为一个群体或组织的一员做出的适应性反应，目的是为了减少他们面临的风险。

帕特里克·弗伦奇（Patrick French）运用大量的资料深刻地分析了同伴压力的影响，他解释了为什么是印度而不是巴基斯坦，拥有了最多的北部边陲独立王国（2011）。英国所统治的地区有三分之一属于这种小王国，每个王国都各自与伦敦订立了条约。直至独立之后，这些次大陆的独立王国状态仍未得到改变。弗伦奇讲述了焦特布尔（现属拉贾斯坦邦）的王子辛格（Hanwant Singh）是如何决定加入印度的。为了拉拢王子加入巴基斯坦，巴基斯坦的建国者穆罕默德·阿里·真纳（Muhammad Ali Jinnah）承诺提供令人心动的私人利益，包括维持其封建王权，免费使用卡拉奇港口，为其购买任何心仪的武器装备，控制进入巴基斯坦铁路线，为其提供免费的粮食以缓解当地的饥荒，不一而足。但是，王子却迟迟没有表态，他在观望其他王国的动向。当他们纷纷决定加入印度时，他也放弃了其祖先长期统治的王国。与其加入巴基斯坦在独立之后继续享受长达 60 年的封建精英统治相比，这些独立王国的王子们更愿意放弃更多的自治权而加入印度。这说明，来自同伴的压力最终战胜了强大的私人利益。

那么，专业投资者比印度的王子们更敏感于市场激励吗？他们的专业知识是否有助于他们引导公众和市场远离泡沫和崩溃呢？诺贝尔奖得主弗农·史密斯（Vernon Smith）的研究表明，和一般公众相比，他们并没有更强的能力免于同伴的压力。在 1988 年发表的论文中，史密斯等人测试了一个假设：如果只有经验丰富的交易员参与市场，泡沫会变少，或者发生的频率更低（Smith，Suchanek 和 Williams，1988）。他们得出的结论是，专业人士并不比无知的新手能更有效地引导市场走向常态。专业交易员不像有效价格理论所假设的那样，他们在经济上同样是不理性的。他们学得并不比别人快，而且其非理性的期望并不低于业余的交易者。这种行为导致价格泡沫，是一种经过实证的市场规律。

泡沫和崩溃是经济行为者相互之间，而不是直接针对市场做出反应的结果。如果全球的市场参与者对于风险和回报拥有相同的数据，并采用相同的优化模型，他们的投资组合也极可能是类似的。假如被低估的资产快速膨胀，信息就会朝一个方向偏移。参与者在这种信息流的刺激之下，便纷纷涌向新显示的安全区域。这就导致新的风险，进而驱使市场进入波动的周期（Persaud，2000）。由于市场的参与者大都聚集在少数几个城市金融中心，群体性的误解自然会放大这种效应。假如在距离正态分布很远的尾端，大批的外围人也会纷纷跟风追逐，将赌注押在同一个地方，系统崩溃的可能性就会倍增。如今有了电脑助阵的人机互动，全球范围内规模空前的泡沫可能会更易出现。例如，自从世界银行1993年刊发了《东亚奇迹》的报告之后，加上商业媒体的大肆炒作，国际资本潮水般地涌入东亚。但时机已经过去了，安全的投资已经到了顶点，而投资者却继续投入资金，直到1997年将该地区的经济彻底推下悬崖。

看来即使专家在判断市场时也符合凯恩斯的说法：就像选美比赛中的评委们一样，他们仅互相注视对方，而不关注舞台上走秀的模特们。他们似乎预料到，同事们的情绪会改变交易场内的动态。

复杂性和经济学

经济学家对于进化的好奇心可以从该领域的巨人阿尔弗雷德·马歇尔（Alfred Marshall）说起，当然还有后来的弗里德里希·哈耶克。他们试图揭示在生物系统中所发现的适应性主体（基因、父母、后代、人群）与在经济系统中的主体存在一定的相似性，结果两人都因未能在社会变革过程中找到与物理学或生物学中的主体相对应的类似要素而感到沮丧。[11]有些概念，例如正义、民主和定价等，在生物系统中是不存在的，就像社会系统中不存在基因型或表型一样。同样，在一个社会组织层面不断变化的社会认同原则不能武断地归类到另一个层面。

然而，如果我们用复杂系统的眼光来看待，在更高层次上进行概括，经济与进化的确存在共同的属性。这是在20世纪60年代末发生的事情，研究人员开始放弃寻找直接的类比，将经济系统和生物进化系统看作是复杂的适应性系统，然后再探究二者之间有何共同的属性。自从赫伯特·西蒙（Herbert Simon）（1969）首次提出提高泛化水平以来，该项研究便取得了可喜的成果。[12]

从复杂性的视角的分析揭示了经济学与许多其他复杂系统遵循许多共同的普通原理和简单规律。现代经济学中许多丰硕的成果，都是通过剔除某些组成部分以达到简化分析而取得的，而复杂性理论则将整体行为予以拆解，聚焦于其组成部分的行为。在传统经济模型中，主体之间的相互作用被假定为以线性的形态走向稳定状态的均衡。而研究人员如果从复杂性的视角出发，则可以发现其中的盲区——系统中各个主体之间广泛的相互作用，从而看到经济系统作为适应性主体与其他复杂系统共有的属性。[13]

有效市场理论假定，市场的组成部分，如证券买卖的交易双方，与市场直接发生关系——他们是"价格的接受者"，直接对市场做出反应。价格会告诉他们所有他们需要知道的关于各种商品或者服务的相对价值，交易双方都是彼此独立的。但在复杂的适应性系统中，各种相互作用的适应性组分是不能分离的，否则就无法理解整个系统。主体与环境的相互作用属于系统的一部分，环境也是一个交互的主体，因此没有外部性。一个组成部分（或主体）与其所处的环境构成了系统，就像云与云堤，或湍流中的波纹一样。不能为了简化对系统的理解而剔除其中任何一个单独的组分，但各个组分都是异质的，分别独立地解释和交流各自的现实。它们的行为都是不可逆的，而且活动范围往往跨越层级。主体首先会对一定数量的其他主体将如何行动做出预判，然而据此制定自己的策略。主体经过自我组织和连续适应，形成了经济系统的秩序。这里不存在所有参与者都群起追求或蜂拥而至的线性焦点，寻找最佳状态的运动永远不会停止。

同伴群体和群体学习是非常重要的，因为经济系统的行为是由各个部分的行为催生出来的结果。这些部分就像"中间选民"一样，不是代表性的主体，而只是一个网络中的各个节点。在网络中，同伴压力和群体学习是集体行为的关键决定因素。市场产生于并依赖于众多买方与卖方、生产者和供应者之间形成的交换网络。这些买方与卖方就是市场要素，价格反映了他们对彼此做出的反应。系统层面的行为是从微观层面的无数互动中产生的，结果变成了市场的内在动力。市场参与者的信念体现在由市场决定的价格上，价格本身不断地受到集体行动的战略性操纵，政治和道德同时对集体行动施加影响。

经济是一个复杂系统的一部分，它本身又作为一个复杂系统在其他方面产生影响。因此，经济既是进化的结果，又是进化的原因。如同任何其他复杂的适应性系统，经济系统经历了“组织的不同层次之间的因果互动……行动过程虽然在组织的特定层次上有时被看作是自治的，但仍然受到其他较低或较高层次的行动格局和实体的约束”（Arthur，1994）。

经济系统的相互依存性，与在神经系统和免疫系统之间所发现的互动关系类同。根据罗伯特·阿德（Robert Ader）和尼古拉斯·科恩（Nicholas Cohen）的论证，心灵和身体之间的联结使得免疫系统容易受到巴甫洛夫干预（1975）。他们的最初观点，即心理状态也影响健康，这一点已经在许多研究中得到证实。所以，免疫系统不再被视为防止感染、恶性肿瘤和受损细胞修复的起点和终点。后天的免疫能力与中枢神经系统有关，抑郁障碍、免疫反应、普遍的精神障碍以及心理压力等，都是相互关联的。

同样，仅仅了解市场，不足以证明已经理解了经济系统。将市场视为整个经济系统的隐喻，忽略了将市场与更大的社会系统联系起来的基本信息结构。市场是在一个更广阔的背景下建立的，其结构往往是为了服务于建造者的利益而生成的，建造者既可能是关注于巩固自身权力的政治领袖，也可能是关注于拯救灵魂的宗教首领（Root，1994）。

弗朗西斯·福山（Francis Fukuyama）在《政治秩序的起源》（*Origins of*

Political Order）一书中列举了众多的例子，以证明为何一个经济系统不仅是市场力量的产物，而且同时受制于来自市场外部的信任。他指出，政治和经济发展之间存在许多意外和偶然的关系。西方的法治源于宗教势力与世俗政治之间的斗争，他们要努力摆脱世俗权力的干涉，维护其领地的绝对权威（2011）。[14]普通法是英美国家保护现代企业所有制和个人财产权的主要法律形式，其起源与 19 世纪英国的经济发展密切相关，其中一个政治目的是为了巩固法国对英国的征服。“作为法律政策的框架，它要求中央政治权力将之付诸实施。”“它虽然援用了过去的先例，但如果没有法国的征服，它永远不会成为全国性的法律。它取代了旧有的丹麦和盎格鲁 - 撒克逊人的贵族统治，建立了一个统一的日益强大的中央集权式的帝国。”这既不是普通的，也不是自发的，而是由一群统治者为清除其前任的统治秩序而强行施加的。

至于制度是外部强加的还是内部自生的，这有什么重要的区别吗？随着系统变得越来越复杂，并经历频繁的修改，其初始设计和自我组织之间的差异会逐渐消失，但由差异所驱动的螺旋式上升的变化却不会停歇。

从复杂走向繁荣的路径

复杂系统的研究提供了一种与经济现代化进程相对应的因子，其巨大的复制功能决定了社会秩序。作为复杂系统，经济系统是由生产过程产生的网络组成的，这些组分也参与网络中其他组分的生产或转换。它可以通过自我组织形成十分复杂的格局，对于总体的结果具有至关重要的作用。参与主体可能是自治独立的，但正如在大多数复杂网络中一样，尽管市场的不同功能是分割的，但某些类别的交易是相互联系的。如此一来，网络会进行自我组织，并不断地自我再造。类似地，“在一个动态系统中，其运动的产物是它自己的组织”。

结果是新结构的自发涌现。伊利亚·普里高津（Ilya Prigogne）描述生物体时率先提出，耗散和结构可以共存。据他推测，人类经济体属于一个开放的系统，其中看似矛盾的趋向可以共存（Nicolis 和 Prigogne，1989）。然而，不稳定的节点也是新结构和新秩序容易涌现的地方。随着内部压力的增强，完全有序和封闭的系统倾向于崩溃，而动态系统即使在远离均衡的条件下也可以实现稳定。

在古典的自然概念中，“稳定”等于“固定”。受此影响，传统经济学很难理解经济转型和变化的特征。“日常的经验告诉我们，行为的适应性和可塑性是非线性动力系统在远离均衡条件下的两个基本特征，也是人类社会最为显著的特征。因此我们可能顺理成章地认为，接纳进化和改变的动力模型应该是最合适的社会制度模型”（Nicolis 和 Prigogine，1989）。

若要充分理解生态系统，我们必须进行多个维度的研究，因为各维度之间的联系将决定整个系统的运作方式。[15]系统离均衡越远，意味着它与普遍规律的差距就越大，重复的可能性也越低，而其呈现的独特性和多样性就越发强烈。[16]策略、行动和主体的行为相交于整个系统的多个层次，并且在同一个层次发生的事情构成了下一个层次的组分。例如，执行合同和保护产权的关键制度是由各种社会力量在多个层次上进化运转的结果。经济与社会环境中的其他组成部分也在共同演进。

因此，在制定政策时，首先需要考虑到一个系统同时会受到两个或更多秩序的约束，其次还要考虑如何应对由此带来的互动性风险。例如，从历史角度来看，战争动员对社会改革的步伐产生了巨大的影响，并且对政治结构的影响比经济力量更加直接。经济变革和政治变革的周期呈现出不同的速度和不同的运行轨迹。欧洲各国在战争期间的大规模动员显著加强了其包容性的政治制度。全球性战争的融合能力胜过全球市场，它对政治变革有更大的刺激作用，对体制改革的驱动力也远远胜过相对价格的变化。

在所有的经济体系中，通过构建信任和能力网络获得的报酬呈递增趋势。那么，为什么统治者还要竭泽而渔，以报酬递减为代价来固守专制制度呢？阿西莫格鲁和罗宾逊（2012）坚信已经发现了一些国家过渡到包容性治理的原因，那就是制度。他们的观点得到了经济学界的广泛支持。但是当问题和解决方案相同时，逻辑便出现了问题。对于定义宏观变化的过程，制度经济学不能起到整合的作用。规模的结合和不同部门的变化速度是复杂性问题。为了充分理解社会面临的优化挑战，我们需要找到经济与复杂社会环境的其他方面存在的联系。

知识社会学将制度变革提升到了一个新的高度，将其作为全球变革的首要议程。下一章，我们将探讨其中的思想精髓。社会理论极其丰富多样，但对于西方如何崛起的争论，却有着共同的根源。

第 4 章

共同进化与自由国际主义

在 20 世纪下半叶，业已进入工业化时代的西方自由民主国家普遍认为，其发展理论可以作为现代化的模板，供其他国家效仿。但是，发达国家的人口占世界总人口的比重正在迅速减少，未来在世界经济增长中的份额也会下降（Goldstone，2010）。有鉴于此，是将自由国际主义作为外交政策的基础，还是将现代化理论作为国际发展政策的基础，这两种传统的指导思想究竟还有多大的说服力呢？

进化曾经被理解为调解或裁判在一定的竞争环境中进行的一系列比赛，每场比赛的最终结果必然是“优胜劣汰，适者生存”。然而，在当今对自然生态系统的研究中，共同进化和行为的相互依赖成为关注的重点，取代了全局趋于最优的思路，既而剥夺了进化作为“调解员”和“裁判员”的作用。当相互依存的生物链中有一种发生了变化，其他的生物也会随之发生变化，对整个生物链和环境也会产生不可预见的后果。

这是一件坏事吗？在缺乏统一管理的情况下，对其他主体的权宜行为做出反应，会降低生存环境乃至整个系统的适应度。由于没有实现全局的优化，各个主体仅实现了自身的优化，所以“进化”不再是决定全局最优的裁判。事实上，也许不再有全局最优的格局，而是由多种主体进行自我适应，每个主体都希望朝多个方向追求最优。

在一个共同进化的世界，全球秩序的原则也会背离传统的社会政治发展理论。所有的组成部分都不再朝着代表一个局部最优或全局最优的指定点演进（Kauffman，1993）。

共同进化将系统进化的动力焦点已切换到强调自我组织上。生物适应环境，本身就是适应其他生物行为的过程；每一种生物都为另一种生物的生存提供了一个生态环境。其结果就是没有方向性的多样化，也没有对“适者生存”这一信条最终必胜的保证。相互依存的国家虽然认可同一个发展前景，例如富足、民主与自由，但它们仍然可以根据自身利益的最大化各行其是，甚至当它们共同进化以适应彼此的行为时也同样如此。用生态学的术语来说，它们不会复制行为。在捕食者和猎物、寄生虫和宿主共同进化的过程中，它们并不产生拟态。

权力转移

冷战结束后，人们有理由相信自由民主和市场经济有助于建立稳定的世界秩序。如果这两股富有魅力的力量能够结合，一个全新的世界秩序正在向全人类招手示意。截至 20 世纪 90 年代早期，专制政府和计划经济纷纷退出了历史舞台，让位于选举民主和市场经济。在二战中被击败的国家社会主义（纳粹主义）早已变成尘封的历史，苏联式的中央计划经济体制也纷纷遭到抛弃，分崩离析的苏联阵营也在逐渐过渡，开始认同西方自由民主的理念。

20 世纪 90 年代，中国向市场经济转型，俄罗斯开始实行民主选举，印度告别了内向型的统制经济，巴西作为世界最大的经济体之一，逐渐弥合了平民主义和精英主义的鸿沟。因此，人们有理由期待这些国家也会朝着同一个方向前进，走向自由化。[1] 自由市场和自由民主似乎已经消除了意识形态上的分歧。

在阐述历史发展方向的确定性方面，没有人比弗朗西斯·福山更为严谨，他在其名著《历史的终结及最后之人》（*End of History and the Last Man*）中直截了当地提出了冷战后期自由民主的合法性。"严重的意识形态分歧已经荡然无存了。"他总结道。于是主张自由民主是"人类意识形态进化的终点"。自由民主魅力四射，是治理模式进化的"终点"，是"人类政府的终极形态"。[2] 因此历史的终结已经到来。只要市场经济和民主选举能够双管齐下，便可以收到药到病除的奇效。福山的乐观主义一时间受到了广泛的追捧。[3] 很多西方"有识之士"开始庆祝战略和意识形态冲突的终结，他们信心满满，坚信社会的组织问题已然尘埃落定，感谢上帝，最优良的社会、经济和政治制度宣告胜利了（Landes，1998；Mandelbaum，2007）。[4]

然而，即使没有2001年9月11日对世界贸易中心的恐怖袭击，作为经济繁荣的领头雁，中国的崛起也对自由主义价值观的普世性提出了挑战。其他专制主义或民粹主义的现代化模式也同样取得了成功，伊朗、俄罗斯或委内瑞拉便是现实的例证。这足以证明，以市场为基础的民主对于发展中国家来说不一定是什么灵丹妙药，所以宣告自由主义意识形态的胜利尚难令人心悦诚服。

在社会改革方面投入的巨大精力和物力，并没有像乐观主义者预期的那样在世界各地开花结果，同时，市场经济和自由民主大融合的局面并没有实现。只有亚洲"四小龙"的演进似乎符合这一理论，但它们的发展道路实际上也远非自由主义。所以，自由民主充其量只是吸引新兴国家进入其轨道的众多外部动因之一。发展中国家的变化有其内生的独特动因，中国、伊朗、俄罗斯、南非、土耳其和委内瑞拉等国家走向强盛，它们并没有遵循人们预期的自由民主发展轨迹。

要理解全球民主可能的演化路径，我们首先必须认识到，全球治理的多样性植根于多种不同的环境，并有着不同的动力机制。很明显，后冷战时期的治理多样性远远出乎自由主义者的预料，各种新的政府管理模式如燎原之火一般蔓延开来，但是它们没有按照预期的方式进行改革。也就是说，其中许多国家没有出现向自由经济过渡的迹象，转型中的政权没有被动地接受西方的忠告。它们属于真正意义上的第三世界。不过，采用这个称呼的意思并不是暗示它们地位卑微或者存在模仿第一世界的倾向，而是强调它们具有革新的能力。[5]

自由主义定型的时代

福山的判断混合了三股强大的知识流派，包括心理主义、道德主义和功能主义。这三股流派合力形成的自由国际主义共识，主导了冷战后的地缘政治。[6] 对心理倾向的研究是最新出现的，它关注个人追求存在的意义，也就是说，“争取他人的认同”，追求尊严与平等。道德主义和功能主义强调法律和唯物主义，它肇始于 18 世纪的启蒙运动。当时人们希望商业的兴盛以及随之而来的经济发展，将发挥巨大的调节作用，可以抑制人类浪漫主义的激情，建立扼制专制统治的屏障。这种观点深受康德（1724—1804 年）思想的影响。根据康德在其著作中的设想，随着商品和思想跨越国界自由流动，世界和平和社会进步就会悄然而至。康德进一步推测，自下而上的模仿将有助于将几个开明的国家所制定的自由主义规范传播开来，从而改变国际关系。

另一位启蒙运动的哲学家孟德斯鸠（1689—1755 年）写道，商业对于全人类的和平共处具有天然的促进作用。在总结启蒙运动的人文主义时，罗伯特 · 卡根（Robert Kagan）描绘了一张乌托邦式的脸谱，相信由商业联结起来的国家可以避免战争，由奉行自由主义的政府组建起来的世界将会是一个和平的世界。他写道："日趋商业化的社会将会更加自由，无论在国内还是国外。它们的公民会追求繁荣与舒适，抛却返祖的激情，放弃对荣誉和荣耀的争斗，忘掉历史上因部落冲突产生的恩怨情仇。"[7]

自由主义的功能学派认为，对技术进步的普遍追求将会为国际合作开疆扩土。在自由国际主义者看来，仅仅建设高速公路、工厂和摩天大楼是不够的。技术决定论敦促新兴国家复制西方的社会结构，因为工厂、技术管理和大众传播会荡涤传统的组织形式和交流方式。

无论原来的政权属于哪种类型，技术要求所有的国家采用相同的职业结构，这样既能改造社会，也能消除文化差异（Perrow，1972）。若想谋求财富和前沿技术，政权就必须调整其契约规范，保护私有财产，并接受自由的以市场为基础的民主标准。无论一个国家的领导人内心是否情愿，融合都将发生；进步的力量，对积累财富的渴望，以及只有现代科技才能带来的力量，必然要求现代化和经济自由化。各个国家要么推行自由化，要么甘愿落后。福山相信，对技术进步的需求，一定会驱动人类社会走向同质化。

> 举凡现代自然科学所到之处，任何社会无不受到整齐划一的影响，原因有二。首先，技术先进的国家具有决定性的军事优势，鉴于国际体系中战争的可能性持续存在，任何珍视独立自主的国家都不可能忽视国防现代化的需要。其次，现代自然科学为经济生产的可能性确立了统一视野。科技使财富的无限积累成为可能，从而使不断增长的欲望得到满足。这个过程保证了所有人类社会日益同质化，无论其历史渊源或文化倾向如何。所有追求经济现代化的国家一定会越来越彼此相似：它们一定会在中央统一部署的基础上实现全国上下步调一致，推动城市化，用基于功能和效率的经济理性社会组织形式取代传统的部落、教派和家庭

等社会组织形式，并为其公民提供全面的教育（Fukuyama，1992）。

然而，全球市场上的竞争和生存在国家之间产生了越来越多的差异。在全球生态中，各国政府所采用的策略更加复杂多样，这远远超出了自由国际主义的预期。在巴基斯坦，虽长期被军事种姓制度所支配，但其国防科技却处于全球前沿地位，尽管大多数巴基斯坦的普通民众仍然缺乏基本的教育机会，没有干净的生活用水和平坦而通畅的道路。在全球格局中，这个国家所身处的适应性区域属于自由国际主义的盲点。军人专制主义，究竟是巴基斯坦的内在文化使然，还是对特定的地缘政治机会做出的反应？冷战期间，依靠出租战略要地，巴基斯坦的统治者获取了相当可观的财富，加上与国外的精英形成联盟，巴基斯坦的精英血统一直得以延续，而且大有兴旺发达之势。是什么让巴基斯坦如此适应？是其传统的文化还是其独特的环境？[8]

自由国际主义：现代化理论的规范性论调

西方经济学家很少使用“现代化理论”这个术语，但他们创建了现代化的话语体系，比如，充分竞争有利于提高社会经济效率，有利于消除国家之间和国家内部的许多不公正和不平衡现象。阿尔伯特·赫希曼（Albert Hirschman）选择了一个独特的视角来观察自由主义的思想脉络。关于“国际经济竞争有助于消除腐败和管理不善等社会恶行”的命题，他试图探究这一观点究竟源起何处（1997）。[9]

按照自由主义的设想，全球经济竞争将会塑造出一个太平盛世，“消除系统恶化的倾向”（Hirschman，1970）。这项使命发轫于启蒙运动，旨在限制专制君主的恣意妄行，后来这一重任又转而落到了经济管理者的肩上。西方经济学家认为，竞争性的经济体制能够约束政治权力，迫使其制定具有可预见性的规则，并且做到监管透明。与赫希曼一致，尼尔斯·吉尔曼（Nils Gilman）写道："现代化理论家把这项使命看作是发布启蒙运动的檄文或令状。"[10]

在当代社会思想中，经济发展享有周行天下的至尊地位，与之相关的一切裨益都与现代性息息相关。[11]对于所有通向现代化的道路而言，经济发展既是起点，又是终点。它瓦解了以血亲为基础的社会结构，滋养了个性，催生了对教育的需求，扩大了中产阶级，培育了以客观成就为标准的价值规范，为通向民主的道路扫清了障碍。现代化理论是在不造成伤亡的情况下改变世界的灵丹妙药。今天全球化的崇拜者，就是现代化理论的继承人。吉尔曼写道："现代化理论所鼓舞的盲目乐观主义简直令人陶醉，这让我不由地联想到了美国克林顿式的自鸣得意，让人震惊。在我看来，弗朗西斯·福山之所以能够成功地推动现代化理论的复兴，是因为这套理论恰好迎合了 20 世纪 90 年代盛极一时的流行思维。"

2001 年的"9·11"恐怖袭击事件，进一步强化了现代化理论在政策制定者心目中的复兴。现如今，对现代性的重新讨论，已经成为自由国际主义者的首要任务。他们希望在装有"大棒"的口袋里，再添加一些外交政策的"胡萝卜"。这也是小布什政府在"9·11"事件后处理世界问题的主要战略取向（Gilman，2007）。遗憾的是，美英两国联手对伊拉克的干预，令福山等许多致力于复兴现代化理论的思想家追悔莫及，他们宁愿世人没有太郑重其事地对待他们的学说。

自由国际主义源自现代化理论，旨在作为其规范性的论调为外交政策提供一套通用的规则，然后通过像联合国、国际货币基金组织以及世界贸易组织这样的机构来调解国际冲突。这些机构拥有所有成员方赋予的责任和权力，不管这些成员的实力如何，或者意识形态是否一致。在后冷战时代，地缘政治稳定已然成为国际发展政策中压倒一切的总体方针。自由国际主义为这一概念提供了理论支持，提倡避免损人利己或者以邻为壑的解决方案。

自由国际主义者将民主和资本主义的结合奉为圭臬，他们在此基础上描绘的美好图景持续影响了克林顿政府和小布什政府的外交政策，使他们相信一个处于民主化进程的俄罗斯不会再害怕周边不断扩大的民主联盟网络。“俄罗斯似乎下定决心要进入后现代的欧洲，因此莫斯科不再将眼光局限于领土扩张和传统的国家利益领域，而是更加关注经济一体化和政治改革（Kagan，2009）。”克林顿执政时期的副国务卿斯特罗布·塔尔博特（Strobe Talbott）证实，克林顿一直在寻找机会，促使俄罗斯融入全球体系的主体构架之中。“但随着时间的推移，这项任务证明比想象的更加艰巨。”塔尔博特总结道（2008）。类似的乐观情绪也表现在对中国的期待上，认为中国愿意拥抱地缘经济，而放弃地缘政治。在商业利益的驱使之下，与中国的竞争将是和平的博弈。中国将一改搅局者和革命煽动者的形象，成为全球经济发展的利益相关者乃至推动者。

自由国际主义和威权主义的挑战：不和谐的反馈

全球化中的一些国家正呈现全新的形式，并承担全新的功能。不论是民主政权还是专制政权，都在重塑自己的政策，它们纷纷设法为本国民众提供经济激励。一些民主国家扭转了公共政策的重心，从传统的关注社会福利和社会风险管理的民族国家思维转向市场机会的提供。专制政体享有诸多优势来追求同样的机会，它们在降低政府开支和弱化政府角色的过程中不会遇到与民主政体同样的阻力，公民对社会福利的要求较低，政府不用过多地承担帮助公民管理家庭风险的责任。

未来学大师罗斯托提出了一种普遍适用的消费文化，这种文化对于改变民主和专制这两种政治倾向都能发挥作用。它具有一箭双雕的功效，只要促使一个发生改变，另外一个的面貌也会相应地出现转变。但是罗斯托假定这种反馈只是单向的。专制政体一方面向民主政体供应廉价的消费品，以满足其公众的需求；另一方面却竭力压低其国内工人的工资和福利水平（Fingleton，2008）。不宁唯是，它们还不用承受巨大的压力来投入巨资保护环境。比如，一些亚洲国家迟迟不肯提高劳动者的工资待遇，同时长期压制本国的消费需求。此外，它们通过维护制造商和经销商的垄断地位来设置国内消费壁垒，以歧视性的做法来利用全球贸易条件获取不正当的竞争优势。因此有人认为，消费资本主义扶持了民主政体在海外的敌对政权，帮助其在经济上取得了成功，反过来损害了本国的民主功能。[12]

民主政体同样也可以体验到超级资本主义的积极作用。政治经济学家罗伯特·赖克（Robert Reich）创造了“超级资本主义”这个词，来指代由全球供应链创造的一个物阜民丰的世界，全球各地到处都充满了物美价廉的产品（2007）。在超级资本主义之前，消费者无法以最低的价格购买到最优质的商品和服务。汽车抛锚了，修理工却姗姗来迟，投资者总是被动的，普通公民直接接触到的股票市场极其有限，股票交易量在 20 世纪 60 年代早期只有 300 万手，直到 20 世纪 70 年代才达到 1 000 万手。然而，对于民主政体的民众而言，超级资本主义撕裂了他们的价值观。一方面，他们渴望从劳动力和环境标准低下的国家买到廉价的商品；另一方面，他们却在国内大声疾呼保护和增强社会权利。[13]

自由民主主义和全球资本主义背道而驰。公民为了提高全球生产效率付出了代价，他们将手中的政治和社会权利让位于企业和股东利益，致使高效率的公司将股东利益置于公众利益之上。因此，超级资本主义侵害了普通大众和消费者的民主政治权利，违背了企业作为经济公民的责任。在将经济机会民主化的同时，它却助推了民主政体的衰落。[14]超级资本主义的动态属性是共同进化的。

现代化理论家设想，普世的消费文化将从根本上改变专制的国家，但他们忽略了两个系统同时运作所产生的动态效果。随便游览一下某个新兴国家的大城市就会发现，虽然现代价值观看似蒸蒸日上，但是隐藏在钢筋水泥结构背后的权力体系依然固若金汤。

富裕却不自由，专制又回来了

1992 年，正值全球共产主义的光辉时代在国际舞台上谢幕之际，弗朗西斯·福山出版了《历史的终结及最后之人》一书。全球范围内的专制政权在合法性和财力两个方面均遭遇了严重的危机，俄罗斯和美国都不再热衷于支持各自的盟友。专制统治的衰落一路江河日下，这也在相当程度上佐证了人们对经济繁荣与选举式民主必将并驾齐驱的信念。然而，时至今日，民主国家不再比专制政权能吸引到更多的投资。专制政权的国家通过适应日新月异的全球规则，已经学会把政治稳定建立在经济发展之上，其推动经济增长的能力现在完全可以与民主政体相媲美。[15]

专制政体乐意从全球化进程中学习控制和引导各种机会，但无意放宽政治自由和社会流动性，这与自由主义理论预期的现代化效果背道而驰。当然，它们在摒弃行政权力监督和依法治国的同时，也在寻求自己定义的民主“合法性”。那些盛产石油的专制政权与共产主义遗风犹存的国家如出一辙，均限制本国公民的集体行动，并把市场准入的好处集中到由国有企业控制的领域，以便于对银行、航空、船舶、电力、国防、电信和采矿等核心部门实施干预（Bremmer，2010）。

通过利用从全球市场上获取的资源，这些政权可以用物质恩惠来拉拢非精英人群的民心。但它们在提高社会福利的同时，也无情地打压布鲁斯·梅斯奎塔与乔治·汤恩斯（George W. Downs）所称的“协调品”（主要源自公民社会），限制舆论自由、公民自由言论和集会的权利（2005）。专制统治者相信，民众如果对社会福利保障体系满意的话，就没有太多的理由和动力要求政治自由了。例如，伊朗提升了社会福利指标，却始终压制言论自由，这种模式得到了整个中东地区石油政权的支持（Dunning，2008）。社会并非按照自由主义者预期的那样走向趋同，一个非自由主义的现代性的变体反而出现了，全球资本主义的环境也因之而发生嬗变。

自由国际主义的历史社会学

自由国际主义普遍被认为是促进民主、人权和经济开放以及多边主义的学说。作为一个信仰体系，人们经常把它跟美国伍德罗·威尔逊（Woodrow Wilson）总统联系在一起，但事实上，它的历史可追溯至欧洲的启蒙运动。在《永久和平论》（*Perpetual Peace*）一书的“第二个确定性条款”中，康德乐观地认为，自由共和国“为其他国家前来缔结联邦式的联盟提供了一个聚合点”，一个强大而开明的国家将对全球体系产生交互的影响。其他国家将相继与“为首的一个汇合，每个国家均按照国际权利的理念保持自由，这个整体会通过一系列的联盟一步一步地扩展开来”（Doyle，1986）。所以，美国国务院的民主、人权和劳工局在 2010 年的《推进自由和民主的报告》中宣称，美国支持俄罗斯加入世界贸易组织和经济合作与发展组织等多边国际组织，这将有利于促进该国加强法治建设，提高公司治理水平和透明度，促使其更加严格地遵守民主治理的国际规范（美国国务院，2010）。

作为第二次世界大战和冷战的赢家，西方民主国家以高昂的姿态踏入了 21 世纪。它们自诩，在 1960 年至 2001 年间，世界人口翻了一番，经济活动增加了 6 倍，这应归功于西方推行的自由国际主义政策。的确，自由主义在对抗法西斯主义和共产主义的战斗中已经旗开得胜，许多自由国际主义者因此扬扬自得。他们更加坚信，一个决定性的逻辑将一往无前地推动所有社会朝着全球最优的状态发展。凡是具备适应能力的国家，最终必将采用同一种完善的国家治理结构，因为对自由政体的复制反映了资本主义经济内在的本质倾向。因此，他们最后得出结论，自由民主是所有国家治理进化的最后结果，就像私有的、开放的经济是增长的关键一样。冷战变成了道德和实用主义启蒙思想的沃土，它将自由市场、自由主义政治和中产阶级统统合并到一个单一的概念里，那就是现代化（Lipset，1960）。

约翰·伊肯伯里等著名的自由国际主义者坚持认为，专制政治体制难以适应资本主义经济模式，其“深层矛盾”阻碍它们与资本主义开展竞争的能力。首先，资本主义培育的中产阶级能够挑战封闭的政治决策。其次，专制政权无法提供经济增长所需的契约效力和独立的商业法庭。再次，资本主义能够诱发“功能的强化”，由此产生的一种“复杂性的爆炸”能够将一个集权的政体改换成一个多元的政体（Ikenberry 和 Deudney，2009）。

当经济处于不断发展的进程之中时，民主能够发挥最大效力，因为随着国家、企业和公民社会之间的关系日益复杂，专制政权即使渴望掌控一切，也会感到无可奈何。伴随着经济的发展，各种羽翼渐行丰满的利益团体必然对专制政权构成挑战。这种观点属于目的论的范畴。中国正在有力地证明，技术官僚比选民能更好地做出复杂决策。

基于这三个假设的历史社会学理应受到批驳，因为历史社会学的根本困境无法归结为一个社会阶层的自适应策略。[16]尽管发生了剧烈的技术变革和内部竞争，欧洲的贵族，而不是中产阶级，在过去的 8 个世纪里始终发挥着主导作用（Mayer，1981）。

然而，自由国际主义者认为，历史的进步与一个开明的全球中产阶级的崛起密切相关。实际上，即使全球中产阶级的崛起是不可避免的，这并不意味着他们一定会使用透明度和负责任之类的通用语言。米兰诺威克（Milanovic，2005）发现，全球经济趋势并不能充分强化全球中产阶级的支柱作用。

首先，发展中国家的精英人才更加关心国家大事，而非醉心于经商牟利。例如，中国的中产阶级是在中国共产党的领导下成长起来的，他们随时会跻身国家政策受益者的行列。国有企业的管理者要比民营企业的老板享有更高的社会地位和其他更多无形的好处（Dickson，2010；Economist，2011）。

其次，一些专制政权已经学会了通过一系列的政策创新，或者承诺保护私人财富免于征用，来捍卫资本主义的财产权利（Root 和 May，2008）。许多专制国家的元首也提倡行政和司法改革，提高中央政府的效能，保护财产权利。

再次，一党制国家已经掌握了管理党内利益多样化的能力，能够利用市场手段谋求政治利益。18 世纪专制期间的法国，其经济增长与英国不相上下，它通过实行集体主义（社团主义）来保护财产权利，而不是强调个体担责。同样地，东亚实现了快速的经济增长，也没有照搬盎格鲁 - 撒克逊的强制契约执行机制。

最后，自由国际主义者承认，自 1980 年以来，在许多发展中国家，民主的说辞并没有复制第一次世界大战后的西欧模式——在扩大选举权的基础上，推行累进税制，加强对弱势群体的社会保障。

自由国际主义所暴露的许多概念性的弱点跟美国的多元论者有关。政治学者西奥多 · 洛伊（Theodore Lowi）曾经这样评价美国的多元论者："他们没有明确而系统的国家观念，只是纯粹地异想天开而已。"他们设想通过多元化实现完美自律的神话，假定利益团体的博弈足以奠定公共政策的基础。"其致命的缺陷在于他们推崇这样的神话，即一个包罗万象的、能够完美地自我纠错的、富有先见之明的自动政治程序，完全可以驱使我们的社会实现全自动的运转。"

利益团体多元化的适应性神话，与“个体在市场上自由签订契约可以驱动社会实现总体均衡”的神话相辅相成（Lowi，1969）。它允许利益团体通过借助公共权力来谋求个人私利，理由是，由此促成的公共政策能够达到集中收益和分散成本的效果。[17]无怪乎发展中国家的政策制定者认为，利益团体的自由主义在实现进步的社会目标或建立民族凝聚力方面，是一个不完整的框架。在一个羸弱的制度环境中，多元化会助纣为虐，帮助组织严密的少数人将整个国家玩弄于股掌之间。

洛伊曾在早先的评论中警告，无节制地集中金融权力，必然会导致无穷的后患。而作为致力于全球发展的领航者，国际货币基金组织和美国财政部却没有意识到这种潜在的危险。它们向发展中国家输送财政资源，训练它们的财政官员，积极支持当地的经济发展。整个发展中世界的银行都掌握了如何运行现代金融体系的功能，调节资金供给，管理日常交易，而全球市场同时又能为资本的稳定流动提供保障。

虽然发展中国家的中央银行已经掌握了调节金融交易的许多关键技能，但是它们的政治体制中尚且缺乏防止金融利益过度集中的有效机制，因此很难杜绝这种现象对经济的扭曲和对普通大众的伤害。在许多发展中国家，一小部分精英人士控制着银行体系，由此导致了经济和政治权力高度集中，既而为政治动荡和经济危机埋下了一颗颗“定时炸弹”。印度尼西亚的苏哈托利用加强央行职能的机会，为内部圈子的政治亲信慷慨地提供资金，帮助他们设立工厂，开发城市，铺设基础设施，向海外出口原材料。此番举措吸引了大量的国际投资，因为投资者认为，贷款给与政府保持密切关系的当地企业是安全的。无独有偶，拥有政治靠山的经济精英利用便于吸收外国资本的特殊优势，将俄罗斯实现经济民主的机会化为了泡影。

自由主义对多元化的信仰是如此笃定，以至于它忽视了一个重要方面，即政府必须保护司法和行政功能免受私人利益集团的左右。[18]倘若没有正规的司法体系来保证基本的原则和权利，自由主义就会将单纯的低效率转变为不合法（Lowi，1969）。多元主义的信仰会导致政策制定者自掘坟墓，例如，伊拉克前国防部长唐纳德·拉姆斯菲尔德（Donald Rumsfeld）坚信，一旦铲除了社会党，伊拉克的民主便能自然而然地到来。结果却事与愿违，整个国家陷入了无政府的状态。

复杂性与动荡的格局

从自由主义的角度来看，国际体系一定会朝着合作和相互依存的方向逐步演进。罗伯特·赖特（Robert Wright）表达了这种乐观且富有影响力的观点，他把非零和博弈论的概念与生物及社会的进化整合到一个单一的分析框架当中（2000）。斯特罗布·塔尔博特解释说，比尔·克林顿对赖特的想法甚为欣赏：

> 在克林顿任期的大部分时间里，他一直保持谨慎，避免采用过于乐观的言辞来宣扬其达尔文主义的信念：全球化有利于日益合作的国际体系的出现和发展。无论是即兴的公开言论，还是提前准备的演讲，抑或是私下的谈话，我都能听见他在传递他的观点：民主的传播、开放的社会、市场经济和个人权利等，都代表着未来的潮流。一个例子是 1998 年 6 月 27 日，在北京与中国国家主席江泽民的一场联合记者见面会上，克林顿信口开河："无论我们在过去的行动中有什么分歧，重要的是，着眼于世界的未来，中美两国必须沿着历史的正确方向前行。历史的力量已经把我们带入了一个充满无限可能性的人类新时代，但是只有负责任且自由的民族才能认同我们的梦想。"（Talbott，2008）

克林顿理想化的世界，用赖特的话说，将呈现越来越"丰富的非零和博弈互动”，“各国人民必将融入一个更加宏大、更加丰富的相互依存的网络之中”（Talbott，2008）。

还有另一个经常被用来表达自由国际主义的流行说法，即“世界是平的”。专栏作家和《世界是平的》一书作者托马斯·弗里德曼将其推而广之，使之变得众所周知。这种说法认为，商业机会就像地球本身一样博大而宽广。[19]生产的全球化激发了弗里德曼的灵感，他用“世界是平的”这一比喻来帮助读者想象一个充满机会的世界。事实上，跨国生产链已经成为国际经济增长的驱动力，但是一个占主导地位的全球体系似乎依然遥不可及。日益扩大的全球贸易并没有促使人类社会携手共进，一起追求共同的目标。[20]国际金融专家戴维·斯密克（David Smick）解释道，“坦白地说，从金融市场的角度来看，世界并不是平的……任何事情的发生都不是一条直线，相反，必然会持续地出现一系列不可预见的间断，不确定性的迂回曲折，这些不确定性往往需要数以百万计的市场参与者用传统的智慧来武装自己的头脑。”斯密克得出的结论与弗里德曼相反：

> 对金融市场来说，世界是弯的。我们看不到地平线。因此，我们的视野是有限的。这就好像我们被迫沿着一条永无尽头的、蜿蜒曲折的危险道路行进，到处都是重峦叠嶂。前方却是一片模糊，随时都可能发生意外，所以这个世界已经滑向了一个如此危险的境地。（Smick，2008）

是什么造就了如此崎岖不平的世界格局？幽谷峭壁又是从哪里冒出来的？面对这些险象环生的大环境，其来源、成因，而且最重要的，其动态的属性是什么？多个参与者的行为引发互相依赖，这种互相依赖导致了格局的崎岖不平。当无数相互依赖的参与者的各种选择互相影响时，他们很难找到一个最佳的解决方案。“动荡的格局”这个词形象地反映了共同进化的运动过程，我们将在第6章探讨其对全球政治经济的影响。

全球化的共同进化动力

现代化理论认为，自由社会代表着一个所有其他社会都殊途同归的唯一固定点，不管它们的最初起点在哪里。然而，在共同进化理论中，根本不存在这样一个唯一的固定点，因为一个主体的行为会引致其他主体改变行为，以寻求达到局部的最佳状态。由于选择既发生在个体组件的层面上，也发生在系统的层面上，所以在共同进化的系统中，任何局部的变动不仅会改变其他部分的行为，而且也可能导致全局的改变。与此同时，彼此交互的实体始终处于自我组织的过程之中。结果将是变异和创新，其中的过程和结果之间的关系是自然发生的。企图设计一套动态演化的过程以期稳定地到达一个理想的固定点，是不可能在这样的环境下实现的。

福山和弗里德曼都忽略了地缘政治演变过程中共同进化的动力机制。在全球化的背景之下，现代民主政体和追求现代化的专制政体是相互依存的，同处于一个共同进化的网络之中。当今的全球商业格局之所以跌宕起伏，充满挑战，首先应归因于两股力量的融合效应，一是全球技术的扩散，二是对全球资源的依赖。更严格地说，我们的脚下是一片“犬牙交错、变化无常的地形”，任何投入的回报都取决于众多相关方的交互行为。

在一个共同进化的世界，全球秩序的原则将与向一个指定的点进发的原则大相径庭，无论是为了追求局部最优还是全局最优（Kauffman，1993）。共同进化关系中的伙伴在应对其局部挑战的同时，也在重塑其他伙伴的进化环境。

关于复杂性系统，这种适应面或格局模型提供的视角可以帮助我们澄清一个关键问题：成功固然依赖于个体的努力，但更多的还是依赖于其在系统中的处境。莱文索尔（Levinthal）解释道：

这样一个局部适应的过程对组织形式的多样性有着重要意义。它表明，组织形式的多样性是由两种历史性的影响所决定的：其一是组织成立时的形式，其二是后期搜寻到的其他形式的空间拓扑。当适应面上有多个峰值的时候，一个组织在其成立时的形式将对其将来的形式形成持久的影响，因为组织发现的某个特定高峰，在很大程度上取决于它在其他备选组织形式空间中所处的位置。组织在搜索过程中的路径依赖会导致持续的印迹效应。除了外部生态或权变理论的逻辑之外，在动荡格局中的局部搜索是组织形式多样性的一个重要来源。

发展中国家的自适应探索不会跟发达国家始于同一起点，它们也不能去模仿发达国家的自适应探索过程，以实现工业化和自由化。苏联的解体或者萨达姆的倒台，都不可能让当地居民回归到西方的几个世纪之前，重新开始攀登制度阶梯的起点。

在 21 世纪的地缘政治格局下，发展中国家必须先解决自身的社会稳定问题，自由民主所代表的全球最优对它们应对当前的挑战没有什么意义。这些国家首先要在局部小环境中寻求生存策略，然后与其最近的竞争对手共同进化。

某个发展中国家如何在动荡的发展格局中坚持自我发展道路，取决于本国的竞争力、地位和法律制度等背景。强大的成员将对其所处的子系统的发展产生变革性的影响。对于普通的发展中国家而言，首当其冲的新挑战来自更强大的发展中国家所采取的行动和战略。当然，所有发展中国家共同构成的局部系统也将改变成熟的工业化民主国家组成的大格局。在这样的一个世界，一个最优系统的经济理性几乎没有什么意义。

当一个大陆上的某一个公司成为另一大陆上的某公司的主要供应商时，

相互依存就产生了。当买方公司的股价下跌时，供应商的股价也随其变动。或者，如果中国的国有企业锁定某个领域，或复制美国生产商的技术，这种动态将改变美国其他公司的竞争环境（Bowen 和 Rose，1998）。然而，共同进化的影响最突出地发生在系统层面，中国的崛起将影响国际规则的制定。中国不断壮大的软实力促使其对外影响力不断增强，包括治理全球金融稳定的原则和规范，维护和平的成本，人权的保护，全球碳减排的努力，以及应对气候变化的有效性等各个方面。弗朗索瓦曾经说，从贸易和全球经济，到气候变化和核扩散，从非洲到中东……在每一个全球或区域性的问题上，人们都能感受到中国式的发展模式对国际体系的影响（2010）。

自由主义和共产主义都属于欧洲启蒙运动的产物，但二者都没有预料到日益紧密的全球相互依赖性会导致人类复杂性的革命。共产主义没能预见到，随着经济社会的发展，个人拥有的财产和需求往往高于集体拥有的财产和需求；而自由主义，作为现代西方世界的主流意识形态，也没能抓住或充分代表共同发展的本质，共同发展将同步塑造发达国家和发展中国家的未来。这些变化将会呈现怎样的特征？“在人类对传统美德或人性本善的信念日趋淡薄的情况下，全球政策将如何转向，以支撑未来变革的图景（Gilman，2007）？”

第 5 章

新制度经济学的希望和陷阱

20 世纪 70 年代中期，一批主要由经济学家和政治学家组成的社会科学家开始探究支持经济长期增长的社会制度结构问题，当初他们的研究课题项目叫作新制度经济学（Eggertsson，1990；Ménard 和 Shielry，2008）。新制度经济学作为一门正式的学科诞生于20 世纪八九十年代，一时间形成了一套影响深远的社会经济话语体系。这门学科与引领全球发展政策的现代化理论相辅相成，对全球公共政策的影响力一路扶摇直上，其政策含义被纳入更广泛的自由国际主义的议程。它承诺，只要把经济激励植入一个普遍适用的善治的制度框架中，所有人就都有望分享到经济增长的成果。

柏林墙倒塌后，新制度经济学成为自由国际主义者推动第三世界经济体向市场经济转型的基本理念。[1] 于是乎，制度设计成为经济发展的中心议题。这一理论武装令其奉行者大为增色，使他们在设定解决全球贫困的诸多议程上对国际社会拥有了强大的话语权（Chang，2011）。世界银行、联合国开发计划署等多边援助机构，以及美国国际开发署和英国国际开发部等双边援助机构，都接受了落后的制度是制约一国经济发展的根本原因这一事实，因此纷纷修改了以往的政策和做法。它们在制度建设方面提供技术合作支持，并将其作为先决条件，鼓励受援国推行制度改革。美国于 2002 年设立了一个独立的政府机构，叫作千禧年挑战集团（Millennium Challenge Corporation），负责衡量受援国的制度质量，然后根据标准来确定援助的方式和水平。到 2012 年，英国花费了援助总预算的五分之一，用来加强受援国的制度建设，其国际开发部的治理专家人数超过了经济顾问的人数。

然而，参与这些援助计划并进一步加强私有财产权或责任治理的国家，它们的经济表现往往比不上拒绝援助方建议的专制政权国家。与其趋同于新制度经济学提议的自由最佳状态，全球经济的主体不如以不可预见的方式相互影响。新制度经济学或许成功地捕捉到了结果，但未能把握推动经济变革的过程。

对于如何诊断、预防和解决贫困，新制度经济学激发了方法论和标准的革新。在其影响下，50 多份定量调查以及数以千计的制度性指标陆续出炉，用于分类和衡量经济表现（Besancon，2003；Rotberg 和 Gisselquist，2009）。但是能够为基本制度进行分门别类，并不等于找到了解决全球贫困问题的良方，而且在实践中也没有帮助那些专家提高对发展中国家援助的效能。

制度和经济发展之间的关系，远比经济学家以任何理由所期望的更为复杂。虽然在诊断落后的治理方面取得了可喜的进步，但接下来的挑战同样令人生畏。[2] 新兴的全球经济中出现了大量的新机遇，中国等新兴经济体显然取得了捷足先登的优势，而它们并不热衷于自由主义和新制度经济学所灌输的制度理念。新一轮经济全球化继续鼓励功能专业化，发展中国家得以发挥自身许多独特的优势，加强自身的专业化，实施创新，提高技术水平，但它们未必采用了西方的经济组织规范。随着财富流入西方之外的文化区域，发展中国家所奉行的信念和制度，已经与第一代积累财富、实现大面积脱贫的西方制度模式大相径庭了。

协同善治与自由国际主义

新制度经济学在学术界异军突起，与政策领域提倡的“良好的发展议程”交相呼应。根据发展议程制定社会规划的部门乐见一系列多边和双边组织通过援助的方式干预受援国的政策，如此能够发挥协同效应，为他们将自己的理念付诸实施铺平了道路（Kapur 和 Webb，2000）。[3] 首先是经合组织（1992），然后是世界银行（1993）和亚洲开发银行（1995），它们在阐述善治和反腐败的文件中均贯彻了新制度经济学的中心思想。这一举措扭转了国际政策的焦点议题——从获得定价权到获得制定治理制度权。不过，政策推行者和学者仍然对此存在重大的分歧。

政策推行者呼吁制定一份政策指南，将新制度的研究成果转换成一套可以由官方操作的规则和指南，以填补发展中国家治理能力的空白。当然，前提是：要有具体的方法可以监控投入，以便为来年的预算分配提供依据；指南要尽量做到具体明确，说明何时需要进行干预。政策制定者对数据库青睐有加，他们希望通过数据库来收集和储存系统的信息，以检测具体有哪些因素致使受援国政府变得可信、可靠和公正。[4] 学者和研究机构的回应是，首先需要建立一套指标体系来衡量和比较制度建设和运行的质量（Besancon，2003；Rotberg 和 Gisselquist，2009）。援助机构采用“最佳实践”与实际情况进行比对，根据二者之间的差距来确定干预措施。世界银行专门设立了一个名曰“治理事项”（Governance Matters）的网站，用来作为测量制度差距的数据库。[5] 这个网站针对各国法治、办事效率、官僚机构和法院的公信力以及腐败防控等项目进行调查，然后通过汇总调查结果来衡量制度的质量。接下来再进行差距评估，对经济失败进行追踪定位，找到具体的制度缺陷。一旦找到原因，下一步便可以设计方案，提供技术合作，最后比照最好的制度来消除两种制度之间存在的差距。[6]

难以捉摸的经济增长双螺旋

新制度主义对发展经济学及其政策的影响，堪比 DNA 的双螺旋物理结构对微生物学和遗传学的影响（被誉为生物学自达尔文以来的最大胜利）。道格拉斯·诺斯在 1981 年出版了《经济史中的结构与变迁》一书，通过评述长期经济增长的源泉和西方的崛起，提出了社会制度中心论。在该书出版后的 10 年里，新制度经济学成为研究历史和当代社会政治变迁和经济增长的必备工具。[7]

诺斯的基本方法分别援用了奥利弗·威廉姆森（Oliver Williamson）和罗纳德·科斯（Ronald Coase）的理论思想，前者研究的是组织形式如何体现降低监督和加强合规这两项成本的努力（1975，1985），后者聚焦于交易成本如何阻碍资源的高效分配。科斯宣称，如果忽略原始分配，在没有交易成本的情况下，议价有利于提高产权的分配效率（1960）。科斯在 1937 年曾解释道，公司的存在正是为了降低与市场交易相关的成本。诺斯坚持认为，制度通过降低他人行为的不确定性来影响个人行为，帮助人们通过自愿协议从交换中各取所需，最终促进了社会收益的改善。

诺斯的经济学理论与埃尔温·薛定谔（Erwin Schrödinger）1944 年出版的《生命是什么》（*What is life*）一书遥相呼应，派生出了许多类比推论。薛氏的这本书奠定了分子生物学的基石（1944）。制度经济学专家希望通过找到等同于染色体或者源代码的东西，来破译促进经济增长的“DNA”。所有的开放型社会都具有一些互相关联的关键要素，包括：法治，安全而公正的产权保护，公平、诚实且有为的官僚机构，以及开放且具有竞争力的经济和政治体系。

但是，这些是通过渐进式的改革而形成的，还是一连串同步变化的产物？

顺序有关系吗？哪些可以发生变化，哪些又不能？它们如何相互联系？对政策制定者来说，问题在于这一特定的自由制度成群结队地涌现出来，不能简单地归因于一套渐进的步骤。同理，作为一个体系，一个自由社会不能归功为其中某个或者某些组成部分的行为。

新制度经济学找到了经济发展的组件，但没有发现各部分之间整合的行为。[8] 因此，向制度和规章的盲目模仿者传授一份有助于增长的“总体规划”，很少能产生预期的结果。构成“总体规划”各个组成部分的模式或构造极其难以把握，这又回到了第 3 章中讲述的“移植者的两难困境”。

尽管如此，试图将经济增长的基本制度代码进行分类的竞赛依旧持续，就如分子生物学系统内不断有细胞分解一样。但是，后者的竞赛总是碰到了一个障碍——“即使掌握了一个有机体的完整 DNA 序列，分子生物学家仍然无法推论出有机体如何在生长过程中自行集结成一体”（Lewin，1922）。分子生物学家们所信仰的“进化的秘密被写在基因上”已被证明言之过早。具有同样的基因，并不等于能产生同样的行为。细胞种类千姿百态，并不是因为它们有不同的基因，而是因为基因的行为方式各不相同。[9]

人类比蔬菜更复杂的原因并不在于基因的数量。基因代码表现出的可变性是有限的。“大多数分子细胞机制在所有有机体中是一样的”（Mayr，2001）。它们作为一个复杂细胞网络的组成部分，相较于解码它们的结构物质，更能够揭示它们在网络中的角色。例如，人体的器官、肾脏与肝脏并不是由基因构成的。基因携带着来源于染色体的指令，而染色体则在一个制造肾脏和肝脏的复杂网络中设计与其他分子互动的分子或蛋白质。一个细胞的基因网络结构包含着相当大程度的一致性，而细胞的活动模式则大不相同。

了解一个政体的制度结构，就如同虽知道一个基因组的序列却并不等于能够解释它是如何组合或是如何起源的。生物学家开始将有机体的基因组看作是一个高度交织的网络，在其中一种特定染色体的催化作用下，其性能可以千差万别。一些基因相较于其他的基因会对于一个生物体的繁衍起到更重要的作用。一小部分基因作为主要“轴心”参与了大部分活动，而大部分基因作为次要“节点”只参加一个或两个分子的反应。

同理，各种社会功能也不能总是从社会制度的结构中推断出来。在发展中的东亚专制政体中，经常可以见到某一部门对其他部门进行预算控制，或是见到一个部长推进部门间的协调。在中东，一个主管内政的部门虽然与其他部门有着相同的级别，但在实际制定决策时，它会作为全能的督导凌驾于所有其他部门之上。要理解一个政体的行为，难点在于如何理解哪些单位是全能的，哪些单位又只能在有限的授权范围内谨慎行事。

将经济增长与一套特定的制度政令联系起来，这只能说明其仅仅接触到问题的表面，而真正的问题在于政府机构都属于开放而复杂的系统，都嵌套在一个特定的社会网络中。政府机构具有群集和上位的特性。以一个登记土地所有权的机构或政令为例，它可以影响一个社会的其他各个部分。政府机构要遵循一定的流程，而它们本身就在流程之中。[10]

当正式结构必须与非正式网络展开竞争时，制度也会产生结构性的变化。以新世袭的政体为例，由于历史遗留的宗法观念和家族规范所决定，其制定规则的制度就是双轨的。[11]尽管宪法明文规定了一套完整的制度，但在实践中，委托人和代理人的关系遵循的却是一套非正式的规则。因此不止一种机制决定这种政体的行为。[12]管理经济交换的规则可能来自多种权威和多个层级，政府的正式规则只能对一部分交换活动发挥作用。

再者，仅仅知道人类DNA中的全套编码基因，并不能帮助我们理解那些基因的组织程序。同样地，“一个系统的组成方式”——使得桌子成为桌子或者自行车成为自行车的关系配置——不同于其物理结构，也不能够帮助我们理解基因所编制的程序。此外，实际物理成分的结构并没有改变的过程重要。

况且，一个生物系统中的各个组成部分时刻都处于变化当中。

经济发展之所以如此复杂，是因为它是动态的，离散的。一定的制度设计因不同的时代、不同的社会而发挥不同的作用，甚至在同一社会的不同时期也会产生不同的效果。[13]例如，即使在同一套机构和同一套规则的规范之下，人们遵守规则的水平以及对于违规的制裁力度也会存在很大的差异。许多政体通过精简机构来恢复活力（Ostrom，1990；Ostrom，Gardner 和 Walker，1994）。在权位易手之后，新的政权可以通过机构调整来推行新政，甚至可以萧规曹随，不用改变原有的制度和规则。

即使像道格拉斯·诺斯这样的著名学者也承认，正式公布的政策目标与根植于传统和信仰中的非正式行为是割裂的。诺斯观察到，不但一个制度可以产生正式与非正式的行为，而且非正式与正式的制度也可以表现出互补的特性（North，2005）。[14]尽管如此，法律上与实际中权力分配的沟壑是难以发现或衡量的，故而很难将其纳入检测制度效应的指标体系，用于指导发展援助国针对受援国制定和实施的干预政策。具有相同制度设置的社会可以表现出许多不同的行为形式，具有完全不同制度设置的社会也可以展现出相同的行为。简单地改变一项规则的执行力度，可以触发与制度的设计目标大相径庭的行为。例如，20 世纪 90 年代，美国国会大幅缩减了联邦金融监管机构的预算，结果为金融服务机构的权力滥用敞开了大门。但是如此定性的而非结构性的变革，具有很强的隐秘性，只有系统内部的操作者才知晓政策改变了基调，或者预算程序包括了特定的政治意图。

在评价新制度经济学的功过时，哈佛大学经济学家丹尼·罗德里克（Dani Rodrik）总结道，除了“高度的概括和抽象”，这些观点没有多少政策指导作用。事实上，当审视特定的情形时，学术界也存在广泛的分歧。“在经济学文献中，学者们愈发清晰地认识到，高质量的制度可以具有多种形态，经济增长的趋同性并非意味着制度形态的必然趋同”。罗德里克认为，“在良好的制度表现与具体的制度所呈现的形态之间没有独特的一致性”。我们需要知道不同的制度如何在一起发挥作用，是协同还是掣肘？同时还要厘清哪些特定制度承担的任务会依赖于制度与广大社会结构的相融关系。

即便我们成功地绘制出了一张包括契约规范、规则和制度在内的简明而完整的蓝图，对行为的决定因素的理解仍然不算完整。对于各式各样的问题，社会的进化帮助人类找到了更多不同的解决方法。构建社会体系的目的是为了完成复杂的集体任务，而经济制度只是其中的一个组成部分。集体学习依靠社会网络中的动态反馈，信息通过不同疏密程度的联结相互传递。拥有了更多的信息来源，与少数关键轴心连接紧密的主体对机会的反应会比那些处于体系外围的人更加激进。

制度建设的次优道路

截至 2011 年 5 月，独树一帜的中国已成为世界最大经济体美国的最大债权国，手中握有美国联邦政府 26% 的国库券和 8% 的国债。虽然大部分经济学家都低估了中国的增长潜力，但没有一个经济学派会比产权学派的新制度主义者更为悲观，后者根本没有想到中国有能力搭建一张行之有效的经济关系网。

假如像有人所指责的那样，中国没有健全的知识产权保护制度，没有独立的监管机构，政府可以恣意征用甚至没收私有财产，那么中国又是怎样与全世界的制造商和供应商建立起一个庞大的全球经济关系网的呢？制度主义理论坚信，没有知识产权保护的资本主义是不存在的。而中国却一跃成为发展中世界的明星，不论是印度还是菲律宾，它们都没能做到，尽管两者的体制都如法炮制了英美。

中国经济学家钱颖一（2003）尝试着使用新古典主义思想库里的话语对

中国的经济繁荣之谜提供一种解释。他列举了对中国经济腾飞至关重要的几个关键制度和实践，用他的话讲，所有这些都是属于“次优”，例如匿名的银行账户吸引的存款流入了政府控制的银行，帮助政府在驾驭经济的同时，支持了大型国有企业的发展。中国还通过利用符合地方政府利益的营利性乡镇企业，允许私人投资进入政府控股的公司。乡镇企业是中国改革中的一股浪潮，这种模式在政治上有利于调动地方官员的积极性。这一大潮将在第9章中进行深入讨论。

价格双轨制使得政府可以在允许农民卖掉过剩产量的同时，保持对配额和价格的控制，目的是为了在不至于使社会主义的既得利益者受损的前提下，建立一种新的商业经济（刘、钱和Roland，2001）。在集体主义的早期，中国通过发展工业来保证全民处于同一起跑线上，这样减少了对推行开放政策的社会阻力；中国共产党继续坚持其保障人民生活的承诺，以此来巩固其执政地位。[15]

中国的GDP有很高的比例被用于投资，而不是被富人藏匿，原因在于“对未来获利的期望对公共权力的约束力，要胜过对由独立的第三方来实施法律制裁的担忧”（Rodrik，2008）。与其依靠法庭来加强履约和产权保护，毋宁由国家出面，通过在私人和公共资源的持有者之间培育一种互利关系来维护共产党的领导地位，因为允许私人投资获利有利于社会的长治久安。因此，在独立司法制度不健全的条件下，投资者仍然感到他们的产权受到了保护，不会遭遇政治风险。

“次优”，这个在语言学上蹩脚的词汇说明，用经济学来解释制度的多样性存在牵强附会之嫌（Rodrik，2008）。在发展问题上，最佳实践的观点假设战略的实施会使结果逐步演化至最优。但是中国的成功是源于一个不同的策略：中国的改革者没有建立最佳模型或是寻找一个最佳解决方案，而是找到了最适合中国的方案。相较于寻找一条出路，知道要到哪里去会更简单。所以，中国的探索与其他复杂系统的进化过程颇为相似。

经济体系属于复杂性系统。由于聚焦在像产权这样简单的“原子”上，而忽视了整体的网络结构，新制度经济学仅仅反映了集体行为范畴里一个很单一的表象，尽管它对提高投资效率至关重要。

多样性

斯科特·佩奇（Scott Page）（2010）观察到，相互联系和相互依存能够提高多样性，而不是平衡性。在一个高度相互依赖的环境中，对于资源的竞争激发了多种策略，保证了特征殊异的群体得以共存，正如大自然赋予了许多不同物种一系列适应性变异的机会，以确保它们能够在一个共享的环境中生存下来。这些变异的发生，源于个体与其他高度多样化的个体进行的互动：发展是它们通过互动而不断进化的结果。

同样，一个经济体实际上是高度适应性的群体之间互动的产物，群体中的各个要素都具有不同的特征和特性。各个经济要素之间互为网络，而它们又作为一个群体，策略性地与其他网络交互反应。这些互动也会产生它们自己内部的动力机制，结果简直新奇无比。但是，传统的经济模型往往假设代表性的主体会自主行动，作为市场价格的被动接受者与经济互动。两种错误的结论就产生了。首先，它没能领会到经济主体通过网络连接来与其他异质的主体进行沟通，并针对其行为做出反应，结果是一个依靠其所有部分表现出的集合行为构成的系统。其次，主体在适应局部环境过程中会采取多种形式：竞争、合作、剥削和消费。由于各个群体的局部环境各不相同，在多个备选的策略当中，也许有理由证明其中的某一个优于另一个。而实际上，没有任何单一的策略可以保证在一个特定的生态环境共存的所有群体都能达到最优状态。相互依赖性导致了各式各样的策略共同存在，共同进化。如果所有的物种都去争夺同一个有利的位置，不论是在顶部还是底部，冲突和灭绝便在所难免，共享生态就会由于永无止境的冲突而变得难以为继。[16]

不同的生存策略也保护了生物的多样性。物种分化，也就是新物种形成和稳定的过程，是自然保证不同功能得以优化的一种途径，一个系统的各部分也能够拥有更大的自主性。不同物种的多样生存策略能保证共生的结果；一个物种中的成员不会直接与另一物种中的成员竞争同样的资源。一只兔子会逃离一只狐狸，而不是与之竞争，它只会与其他兔子竞争。一只健壮的兔子为了得以生存和繁衍，只要比其他兔子跑得更快就可以了。

同样的道理，发展中国家不会与发达国家直接展开竞争，因此也不可能去模仿对狐狸有效的类似制度模式。进化不需要模仿其他物种，就能提高特定物种的适应性。互相依赖可以产生协同，就像鸟类帮助大象解脱爬虫和昆虫的滋扰一样，不同物种间的竞争也同样如此。

生态系统中的任何组分都会限制其他组分的选择，某一生物体的变异也会影响其他生物体。如果某一个体适度地提高了自身的适应性，它会发现自己有了新的竞争者。即使一个个的竞争者都属于较弱的有机体，但是它们会团结在一起破坏变异，以防止更强的天敌出现。为了防止被其他个体清除和取代，最弱的个体会通过模仿更成功的生物体来改变其策略，但是这仅仅够生存，而不能够成为典型的强者。在被法国大革命的军队击败之后，普鲁士并没有在国内掀起一场类似的法国大革命。它改进了君主制度以提高竞争力，但这样仅仅为了保证其生存，而没能树立可供其他国家模仿的榜样。

鉴于多个主体互相依赖，要识别究竟是哪一个或哪几个主体发挥了主要作用是极其困难的，这就是整个系统的效应。如果把所有远离适应度中心的生物体统统消灭，系统就会陷入不稳定的状态（Bonner，1988）。一个位于顶层的群体可能需要众多处于低层的伙伴给予支持，它们处于弱势很可能是暂时的现象。个体对伙伴的依赖，可能会排除通过剧烈的改革来大幅提升其自身适应度的需要，因而不一定要追求达到顶层伙伴的最佳水平。

全球生态的整体适应性是个体或物种层面许多不同策略相互作用的产物。在相互依赖性的激励之下，全球范围内涌现出了丰富多彩的产品、服务、制度和组织，这些都有助于改变人类单一主体的天赋和偏好。

简单者更易生存

相比那些较小的、更执着的和没那么复杂的社会主体的缓慢适应过程，大国的兴衰自然更引人瞩目。我们的注意力会不自觉地投向那些复杂的社会，而不是那些始终不温不火的社会。研究古希腊或古罗马等盛极一时的社会如何得以兴衰的文献简直浩如烟海，但有一位名叫塔西佗的古罗马学者认真研究了历史悠久的部落社会，这些部落平静地度过了无数帝国的兴亡而始终生生不息；还有一位名为希罗多德的史学家，他切实造访过许多名不见经传的地方。

进化所造就的复杂生物体似乎为数不多，而无处不在的简单生物体却备受青睐。庞大而复杂的生物体能量越高，就越难以适应环境的变化，故而难持久。古罗马早已灰飞烟灭了，但是它在北非沙漠里栖息的孑遗部落却一直生存至今。与古罗马复杂社会的官僚体系相比，北方日耳曼部落的社会结构则被证明更具有韧性。讨论适者生存这一话题的意义何在？这一法则是否可以应用于人类社会？关于进化与进步的关系，我们只能从各种研究中得出这样的推论：在任何特定年代里的幸存者，其适应能力都胜过那些死亡者。经济进化会朝哪个方向发展，要看经济主体能够为解决当前的问题找到怎样的方案。这样就保证了多样性，而不是纠结于找到某种唯一的最佳模型。尽管飞机比汽车更为先进，但前者并没能取代后者；自行车、火车，乃至轻便的马车和马匹，都与飞机共存。而且，简单的结构甚至具有更强的韧性。

我们往往假定进化意味着进步，但是进化生物学家警告我们，一定要避免这样草率的结论。“的确，当我们看到从菌类到细胞原生生物，从更高等的动植物到灵长类动物再到人类这样一条脉络，进化看起来具有高度的进步性。”恩斯特·迈尔（Ernst Mayr）写道，“但是，在所有这些生物体当中，最早出现的菌类是最成功的，其总体的生物数量可能远远超过了所有其他生物的总和”（2001）。许多存活超过 10 亿年的生命形式都是静止的。在非常危险的环境里，没有任何生物形式会比单细胞菌类生存得更好。

在进化生物学家当中，那些相信变化的动力只是一维的，而且只会沿着线性的轨迹朝某个单一的焦点运动的观点往往会被反驳。证据表明，许多像恐龙那样已经灭绝的物种，都比大部分生存着的物种更加复杂。那些生存时间最长的物种，例如蟑螂、马蟹和鲨鱼，都不在最复杂的生物物种之列。“无可否认，自然的选择是一个优化的过程，”迈尔解释道，“但是它没有一个确定的目标。”无论是什么最终构成了适应性的改良，它必须“严格地遵从一种倒因为果的决定”。进化过程的竞争选择不能保证任何一个社会组织形式的优势。家庭与部落依旧是最古老、最坚固的人类组织形式。

如果社会进化中没有机制能够保证复杂机制会从那些较简单的机制中衍生出来，我们为什么还要观察更大的复杂性？随着时间的流逝，最复杂和最简单的经济组织形式之间的差别会越来越大，这样就产生了复杂性不断增加的印象。最简单的经济交换形式不会必然消失，金融衍生品和信用违约互换不会彻底消灭简单的借贷。随着经济相互依赖性的增强，多种交易形式之间的共生关系也会加强。经济转型将会呈现何种形态，家庭网络依旧是一种不可缺少的决定性因素（Greif，1993）。尽管看起来越来越多的复杂制度取代了更早的简单形式，但这通常是简单的结构与更复杂的结构之间不断加大的差距所带来的一种错觉。

制度与经济增长

在分子生物学当中，每当发现一种新的蛋白质，不久就会有另一种蛋白质被发现。蛋白质有其自身的一套遗传指令，被称为系统的“基本粒子”。几代人之前，原子还被认为是基本构件；现在，物理学家们相信原子也属于复杂系统。同样地，每当一种基本制度被认定为是经济增长的关键核心时，例如英美的普通法与法国的民法，或者否决点数，结果它仅仅是一个从属的子系统。[17]但是，搜寻遗落或者基本的组分会导致持续的多样性和改良。矢志改进政府治理的步伐从来没有停歇，从赫尔南多·德·索托（Hernando de Soto）竭力提倡的地契和产权的正式注册，到独立的政府审计员，设定巡视员办公室，采购协议，总统任期限制，多党选举，政党强化，选举结果监督，薪酬改革，为国家首脑身边的官员提供领导力培训，绩效管理，全民纳税认定，以及文官控制军队……林林总总，不一而足。难怪在发展援助方面，围绕制度强化开展技术合作的预算如此高昂，已经超过了针对某些关键部门（例如中央银行或财政部）的关键官员提供经济政策咨询的费用。对受援国政策建议的核心就是指导它们在关键领域加强能力建设，模仿业已在经济上取得成功的制度模式。那么，为什么独立的评估报告显示大部分的努力都失败了呢？

个体以及群体在行为表现上出现某些偏差并不能反映制度结构出了问题，而往往是系统内的监管规则出了问题。因此，即使采用了同样的结构，制度表现依然会存在戏剧性的差距。根据埃莉诺·奥斯特罗姆（Elinor Ostrom）的解释，多样化的结果是由于多个部门权力交叉，因而产生了政出多门的规则。“互动与结果的格局取决于不同层级管理部门之间的关系”（Andersson 和 Ostrom，2008）。单一的制度或法律体系是不能独自发挥功能的，而必须依靠许许多多其他的法律和制度密切配合。

由于这个原因，许多有关善治的指标很难反映实际的制度表现。偏差只会在发展的推进过程显现出来，因为支配关键职能的规章会在不同的阶段出台，既而引发不同的反应。在生物学中，释放催化活性蛋白会在一种序列中触发一连串的反应，而在另一序列中则触发一系列完全不同的反应。就像改变一个生物体内的调节线路会产生巨大的扩散和特化作用一样，规则的变化也可以改变社会机构的行为。

多元制度的适应性

制度背后的经济逻辑帮助全球潮流的引领者取得了系统层级的支配地位，经济研究与全球发展政策也随之发生了改变。但是为什么没有达到生产可能性曲线的经济体能够长期生存下来？为什么相互依赖性和争夺全球资源控制权的激烈竞争能导致出现更多不同的制度变革模式？为了理解制度的多样性，下一代的探究必须远远跨出新制度经济学的创立者所划定的边界。这里有 8 个原因需要考虑。

1. 对局部最优的不一定对全局最优，因此看似周行天下的制度不一定适合本地的发展。

2. 寄生虫和食肉动物在生态适应性的顶端按照最佳的设计一同成长。协同作用将支配型制度的出现与次优型制度的存续连接到一起。最优的行动会留出空位，供次优的行动填充，其余的行动会依次跟进。

3. 当面对相似的威胁或相似的机会时，一些群体会模仿成功的治理方法、技术以及制度，而其他群体则无动于衷。最优行动涉及的范围取决于一个社会的历史传统。一个群体对于策略的选择会参照其过去行动的记忆而得到深化。

4. 多种制度的发展演变最终可能会交汇于同样或相似的结果。

5. 改革的过程可能背离事后认定为决定性的逻辑。

6. 表面上的停滞可能是一种错觉，因为社会不可能总是朝同一个方向前行。

7. 制度诚然设定了游戏规则，但制度也会随着社会的改变而改变实施的策略。

8. 尝试移植全球最好的制度（经常由于错配而失败），可能会令一个转型中的经济体陷入不断变化的现实与所谓最好的制度之间不断扩大的夹缝当中。改革设计初衷与执行能力之间的差距甚至会加剧制度的低效。在印度的法律中就有这样一个例子，由于法律规则要求极其严苛的证据，以至于大量的罪犯可以长期逍遥法外。中国拥有的金融体量（以占 GDP 的百分比计）远远高于印度，并不是因为其法律比印度更健全，而是像钱颖一所指出的，因为它能容忍更低的标准，比如非实名银行账户（Root，2005）。非实名银行账户是由一个数字而不是实名进行识别的，它能将大量的居民存款引入国有银行系统里。

将新制度经济学付诸实践之所以导致了失败，根源在于它套用的增长理论。该理论忽视了一个基本规律，即个体相互适应的过程会带动总体环境共同进化。由于个体会对其他个体可能的行为做出预判，然后据此调整自身的策略，复杂的依存关系就在互动中产生了，进而约束了系统的适应能力。每个个体都要适应其他同步进化的个体所提供的环境。即便我们有一天识别出了所有的组成部分，我们可能仍然难以识别出总体和部分个体行为之间最基本的差异。

全系统的相互依赖

当苏联的解体让保守主义者对于共产主义覆灭的预言漫天飞时，新制度经济学派已经准备好了蓝图，笃志将僵化的社会主义经济转变为高效的市场经济。他们自认为终于等到了在全球发展政策领域大展宏图的机会，但是他们却没有想到全球政策变得如此微妙而复杂。除了西方有着关于工业化成功的重要经验可以传授之外，发展中国家还有很多其他的经验可以借鉴。诸多最佳实践鲜能胜过那些边摸索边前进下的试错取得的进步。

制度主义学家已经成功地突出了经济变革必须依赖于过程的重要性，但是经济结构的形成不需要拘泥于过去或现在的成功，也不必照搬曾占主导地位的机制或策略。最优的选择很少现成地放在某一人群或政府的工具箱里。制度中心论对于变革的解释会受到整个系统中具体条件的限制，而正是这些具体的条件才塑造了当地的制度结构，使得个体的适应行为依赖于系统本身的适应性潜力。

要回答新制度经济学揭示的问题，就必须突破原本由科斯、威廉姆森和诺斯的研究工作所设定的边界，努力扩大分析的范围（Coase，1937，1960，1998；North，1981，1992；Williamson，1975）。新制度经济学家善于将在一种社会中成功产生经济增长的实践与另一种社会中阻碍经济表现的实践进行对比，从中找出原因并衡量差距。但是在经济增长领域，最大的难题在于为什么最优的制度很少能够被原样照搬。解释可以为某个特定的政权赋能，使之得以有效地榨取财富和动员力量的制度结构是相对容易的，然而要解释为什么落后的政权未能模仿成功国家的适应策略却更为困难。有些国家模仿了最成功的模式，但很多国家即使在面临内外部压力的威胁下也始终我行我素。

在发展领域，最令人烦恼的问题在于制度进化过程中普遍存在的漂变现象，低效的制度与高效的制度一样可以安然无恙地生存下来。为什么没有多少国家甚至愿意鼓足勇气，冲刺到全球效率的最前沿？鉴于人类具有模仿的能力和愿望，为什么最好的实践没能快速地得到复制？为什么不是所有的经济体都按照一条直线向前发展，从物物交换到形成公开上市交易公司，到建立中央银行体系和工会？如果好的制度真的完美无瑕，是获得财富与进步的必由之路，那么为什么人类进化中最强大的力量——模仿——在这里不起作用？如果经济繁荣可以借助好的制度快速且轻易地实现，那么为什么只有少数几个国家才实现了民殷国富？如果推崇问责制、透明度和可预测性的好制度是繁荣的根本属性，那么为什么制度移植却遭遇了重重的艰难险阻？

全球发展政策的应用

制度主义者，也就是坚持制度很重要的学术流派，已然在国际政策界关于经济发展的议题上占据了主流。仍然争论不休的是孰先孰后的问题，是好的制度，还是增长？或者说，因果关系是发展导致好制度，还是好制度促进发展？

决定因果关系的方向是很重要的，因为新制度主义认为西方国家的强盛起源于制度，所以现在正尝试将西方制度强加给其他国家。以杰弗里·萨克斯（Jeffery Sachs）为代表的怀疑论者认为，基础设施、教育或工业补贴等直接刺激增长的政策必须先行，理由是只有在经济发展之后，对于改善治理的需求才会上升（Sachs，2005）。制度主义者拿出统计回归分析来捍卫自己的立场，并以没能达到援助目标和增长欠佳的失败项目为例，证明制度缺失的危害性。围绕系统、行为、网络和变革等议题，辩论的双方都使用了同样的分析方法来构建自己的论据。像萨克斯这样更传统的经济学家，继续强调财力、物力和人力资本方面的差距，而与之对立的制度主义者则着重强调规章、参与度、法律、产权、媒体自由和防范腐败等方面的差距。两方都按照各自认为的轻重缓急顺序列出了清单，并把各个变量进行加总来找出差距，最后绘制出有助于受援国弥补差距、走向成功的蓝图。

有关国际援助的惯例假定社会体系是封闭的，它们在均衡中表现出“正常的”行为。关键的角色，无论是领袖还是精英，都属于本质上同类的原子，他们习惯于独断专行，不肯顾及他人的反应，而且他们这样的行为是由明文规定或非正式的规则确定的。因此，发展援助的政策制定者往往推断，激励结构针对的目标必须是私人或个性化的行为。变革应该是等比例的或是线性的，就像是寻找正确的药方和识别正确的配方一样。

复杂性思维引导我们将系统看作是开放和动态的，而不是均衡的。社会变革是不可预测的或不可累加的，它是非线性的，并且时常发生阶段性的转变。许多相互依赖的情形最终导致多因果关系和不可预见的结果。宏观的结果来自微观的行为与互动。主体是异质的，但他们会共同进化，策略性地回应他人的行为。最重要的是，他们的决定是相互关联的，不断地适应其他人的行为。他们不会作为孤立的个体，而是作为网络关系中的成员对动机做出反应。解决方案鲜能掌握在任何单一的组织或个体的职权范围之内；成功往往不仅依赖于说服某个单一的决策者，而且更需要通过影响社会网络中的多个结点来促成集体行为的改变。所以，干预必须针对整个网络。网络的类型至关重要，但没有标准的模式。首次成功的方法用在一个不同的时间或地点，未必能再次取得成功。

是政治问题吗？

制度改革的失败，将不可避免地让我们回过头来追问形成制度的政治策略。由于落后国家的领导人不知道什么是好的经济政策，或者不清楚好的制度设计是什么样子，因此也就无所谓存在什么落后的制度。实际上，糟糕的政策和有缺陷的制度设计也许是一种好的政治，而且它有助于榨取式的精英阶层持禄保位。

很多书籍和文章都为我们提供了一个政治的视角，包括布鲁斯·梅斯奎塔和鲁特合著的《繁荣的治理之道》(*Governing for Prosperity*)，布鲁斯·梅斯奎塔、阿莱斯特·史密斯（Alaister Smith）、兰道夫·斯弗逊（Randolf Siverson）和詹姆斯·马洛（James Morrow）合著的《政治生存的逻辑》(*The Logic of Political Survival*)，冯毅所著的《民主、治理与经济表现》（*Democracy*, *Governance*, *Economic Perfermance*)，以及鲁特所著的《资本与共谋》(*Capital and Collusion*)。通过阅读这些著作，我们能够更加深刻地理解国际援助以及连续针对永久性的贫困和排斥所推动的治理改革为什么以失败而告终。无论是对哪一个部门或行业，发展是一个永恒的政治问题。一个剥夺普通公民经济机会的制度为什么还可以长期存在？这恐怕是由这个国家的政治策略所决定的。

如果精英政治是形成发展中国家制度体系的动力，那么我们可以肯定，造成发展要素缺失的原因是政治。其实不难发现，在援助方的任务表里，政治总是阙如的一项，而由政治驱动的制度选择说明了国家间经济发展水平的差距。一旦忽略了政治对制度所起的作用，大批经济学家便带着各自的观点蜂拥而至。如今谁还会否认这样的观点：落后之所以长期存在，是因为它能为那些精英长期把持权势和财富提供方便。或者说，那些无法支持繁荣的落后制度，是内部精英控制的政治产物。

根据以上分析，我们是否能够明白，国际援助组织必须学会如何影响发展中国家的政治，捐赠者也必须学会用政治来思考问题并采取行动？政治中心论的发展观点承认精英阶层的制度性动机在于稳固和充实自身的利益，但这并不能帮助我们理解为什么一些国家会停滞不前，而另外一些国家则会顺应发展的潮流。到底有没有一个精英甘愿把其他社会阶层的利益置于自身利益之上？或者乐见一个社会变得更加包容？倘若期待一个强大的精英群体不惜牺牲自己的一切，敢于创造性地打破现状，从而建设一个更加平等的社会，那是不合情理的。

从操作层面上来说，对强权的精英进行说教，使其接受来自底层的适应性转变，这不是局外人应该扮演的角色。从局外人当中物色一个政治人物来指导外部的干涉，将不可避免地遭遇目标群体的抗拒，致使操作层面难以驾驭。因此，从理论和实践的角度看，基于最新掌握的全部变量，如果沿用以往的结构性或功能性的套路来识别增长所缺失的要素，政治永远不会得到改良。出于同样的原因，我们过去以为只要找到某个基本的变量，例如更先进的科技或更多的资本，就可以影响当地政治格局，这也是错误的。

在传统的社会经济发展援助的目标上添加政治目的，要求受援国政府走现代化理论指定的道路，将无法排除受援国对附加条件的抵触，也无助于使其所走的道路与世界先进国家所走的道路保持一致。

政治干涉不可避免地受到这种文化差异和地缘关系的影响。正因为如此，对于怎样的制度变革才适合非西方国家的社会发展战略，作为现代化理论的后生，新制度经济学及其倡导的治理议程都无法为此提供合理的解释。

将政治认定为制度失败的根本原因，与之前将国家的结构性或功能性特征看作是制约发展的障碍一样，都是不正确的。我们现在继续考察下一个问题。为什么许多国家在面对发展困境时，一般都会选取次优的解决方案？从精英阶层的动机和行为的角度来解释这一现象，或许能启发我们找到更合理的解释。我们将学到的是，所有的社会经济发展因素都会根据其他因素的存在和行为而发生相应改变，进而统统进入一个永无止境的共同进化过程。接下来让我们看看这是怎么发生的。

第 6 章

动荡的情境：相互依存对最佳全球治理的挑战

指挥塔里的博弈

本章运用进化的概念和进化过程来探讨导致政府治理差异的原因，目的是弄清为什么许多国家只能实现局部最优状态，而无法找到实现全局最优的解决方案。生态学和情境理论当中的许多现象，例如适应性情境、并行处理、锁相、协同进化以及上位效应等，都有助于我们厘清为什么有些复杂问题无法找到最优的解决方案。因此，我们需要重新考虑全球优化这一命题给新兴国家及其政策制定者带来了怎样的挑战。

适应性情境揭示了国家间的相互作用如何改变优化问题的本质。无论一个国家如何集中力量应对其局部优化的挑战，即使它们瞄准了局部的最佳状态，其他国家的行为仍会对其产生干扰。为了在适应性情境上取得最高的契合点，这些国家必须关注能够引起适应面变化的交互行为，并据此改变备选的行动方案。共同进化的伙伴在各自应对其局部的适应性挑战时，也将重塑彼此共享的情境。

在全球范围内的相互依赖及多样性，将在各种适应性的顶峰影响共同进化伙伴的举动。例如，中美关系的战略背景被描述为两大伙伴间的同床异梦（Lampton，2001）。即使中美在攀登不同的适应性顶峰，它们的适应性水平不仅受到彼此互动的影响，而且也受到居于同一情境中众多伙伴交互作用的影响。为了对系统层面的行为施加更大的影响力而产生局部冲突，结果会使彼此的制度选择和策略都变得更加复杂起来。

全球相互依赖的动力机制模拟了自然生态系统的动力学原理。在自然生态系统中，共同进化的压力会改变地貌景观和生物机能。相互竞争的物种会在局部改变彼此的生存环境，它们还会在局部环境中为新的物种创造一个供其寄居的独特空间。[1] 只要环境发生变化，适应价值就会改变，而且生物变异会不断累积。共同进化不会默认一切生物体都会趋向于全局最优状态，因为适应性进程始终会把进化推向局部最优状态。全球互联的重大课题就是一切都会向“混合、交织和多样化”转变，而这正是西方自由主义的政策制定者必须汲取的教训。

传统的现代化理论认为，只要发展中国家仿效发达国家的制度架构，它们就可以实现经济增长和民主。但是，与之对比鲜明的是，新兴国家的适应性轨道严重依赖于其系统层面的特性，而这些特征与走在前列的发达国家大不相同。结果，即使像印度、巴西、土耳其这样的民主化水平不断上升的国家，其政策取向在关键的国际事务上仍然不同于西方世界的主流观念。

当西方的规划者对自己担任全球体系管理者的角色感到踌躇满志的时候，他们必须对全球的大趋势做出反应，比如贸易格局的改变、人口的增长以及移民等问题。这些趋势正在推动着复杂的世界发生转型，在范围、资源以及合法性等方面压缩了梯级式的控制体系。动态而复杂的地缘政治和地缘经济日益排斥那些传统的控制机制，也在削弱冷战后西方在自由主义基础上建立起的稳定性架构。全球系统对工业化先锋国家的指令越发兴味索然，动荡的情境正在等待着那些新的舞者闪亮登场。

相互依赖、变化和并行处理

优化决策的概念是微观经济学和现代化理论的核心，经济学家对此都能耳熟能详。它假定个体对可能的备选都有固定的偏好。作为理性的个体，他们将汇集所有可以获取的信息，在进行比较后做出最优的决策。在进行理性决策时，他们通过价格体系收集信息，并据此评估竞争者或者对手对某一特定行动将付出怎样的代价。在传统的模型中，集体和个体的优化过程彼此独立，各自的选择不会受制于他人的策略；在评估了所有选项之后，他们会权衡当前以及未来的利弊得失，然后做出对自身最优的决策。

正如传统方法所预测的那样，如果每一个个体（或者系统组件）独立地优化自己的成本功能，那将会在各自特有的情境内达到最高的适应度。但是，更加的现实做法是，假定每一个个体在很多方面是相互关联的，因而不可能完全独立行事。他们不仅自身会产生变化，而且要对周围的其他个体产生的变化做出反应，当然还要应对自己所在的整体环境。为了避免信息超载，他们采用并行处理的办法，这样就必然会改变优化问题的特性，因为他们只能在一个经过区隔的次级网络里进行决策。并行处理是一个基本的进化过程，个体同时处理不同来源的信息。互动程度越高，人们对这种并行处理的需求就越强烈。

并行处理的启示在于，所有的个体行动在追求自身利益的过程中既有独立的行动，又有相互依赖的反应，因为他们必须对其邻居的行动做出反应，并且做出相宜的反馈。当这些个体被裹挟在一个庞大的群体当中，在有限空间内与对手竞争局部利益时，他们也不会放弃自己的利益，因此不会对全局最优的“必然性”或“有效性”保持相似的价值观。

当众多个体参与到并行处理当中，同时追求自身决策的最优化时，他们从根本上改变了整个系统的行为。并行处理也可能在相互依赖的交界处产生冲突，甚至引起系统层面的失衡。

相宜决策

在进化的影响下，新兴国家间会产生一系列的制度变化。为了理解这些影响因素，生物学家在情境生态学方面的研究为我们提供了可以借鉴的必修课。情境的概念帮助生态学家考虑到多个因素在进化过程中的结合。使用情境生态学来理解局部环境如何决定特殊群体的适应性，我们可以重构全球化给新兴国家和发达国家带来的最优化挑战。

情境模型提供了许多可资借鉴的观点，可以帮助我们在面对复杂系统时理清关键的一点：比起个体自身的特征，成功更多地依赖于个体在系统中的位置。一个给定的适应性情境，其形态将决定其中的群体会选择怎样的优化策略以保障生存。

大多数发展中地区都面临崎岖不平的适应性情境，因此常常会一筹莫展，甚至迷失前进的方向。个体在采取行动之前考虑的互动因素越多，这种情境就会变得越发混沌。当无数局部的顶峰遮蔽了人们的视野，使他们看不到全球最佳状态或者发展顶峰的时候，混沌情境就出现了。虽然最优的全球解决方案可能模糊不清，但是一些特定的方案，即本地的优化方案，却是存在的，因为混沌情境不是无穷的动态复杂性的问题。斯科特·佩奇表示，即使在利用核能这类复杂性的问题上，无论存在多少种选项，找到适当的解决方案也是可能的。就像国际象棋选手对弈一样，尽管有数千种可能的解决方案，但最终是有解的。

情境越混沌，相互间为对方提供的战略信息就越有限，一个特定的群体也越局限于其局部最佳状态。一个拘泥于局部优化选择的群体，是不太可能与面对不同情境的群体沿着同样的路径进化的。他们可能会以相互反应的方式共同进化，但是不会发生先后跟随式的进化。如果一种情境是崎岖而混沌的，而另外一种情境是平坦而清晰的，模仿绝不是最佳的优化策略，因为双方面临的适应性挑战没有交集。相比于平坦而清晰的适应性情境，应对崎岖而混沌的情境所产生的各种挑战，需要截然不同的技巧、能力、策略和适应性。

动荡情境中的优化

在一个混沌的情境中，要找到最优的解决方案往往非常困难。一个主体处于情境当中的哪个位置，以及从哪里开始寻找，这些都是十分重要的问题。复制另一个情境的最佳实践，会阻碍争取实现本地最优的努力。即使选择能够互动，情境很稳定，也存在一定数量的解决方案，但为了模仿在其他情境当中已经取得成功的适应性搜寻过程而逆转自身的适应性路径，那也是徒劳的，因为要确保模仿取得成功，二者的初始条件也必须完全相同。

然而，全球生态已经像斯图尔特·考夫曼在研究中所描绘的那样，变成了互动的动荡情境或形势了，呈现出发散的或非收敛的特征。在这种情境里，连接的频率和相互依赖的密度生成了一种交互不稳定的环境，个体的适应性将取决于其他个体的行动，并且没有哪个个体能够独立于其竞争对手的影响而提高自己的收益，系统内的任何一个微小的事件都能够对其他任何部分造成巨大的影响。

大多数发展中国家深知自己已经置身于动荡的情境之中，它们面对的选择不存在全球最优化的解决方案，许多独立行事的个体共同作用，将进一步加剧组合的复杂性，共同进化将会推动整个情境的转变。复杂情境呈现的问题不是一成不变的，而且不可能得到最优化的解决方案。[2] 与其他适应性个体相互依赖的数量如此之多，以至于对任何个体适应的收益或者解决方案总会千变万化。局部情境峰值一直都有升有降，不断地改变其他个体的备选方案。

适应性依赖于其他个体的行动

对于绝大多数公司来说，衡量成功的标准来自和最近的竞争对手进行绩效对比。同样，绝大多数政治领袖都倾力关注如何防范身边的竞争对手。他们的反应如此迅速，就好像只要对手显示了一丁点儿优势，都会威胁到自己的生存，所以会不惜一切代价予以打压。例如，巴基斯坦军方接连不断地挑起与印度的冲突，目的就是为自己能够控制国家资源和政治议程制造借口。竭力维护少数精英的权势，其实是一种短视的行为。如果政治领袖全神贯注于防范某个局部的竞争对手会在下一轮给自己带来什么伤害，而忽视了国家的整体格局或者全球经济周期的运行规律，他们就会迷失方向，牺牲长远的发展目标。

情境的混沌程度将决定局部的社会政策制定者能看到多远的未来。如果一个社会深陷适应性搜寻的低谷当中，它就很难建立长远的未来观。一个极度混沌的情境会阻挡政策制定者的视线，使他们只顾眼前和局部，不肯韬光养晦，为了更远期的收益而致力于建设一个现代化的国家。正所谓，会当凌绝顶，一览众山小。为了能够找到最佳的适应性顶峰，一个人，一个群体，乃至一个国家，必须首先立足于一座山巅之上。只有登上一座山峰之后再去眺望另一座山峰，才可能排除密密匝匝的遮挡，看到整个系统的最高峰。即便极目远望，那些站在幽谷里的社会政策制定者也只能看到下一个局部的顶峰。换句话说，即使他们有意引颈远眺，但其立足点决定了他们不可能看得更远，所以他们自然就不去珍视未来的价值。

为了调动多方力量实现集体共同协作的目的，社会政策制定者必须设法“改进每个参与方自行建立的内部模式，以便使他们能够更好地彼此适应”（Kauffman，1993）。如果适应情境是高度关联的，而且适应价值观有相当的重合度，那么“共同进化的适应性个体就能更准确地预测到另一方的行为，同时会通过复杂性优化来调整彼此的行为。不过，双方的模式需要持续不断地磨合”。在一个共享的生态里，与更多其他的团体形成相互依赖的关系是可能的，但是倘若相互依赖性造成了情境的动荡，由此引起的组合式优化问题就会破坏多元协调的可能性。在这种情况下，除非事出偶然，否则协同效应将不会出现。系统相互依赖性的高低，取决于系统内部各部分相关联的紧密程度。为了使宏观结构保持稳定，微观结构中必须存在一定的关联度。当情境失去了关联性，个体间的协调作用也就终止了。换言之，微观层面上任何衔接失灵，都可能导致一个复杂系统的崩塌。当适应性的价值观重合度减退时，适应性的进化也相应地受到抑制。此刻，一个混沌的情境将转化成无结构的情境。

像情境彻底丧失了结构一样，世界经济中很多冲突的区域出现了类似的无序问题。当情境不再有结构时，相互依赖的收益随之丧失，协作的可能性也不复存在，个体间达成的集体行动计划将破裂，随之而来的就是纯粹的人人为敌的霍布斯主义战争。[3]

印度和中国面临的优化挑战

印度和中国经济时代的到来，意味着全球化将呈现出以国家为单位的局部最优化状态，而不是达到全球最优状态。对于国际变革专家所倡导的最佳实践，这两个国家都了无兴致。它们很少受到国际援助机构的影响，而是自由地选择与全球发展政策相背离的道路。两国都拒绝与更强势的国家结盟，它们的经济情境崎岖而混沌，但是很少受到与伙伴共同进化的影响。两国都没有按照西方世界的模式制订死板的规划，只是根据本国的环境一步一步地推行相应的经济改革。

情境理论可以用来预测中印两国的社会生产性投资水平，也能从达到局部最优的视角观察两国如何应对各自的优化挑战。单单从两国的经济总量来看，它们就有条件降低与其他发展中国家的彼此依赖程度。由于它们既不是自然资源的榨取者，也不是经济作物的输出者，它们也有能力抵御外部经济波动的干扰。作为两个最大的新兴经济体，它们把目光牢牢地锁定在如何获取其局部利益最大化上。它们享有其他发展中国家所不具备的优势：局部最优就约等于全局最优。[4] 创造了自身的适应性价值，它们也就能够塑造其他国家的适应性价值。

为什么印度是民主国家？

在这一节，我们将看到局部的适应性情境如何成为印度坚持民主制度的源泉。一般观点认为，印度的民主是由于这个国家自上而下的精英通过学习得来的，认定这些精英在西方花了大量的时间学习积累，英式学校的教育使他们渴望将学到的宝贵经验带回本国。但是，如果印度的民主是从西方的源头自上而下地舶来的制度，那么我们如何解释巴基斯坦的建国者们？他们就读的是相同的学校，学习的是同一套教材，结果为什么是巴基斯坦走上了一条完全不同的道路？

接受西式教育的印度建国者开创了立宪民主，这看似反映了他们对达到全球最优状态而进行的“平行”搜寻努力，但其实不然。印度走上民主的轨道始于 1947 年与巴基斯坦的分立，1951 年印度举行了第一次大选。出于多种原因，民主只能说是属于印度精英做出的局部最优的选择。[5]

首先，印度国民大会党（以下简称“国大党”）已经存在超过一个世纪了。它领导印度赢得了独立，并为独立后如何建立政府进行了数十载的筹备。虽然脱离英国引起了一片混乱，但国大党确保了印度第一次全国大选的成功。穆罕默德·阿里·真纳领导的全印度穆斯林联盟是一个强大的阵线，主张联合其他少数党派推行代议制，因此对国大党的领导地位构成了挑战。与其与真纳切分权力，国大党宁愿选择将印度一分为二。代议制要求为关键的民族团体保留议席，这会威胁国大党主持组建首届政府的机会。穆斯林联盟希望纠集具有相同竞争利益的派系组建政府，与国大党分庭抗礼，而分裂则排除了这一内部的威胁。

随着真纳制造的麻烦得到解决，布鲁斯·梅斯奎塔等学者认为，国大党主导的制宪会议，在主要的单一议席地区建立起了得票最多者当选的选举规则。这种选举规则在没有全民选举多数票的情况下，实际上保障了国大党联盟成员的合法主体地位。在其他政党分享一定席位情况下，虽然国大党没有在民选中赢得多数席位，但是却主宰了国家议会，且经常占据三分之二以上的席位，而其余的席位则零星地分散在数十个少数党派手中。

因此，巴基斯坦的独立确保了印度国大党在首次全国大选中稳操胜券，也给予了它喘息的机会，使之在保持绝对优势的前提下得以构筑印度国民议会的未来蓝图。同意分治，尼赫鲁和真纳都以牺牲人民的利益为代价实现了自己的野心，而持续的领土问题却一直悬而未决。虽然没有陷入内战的深渊，但是随后印度与巴基斯坦的分裂，导致了两国间多次大规模的战争和不间断的边境摩擦。东西巴基斯坦的建立，为穆斯林和印度教的精英们提供了继续主宰国家的前景。如果一开始就没有将穆斯林分裂出去独立建国，盘踞在印度国内的穆斯林可能会因不满现状而发动一系列的反抗，锡克族或者泰米尔族集聚的区域将永无宁日，刚刚成立的国家将面临全面倾覆的危险。

其次，在 1947 年独立伊始，印度就是一个多党制的政体。即使整个国家没有穆斯林集聚的地区，实现国家统一依然是一个艰苦卓绝的问题。而在当初，只有圣雄·甘地享有足够的威望来保持整个国家的凝聚力。在内部，国会是多个联合体的联合体，甘地的处境就像美国独立战争之后的乔治·华盛顿，他不得不煞费苦心，在一群各怀异志的地方代表当中调停斡旋。尼赫鲁是独立运动的领袖之一，但他所代表的很多小型的政党仅仅得到了一些地方的支持，因此在国会中的影响力十分有限。况且，党内的每一个分支也各有自己的诉求，如果觉得没有把握拿到江山轮流坐的机会，他们随时会决定退出联盟。所有的利益团体和区域的代表都一致认为，他们需要找出一种制度性的保障，防止任何政治人物变成独裁者，以免将这个国家推向分崩离析的境地。可以说，是民主维系了印度的完整性，轮流执政的制度有效地避免了改朝换代的血腥厮杀，同时也避免了因大规模的内战造成国家分裂的危机。

像尼赫鲁这样的印度国会的领袖们，绝大部分都属于双料的婆罗门种姓，天生的贵族精英。[6] 他们想当然地期望享受执掌政权的果实，但是印度次大陆上的少数穆斯林族裔却虎视眈眈地威胁着他们对统一、权力和财富的梦想。

最后，倘若内战果真爆发，民主也能够有效地防止出现军事接管的局面。按照印度的等级制度，婆罗门是地位最高的社会种姓，其次是武士阶层，即刹帝利，其中的一个叫作拉吉普特的次种姓由富人、精英以及官吏和军队（包括国王、土邦公侯和武士）组成。但是很多土邦的王侯并没有受到印度的归化，他们依然保留着化外的小王国。

种姓制度深深地植根于印度人的意识形态当中，其精英阶层其实从心底里始终排斥民主的社会要件。与生俱来的社会地位很大程度上决定了他们对社会资源，特别是对医疗保障和教育的特权。基本的社会服务体系很难形成。由于大众教育的缺失，整个社会充斥着特权保护和政治恩庇，真正意义的公共治理仍然属于遥不可及的梦想。简而言之，占据主流的局部视角——攀登局部的最优顶峰——造就了印度现有的民主形态，因此也奠定了国大党的精英们得以长期立足的政治基础。他们需要解决迫在眉睫的局部问题，当务之急是把叶散枝离的社会聚合到一起，因此他们无暇也无力从全球最优的角度来整合印度的工业化和民主进程，无论是政治的，还是经济的。

全球化的改革专家建议印度在国有工业领域推行私有化，排除劳动力流动的障碍。理由是，在全球化的背景下提高制造业的竞争能力，有助于充分发挥印度丰富的劳动力资源优势，将大批的无业劳动人口有效地利用起来。但是，印度的领导人对此不予理睬，他们要用自己的方法在全球经济中构筑竞争优势。他们一直小心翼翼地避免对抗强大的工会，后者要竭力保护国有的制造行业，强烈抵制私有化。不过，印度的生产商发现，通过投资于服务业和高科技行业，他们也能找到一条通向全球经济的道路。对这些局部最优的发现，使得印度在全球通信网络领域成就了创新中心的地位。

中国：通过快速发展实现局部变革与全球共同进化的平衡

与印度的领导者不同，民族团结目前不再是中国领导人最为迫切关心的问题。中国在如何维护国家统一方面积累了丰富的历史经验，他们从来不觊觎邻国的领土，也没有称霸全世界的野心。传统儒家文化几乎在每个中国的人心中都留下了深深的烙印，西方流行的多党制民主在中国很难引起多大的共鸣（Fairbank，1986）。

像在印度一样，西方国家试图向中国兜售大规模的私有化改革，但是毛泽东以及邓小平都始终坚持中国特色的治国方略。毛泽东认为，重塑中国的强势地位，最快的路径就是为整个国家经济设计一种泰勒式的批量生产线来简化发展的问题，将工厂提升工业效率的方法转化为国家的指令性计划，通过发挥劳动密集型优势来快速实现经济增长。全体国民，无论具备什么样的知识和技能，都像是一台巨大机器上的齿轮投入运转，都要鼓足干劲，力争上游。私有制被铲除殆尽，剥削者得到改造，妇女得到解放，人人成为社会主义的建设者。通过这种方式，当代中国在一定程度上摒弃了前现代的价值观，也抛弃了中国古代传统思想所支持的社会不平等观念。

然而，毛泽东所采取的集体主义最优解决方案，与经济增长所必需的私人动机驱动下的优化策略互相抵牾。实践证明，这种方案无法造就一个持续增长的现代经济体，因而其后续的改革者放弃了这种试验。进入改革时代的领导者需要在社会平等和国家富强之间找到某种均衡。为了实现中华民族复兴的梦想，他们必须迎接这场史无前例的挑战。

邓小平继承了毛泽东的思想，拒绝推行那些追求全球最优状态的管理实践，拒绝让那些国际改革专家对中国的改革过程指手画脚。他反对一些国家设计中国改革模式，坚持中国必须找到自己融入全球经济的独特道路。即使接受国际资金的援助，中国也很少听任国际专家的建议。

在邓小平的领导下，各级政府官员都热情高涨地参与到经济改革的大潮中来。

> 早期的农村改革，例如安徽凤阳县小岗村的试点，反映了当地农村主观能动性的作用，并且证明是成功的，这在不久就得到国家领导人的认可。中国的改革进程不像南亚国家那样依靠自上而下的推动，而是通过上下各级政府间的相互作用而稳步推进。地方产生的成功案例会直接影响有关国家总体政策的讨论。围绕没有现成答案的问题，邓小平允许地方单位进行自组织，尝试开创性的改革方案。（Shirk，1993）

中国经济的增长被反复归因于对外开放的导向。邓小平确实说过，当今世界任何一个国家要发展，孤立起来、闭关自守是不可能的；不加强国际交往，不引进发达国家的先进经验、先进技术和资金，是不可能的（Fukuyama，2011）。但是，这种增长不能被简单地归因为其外向型的经济模式。邓小平试图通过局部试点达到全局最优。在这样的环境背景下，个体通过适应局部环境，并且在这种局部试验中找到解决方案。

在邓小平的任期内实施的很多改革，都被标注为试验性质的。很多地区取得的初步成功试验，最终被广泛应用到更多的地区。一旦一项改革被选定，政府就保证向投资者提供支持，确保改革的延续性，并进一步鼓励投资行为（Root，2006）。将简单的规则传播开来，整个体系的交互动力就得到了释放。这种边学边做的过程为复制成功的做法和模式提供了极其优渥的条件。由于不必满足其他国家所列出的全球适应性标准，提高局部适应性的变革往往会被选中。凡是在中国背景下有益的变革，都能迅速地得到吸收、应用和推广。但是如果没有对外开放，内生性会抑制适应性的生发。通过对外开放，中国的制度体系能够因应世界经济的变化而不断进化。邓小平意识到，为了增强适应性，中国必须快马加鞭，以加倍的速度来赶超竞争对手，这就是人们形象地类比的红桃皇后假说，即相对于其竞争对手的社会体系，中国必须快速增强自身制度体系的适应性。[7]

邓小平认识到，为了让中国能在共同进化的整个系统中保持相对的适应性，将中国融入全球竞争的外部环境下还是有必要的。即使在中国政府的监护之下，企业也必须有一定的盈利能力，从而避免被重组；如果企业不能实现商业化，政府将很快切断其贷款来源。商业化有力地保证了市场力量对企业优胜劣汰发挥的功能。

> 中国共产党的领导地位非但没有被削弱，反而通过改变全体党员的动力机制，进一步增强了他们支持经济改革的能动性。如果中国首先照搬西方模式实现民主化，地方的党员就可能因为担心无法保障其在政府中的发言权，而把更多的精力投入如何重新赢得选举中去。然而，在目前的改革方式下，因为地方的党员也在最基本的受益者之列，所以他们能够排除后顾之忧，积极地利用在政府内的影响力，大力促进本地的经济增长（Li，1998）。

中国在改革过程中并没有听取西方的建议，快速实行私有化，而是采用了渐进式改革策略，一方面在保留国有部门的基础上促进其走向商业化，另一方面为私营部门的成长创造良好的环境。中国政府拒绝土地私有化，而是逐步放松对农业的管制，允许农民在完成集体配额后销售剩余的农作物。中国在其他领域同样采取了双轨策略，例如采煤业和钢铁制造业。与其对国家的工业资产实行私有化，中国开启了乡镇企业的商业化，允许地方政府占有一定的股份，并获取相应份额的经营收入。政府允许无名银行账户存在，不问资金来源，目的是引导资金最终流入政府控制的银行部门。由此可见，中国政府采取的改革措施是错综复杂的，而且不同于传统的思路和做法，但是其目标是十分明确而坚定的，就是尽量减少一系列社会变革带来的抵触和震荡，确保个人在追求自身利益的道路上不至于损害集体利益（Lau，Qian，Roland，2001）。

邓小平允许引进外资来支持国内的教育事业，允许中国人到海外学习，并鼓励他们将从各国学到的知识带回国内，用以支持中国的经济建设和文化建设。所以，在 21 世纪初，中国已经成为全球大脑的一部分（Bloom，2000）。毛泽东花了 30 年的时间，将现代化的观念植入中国文化中，而真正将之付诸实践并取得辉煌成就的，是中国改革开放后的 30 年。中国渐进式的改革发展决策虽然被批评为过于保守，但是对于中国领导人来说，过程的稳健比急于求成的结果更为重要。

在某种程度上，中国没有印度那样的历史包袱，因为中国共产党摒弃了很多陈旧的文化习俗，如种族和阶级区分。中国选择的投资战略，旨在提高工业制造能力，如此能够最大限度地利用其最充裕的人力资源优势。中国的经济产能在很大程度上来自优化的劳动力输出，而不是来自领先国际水平的科技，高科技产业毕竟仅限于少数的专业人群。但是，在这个过程中，中国推出了很多应用型的创新，使其工业制造能力在全球范围内展示了不凡的竞争力。

中国的试错过程与印度自上而下的体制设计具有根本性的区别，然而关于这两种体制的选择却有一个共同点：本国达到顶峰意味着在全球达到最优。对全球体系的参与程度越高，联系越紧密，结果也就意味着情境越混沌。当联系相对疏离时，即便全球体系发生变化，本国经济所受的影响也微乎其微。参与全球体系会使优化问题变得更加复杂，更易受到外界因素的干扰，进而超出本国可控的范围。在此形势下，仅仅局限在本国内部寻找解决方案已经不够了。与此同时，日趋与世界互依互联的印度和中国将对全球治理产生巨大的影响。当两个主体沿着不同的路径攀登适应性顶峰时，冲突将在所难免。

计划还是权变

在建立现代经济的问题上，关于印度和中国哪一种模式更好的争论，实质上是关于自上而下的控制与渐进式学习这两种方式哪一种更为适宜的争论。自 1950 年印度政府创立之初，直到 20 世纪 70 年代的巅峰时期，印度计划委员会运用自上而下的方式发动了声势浩大的社会改革。该委员会的任务是在评估国家资源的基础上，以快速全面提升国民生活水平为目标制定国家发展战略。印度的五年计划设计了一套完整的工业经济建设蓝图和指导意见。为了集中资源在全国范围内大刀阔斧地消灭贫困问题，委员会针对各种可能出现的问题制订了预案，旨在为印度创建一种综合而高效的经济模式。为此，委员会被赋予了高度集中的权力，不停地举办研讨会，在世界各地展开关于经济和社会发展的讨论。这个委员会的很多前任成员如今成为世界上多所大学里的著名教授。

印度计划委员会设计了一套全方位的国家经济协调机制，而结果却使印度陷入了长达 40 年的低速增长。虽然带来了大量的投资，但贫穷依然是这个国家难以治愈的顽疾，重工业一直萎靡不振。中央计划无法适应自下而上的变数，也不能在印度混沌的环境中找到一条适应当地多样性并促进其健康发展的路径。少数项目按计划如期完成了，但由于当地社会组织的交互影响，各种五花八门的问题甚嚣尘上，致使大量的项目偏离了计划的初衷，复杂的黑市经济蔓延到社会的各个角落。商业创新失去了方向和土壤，创新者很难为他们的企业找到提升规模和扩大范围的资源，整个国家的生产力因之困顿乏力。[8]

中国的规划者从未像印度的同行一样成为耀眼的明星，但是他们尝试了多条途径，先从自上而下的微调开始，然后再逐步确定哪一些方式才是更好的解决方式。在邓小平宣布开放中国经济之后，中国政府多管齐下，既要促进改革，又要保持稳定，并且通过多种局部的试验加强了社会组织以及全社会的学习能力。

邓小平扩大区域多样化的主导思想是发现什么更有效，而不是下令什么更有效。为了鼓励地方政府大胆尝试，他不仅展示了宽容的态度，而且允许地方政府保留一部分它们创造的剩余价值。将制度创新与政策激励有机地结合起来，在为各地政府排除了后顾之忧的同时，也把它们的积极性充分调动了起来，促使它们竞相找到因地制宜的解决方案。邓小平的战略是鼓励不同的主体在不同的领域尝试不同的做法，以寻求局部最优的发展道路。结果证明，这种策略是成功的，通过试验形成了百花齐放的局面，各地不同的项目和做法不断累积，为中国面对的问题提供了不同的解决方案，数以百万计的经济实体也随之茁壮成长起来。

在当地取得成功的项目在政府的大力支持下得以复制推广，所取得的经验得以推而广之，供需要更多资金的大型项目作为参考范例。家庭联产承包责任制以及乡镇企业形成了基层经济发展的主流，为当地的就业和生活水平的提高做出了开拓性的贡献。成功的项目被不断复制成适应性更强的项目，每一次复制都会对项目有所调整，并允许随着时间的推移予以改变和改善。[9] 行政人员在官僚机构中的职业生涯也是按照自下而上的方式成长起来的。他们必须在地方管理中获得卓越的政绩，并且积累了相当的经验之后，才能够擢升到更高层的核心岗位上。深入基层进行挂职锻炼所取得的成功经历，成为晋升到国家政治核心的必要条件。相比之下，印度的公务员招募体制则等级森严：入职考试就基本决定了一个人的职业层次，职业流动性很低。最初的排名影响终身，以至于 98% 的官员看不到职业晋升的前景（Root, 2006）。中国的做法更接近进化的模型，所有的变化来自基层，而不是依靠一个自上而下的优选方案。印度的黑市在规模上足以与正规的部门一争高下，而中国的模式则能够确保绝大部分的社会资本流入国有银行，而不是参与黑市活动。

然而，中国成长模式所体现的进化逻辑尚未得到国际发展界的肯定。对于人型的发展项目，无论是在理论方面还是在实践方面，后者更加赞成首先由大型的国际机构在总部进行总体构思，将目标锁定为追求最佳的实践，而不是差异的最大化。但历史证明，竞相争取国际援助项目并没有使项目的受益者达到当地最优的状态，反而导致当地组织围绕临时性的、非正式的解决方案耗费了大量的精力。

国际援助不但没有促使经济增长达到一个极高的水平，而且也没有帮助发展中国家找到融入全球经济的条件，这种自上而下的方式无意间阻挠了组织能力的本地优化建设。加强内部互动，是催生社会化合作和竞争的基础。而为了获取外部援助项目的竞争却背离了这一功能，反而弱化了本地的自主创新能力。但是，中国和印度的发展轨迹具有一个共同的特点。印度面对的贫穷问题超出了任何国际社会的能力，而中国则无从获取永久的国际援助，所以这两个国家都根据自身情况找到了它们与世界其他国家开展互利互动的方式。

成熟度和复杂性

随着中国的经济和政治制度变得日趋成熟而复杂，中国如果在未来发生突变或巨变，其影响将是有害的，因为这样会扰乱自1978年以来逐步建立起的转型机制。既然大部分突变对于一个复杂而成熟的有机体都是有害的，所以随着系统的成熟，变化的概率将减小。同样，在一个成熟的政治体系里，社会制度的突变具有更大的破坏性，“一个系统中相互制约的各个部分之间，冲突的概率会迅速增加”（Kauffman，1993）。革命性的跨越不太可能成功，反而可能带来完全随机的后果。有鉴于此，我们推测，随着中国经济体制的成熟，当前的体制改革将长期延续下去。这种正常改革的目标并不是引领中国向自由主义靠拢。在第9章，我们将提出一种并行的政治现代化模式，而非全球共享的趋同规范。

尽管中国一直在追赶业已成熟的工业经济体，但中国未来的增长不会重复西方世界走过的老路，其未来增长的速度和稳定性将更多地依赖全球的发展格局。中国已经与全球的主要经济体紧密地联系在一起，相互依赖性与日俱增，但是全球的经济动荡也会增加中国经济的脆弱性。其未来的增长将与全球体系的转型密切关联，同时也会受制于宏观层面的全球贸易规则。随着中国更加深刻地认识到相互依存带来的影响，其在世界舞台的行为是否会发生改变呢?

后发优势

是不是有些国家天生就更偏重于内向，而缺乏冒险精神？它们在满足于相对自给自足的同时，是否将坐等不请自来的变化？情境生态学为政治体制的动态属性提供了有益的启示，即环境中某一部分的变化会影响另一部分的变化。尽管国际社会对最佳实践的鼓吹喧嚣震天，但充分理解系统内部各个组分的相互依存和联系，能够让我们更加相信这个世界的变化往往是细微的，而不是突兀的。系统内部各个因素的相互依赖限制了系统功能的优化（异位显性）。斯图尔特·考夫曼经过考证发现，在生物进化中，只有当一个特征的改进大于其他特征带来的消极影响时，它才有望促成整个系统的改进。[10]

如同一个复杂的生物体，社会结构以及社会变迁也是在相互依存中进行的。在某个单一的政体或经济体中，某项制度的突变会在不同方面影响其他制度。一个进化中的社会在增加复杂性的同时，改变的势能在减退。只有当系统中某一部分的创新小于其对整个系统造成的不良后果时，我们才能说系统得到了总体的改进。如果一个相互依赖的复杂结构限制了系统的适应潜力，将个体的适应性降低到系统属性的平均水平，那么就可以说这个系统达到了一个平衡点（Kauffman，1993）。[11]例如，如果喷气式飞机的机翼有足够的轻度和长度，能够实现水上降落的话，那么它也许不能够支撑其引擎飞越海洋。社会规划师与一架飞行器的设计师面临同样的困扰：如何将各种部件配置到一起，才能够实现最优化的运行。恩斯特·迈尔精确地捕获到了这一协同进化的困境：

> 有机体是一个极其均衡而和谐的系统，每一个部分的变化都会对其他部分造成影响。试想，一匹马随着牙齿的增长，其下颌骨就会变大，最后头颅也会变大。为了能够支撑变大的头颅，整个颈部就需要重建。变大的头颅对身体的其他部位都有影响，尤其是负责运动的部位。这意味着为了获得变大的牙齿，整匹马的结构都要在某种程度上重建。一项关于解剖高冠齿马的精细研究证明了这一点。当然，整匹马的进化形成过程是非常缓慢的，当涉及整个物种基因改变时，这需要经历数千代的进化才能完成。

随着一个国家适应能力的增强，其利益团体和体制也会趋于固化，一个组成部分的变化对整体的影响也趋于式微。“锁相”的出现，意味着一个系统的适应性渐趋平缓。经济历史学家亚历山大·格申克龙（Alexander Gerschenkron）对锁相的动力机制进行了认真的研究，基于落后的经济体如何迎头赶上，提出了“后发优势”理论（1962）。他指出，一个国家的落后程度决定了其经济发展的起点，于是也决定了需要选择怎样的政策来促进其发展。对比德国的迅速崛起和 20 世纪早期英国的停滞，西奥多·维布伦（Theodore Veblen，1915）认为，前者的后发优势应归功于它没有为适应当代的最佳实践设置障碍。在进入全球化的初始阶段，受益最多的是那些适应水平较低的区域或者组织，例如中国等东亚国家和印度。而相形之下，拉丁美洲由于在二战之后首先享受到了较高的生活水平，所以追求适应性的动力反而不足。再比如，东亚在1960—1990 年的起飞阶段之所以取得了宏观经济的稳定以及由此带来的高投资率，是因为利益集团的锁相尚未发生，政府得以采用最新的规划蓝图，并能够轻易地将各种资源调动起来。而那些先行一步的国家，反而由于既得利益集团的阻挠，抑制了自身的适应能力，造成了社会资源的长期闲置。

法国、英国和美国作为二战的战胜国，为什么在 20 世纪 70 年代深受滞胀、失业和通货膨胀之苦，而作为战败国的德国和日本却能飞速地提升工业效率，扩大了其在世界经济增长中的比重？曼瑟·奥尔森在其记述中也想到了锁相的因素（Olson，1982）。

全球动荡的情境

随着全球互联互通的加强，第一梯队的工业化国家主宰全球体系的日子已经一去不复返了。面对世界范围内各种力量的此消彼长，它们同样无法逃脱外部力量对其稳定性的困扰。19 世纪的美国就是典型的平坦情境，几乎完全能够在应对当地出现的挑战中进化。它们有条件在独立思考的基础上选择最优的解决方案，因为它们在各方面享有得天独厚的生态环境，与其他国家的交集和相互依赖性相对有限。其内部的紊乱不会招致外部的干涉，即使在严重的动荡期间，例如内战，也没有受到外部势力的搅扰。即使英国暗中支持南部的联邦，也没有直接提供军事援助。依靠其历史和地理的优势，美国得以在全球事务中进退自如；无论是将外部世界拒之门外，还是积极参与进去，它们几乎可以做到随心所欲。显而易见，美国一马平川的地平线使其经验难以复制到其他任何国家。尽管仍然在参与全球事务中享有纵横捭阖的优势，但是美国也发现，它自己创造的激进的全球化政策很难维持全球当下的生态。

自 2003 年以来，全球的互联性甚至给先进的国家增加了不稳定性。发达国家公司的股票价格与新兴经济体的金融市场同频共振。例如，2012 年拉丁美洲的私人股权发生了大幅的价格波动，据推测其中有 40% 是由东亚的股票市场波动引起的；而最引人瞩目的是，10 年后同步值上升至 82% 。在 2000 年，外部冲击对世界领先经济体产出的影响是 20% ；10 年后，这种影响已经增至 40% 以上，即使美国经济也不能够逃脱这种相关性。世界最大的经济体也必须适应这种同舟共济的生态环境，为了应对政治动态的复杂性问题，美国的体制改革也到了势在必行的境地。

进化和优化的壁垒

鉴于上位效应的存在，适应性情境为制度的选择提供了一个有用的视角。然而，当考虑到环境中可能存在的差异程度时，情境生态学与进化思想都暴露了其局限性。假如环境中没有阶段性的重大转型，包括我们人类在内的既美好又复杂的生命就不会存在。物理学家高培焕、古生物学家史蒂芬·古尔德以及进化生物学家斯图尔特·考夫曼证明，全球地貌的突然变化会对所有生物的生存环境造成雪崩似的影响。为了探索需要具备哪些条件来抵御极端事件，下一章我们将重点从对情境的研究切换到主体彼此交互的网络上来。

第 7 章
现代国家的制度结构和网络行为

引言

历史上一直存在一个巨大的谜团：中国数千年来的大部分时间里都属于皇权专制的统一天下，但是为什么中国没有做好准备，迎接欧洲的工业化及其称雄全球的挑战呢？为什么工业革命发生在欧洲，而与中国失之交臂？而中国早在公元 9 世纪就发明了火药，但为什么直到 20 世纪才将其研制成爆炸性武器，欧洲却后来居上，在 15 世纪 30 年代就已经用它作为攻城略地的武器了？

奥匈帝国的哈布斯堡王朝和中国的清朝大致在相同的时代，同样经历了缓慢而痛苦的衰落过程。然而，哈布斯堡王朝统治的败落并没有阻止欧洲其他国家前进的步伐，可是反观创建清朝的统治者，其弊政却拖后了中国至少一个世纪的发展。原因何在？要回答这些问题，我们需要考察两个王朝的权力建构，以及借此建设国家的道路存在何种差异。权力建构有集中和分散之分，也有中心辐射和外围聚拢之别，正是基于这种分别，我们也许可以找到一定的线索，辨别一个国家系统是否具有韧性和增长的潜力，是趋于钙化还是走向堕落。

从系统的角度考察，我们可以在一个建构中捕捉某些周期性的特征，并确定它们在塑造创新环境中的重要性。不同的建构意味着不同的适应能力，进而决定了一个体系的韧性；而从识别其简单差异入手，我们便可以理解东西方之间存在的许多重大分歧。本章还将探索网络化结构中一个至关重要的议题：如何构建优化的社会结构，使之适应加速军事技术开发的能力。

网络行为和东西方的分歧

在 1992 年发表的一篇经典的论文中，罗纳德·波特（Ronald Burt）对社会建构进行了专题研究，重点评述了支持有效决策的组织能力。围绕集中（中心辐射型）和分散这两种结构的类型，他证实了前者更有利于加强领导层的决策能力。

集中化的结构能够为获取和监控信息以及把握时机提供更大的便利，有助于在时间、精力和资源等方面节省管理成本。减少冗余的联系有利于提高信息向中心流动的效率，同时也能有效地维护权力中心的影响力。这种建构的优化作用还体现在信息流的掌控方面，因为与其将网络中所有的节点作为联系的对象，中央决策者能够将手中的资源集中奖励给贴近轴心的节点，放手委托处于这些节点上的要员来承担管控和维护整个网络的任务。如有必要，处于网络核心的决策者还可以利用手头的资源拓展权力的辐射范围，直接指挥第二围的网络节点。总之，中心辐射型建构的决策者比分散建构的决策者更具竞争优势，后者不得不介入更多的网络节点和更加密集的联系，所以必然传递更多的冗余信息，结果降低了效率（Burt，1992）。

常理似乎支持波特提出的关于集中化、中心辐射型建制的优势，因为人们很容易假定高密度的网络建构会阻碍覆盖全系统的协调功能，维护大量组件双向和多向的沟通会产生高昂的成本，并带来更大的难度，既造成了浪费，又平添了网络的脆弱性。

然而，波特的正确性只是片面的。的确，分散式的网络建构由许多密集的节点组成，更加难以监督，因此更容易受到重大事件的冲击。但是，它能够更好地适应一个不断变化的环境，也更能游刃有余地化解重大事件的破坏性。这种密集网络的活力不仅体现在一个中心枢纽上，而且也彰显在系统的层面上。假如某条中心线路甚至枢纽发生故障，整个系统也不至于遭受致命的打击，因为其他组件会迅速地填充进来，继续支持系统的运转。

波特忽略了这些系统层面的特性。中心辐射型建制从根本上弱化了系统层面的特性，也增加了整个系统崩溃的概率。如果中心停摆，整个系统就会迅速瘫痪。因为每个节点都是和中心联结的，而不是相互联结的，所以系统一旦失去核心的内聚力，接踵而至的命运便是全面的崩溃。

9 世纪欧洲的巨变显示了系统韧性里存在的差异。查理曼大帝一心想创建一个覆盖全欧洲大陆的基督教帝国，在其失败之后，欧洲的国家体系不久便发生了演变。他所奠定的神圣罗马帝国瓦解了，而随之出现了多轴心的结构——没有单一峰值或霸主的秩序（梯级结构），尽管每个轴心可能在某个特定的时期处于强势地位。由贵族统领的小王国遍布了整个欧洲，既而支撑了系统的连续性。在这个网状结构的系统里，网络中的节点（小王国）本身并没有固定的联系，但其中仍然有少量或明或暗的纽带将大部分的节点联结在一起。作为其中的子系统，贵胄的家族证明能够适应变化的冲击，继续维系整个系统的运转。这种系统的韧性来源于大量的节点交互联系的密度。

相比之下，中国早在公元前 221 年便开始了统一的皇权统治，这种大一统的帝王建制一直延续到 20 世纪。其最后一个封建王朝，即清朝，从 1644 年持续到 1912 年。中国的王朝周而复始，但是每个朝代与前一个朝代如出一辙，都渴望由中央集权一统天下，包括控制整个文化空间。早期的统一无疑使中国实现了更高水平的商业融合，建立了统一的标准，并推出了更先进的技术，尤其是用于灌溉和纺织制造的技术。另外，相比于欧洲，中国的城市化水平也力拔头筹（彭慕兰，2000；Wong，1998）。所有的商业交易和大众交往都能做到“书同文，车同轨”，覆盖整个帝国的官僚体系能够将有效的公共管理技能应用于更大的地理范围和更多的人口。大多数朝代维持领土主权完整的时间也更为持久，比如明朝连续了276年的统治，在时间上远远超过了同时代的欧洲政体。这似乎支持了波特的结论。

网络结构和系统韧性

对于自然界复杂系统的动力机制的最新发现为普遍的复杂系统如何生存提供了线索，其中所揭示的关于网络的特性暴露了波特的盲点。自然界的复杂系统具有一个共同的组织原则：系统中的各个组成部分都属于嵌入在一个网络中的各个节点，有些节点与多个节点以及核心枢纽交织密切，而其他的节点则是相对孤立的。从这个意义上说，任何节点都没有固定的标度，而由众多节点构成的网络被称为无标度网络。

大自然永不停歇，一直在巧妙地编织着复杂的网络，呈现出一种分散的无标度网络形式。昆虫群落、免疫系统、神经系统、大脑、生态系统、天气、海洋、沙漠和生物进化本身，都是通过自组织形成的无标度网络的例子。但是它们也表现出不同程度的韧性，因为在系统本身瓦解之前，其内部大量的组成部分首先会面临消亡的危险。

无标度网络也可以是人为的。譬如，电网、航空系统、交通和万维网等，都可能遭到破坏性的攻击，但是由于系统包含多个枢纽中心，即使一些枢纽中心发生随机性的失灵，网络依旧能够保持运转。在任何网络中添加额外的联系，都会耗费精力、时间和维系关联性所需的资源。所以，自然界生成的系统如此丰富多彩并相互关联，这是任何人造系统都无法企及的（Jackson，2008）。

无标度网络之间也有结构和程度上的差异。例如在中国，权力是由外部的组织原则创建的，因此其结构至今仍然呈现阶梯式的分布，而不是分散在各个节点上；中国的建制模式突出了随机分布的主体，其中复制的动力是由中央集中维护的。这一现象限制了传输路径或者单一突变的影响。然而，中国的系统仍然具有无标度网络的所谓小世界特性。这些小世界特性存在于中国共产党的精英群体当中，能够保持标度的不变性。欧洲广泛分布的权力结构更接近自然界无标度的系统特性。[1] 本章的其余部分将探讨这些社会结构中的差异如何改变驱使国家建设进化的动力。

西方社会竞争的网络结构

自从公元 814 年查理曼帝国解体开始，欧洲国家体系的演进，没有一个确定的、集中的外部的组织原则可以遵循。在欧洲历史上，没有某个单一的民族联盟或者统一的精英群体能够长期主宰整个大陆。[2] 优势从一个中心转移到另一个中心，没有任何一个中心能够获得垄断性的胜利，现代德国称霸欧洲大陆的野心同样以失败而告终。而欧洲国家体系的活力，则正是源于极其薄弱的中央控制。

新武器技术在欧洲迅速扩散。既然同处于一个系统之内，一个国家对战场技术的适应性被快速地变为其他国家的战略。这种闭环反馈非常紧密，就像青蛙和苍蝇。苍蝇的腿变得越长，青蛙的舌头就会变得越黏。同理，欧洲的信息流速极快，每一次创新都能迅速地引起回应。[3] 技术变革能够改变一个轴心，也能增加新的轴心，因为不存在一个高高在上的统御者来宣判某种创新是非法的。

分散的经济增长给例如法国国会议员、城市资产阶级和专业协会等新兴的精英群体创造了机会，例如，伦敦律师协会能够与封建统治的官僚体制并行存在。印刷术等技术的应用，让那些思想活跃的传教士如虎添翼，有力地促进了思想的传播，从而削弱了罗马教廷对意识形态一手遮天的可行性。[4] 随着经济的扩张，新兴的势力不断填充网络的节点，进一步促进了权力结构的分散化，使欧洲的国家体系愈发排斥集中化的中央控制。[5]

不过，欧洲的社会秩序也存在保守的一面，主要表现为精英统治的连续性，而且研究欧洲历史的大部分学者都认为，这种连续性还是很显著的。从根本上讲，欧洲的精英血统似乎具有顽强的生命力，经受住了长时间的考验："贵族势力历经了约 750 年的沧桑而得以保持岿然不动，而在此期间其他的一切几乎都发生了翻天覆地的变化"（Hexter，1961）。英国历史文化学家和中古史学家萨瑟恩（R. W. Southern）总结道："例如，英格兰的技术和人口尽管发生了剧烈的改变，但其基本的治理结构仍然率由旧章。"骑士贵族的缓慢出现设定了欧洲几百年的社会基调，期间并没有发生过任何戏剧性的事件，或者明显地遇到过决定性的关头。[6] 通婚是欧洲贵族势力相互盘结的传统，它一方面可以引起系统结构的变化，而另一方面也通过血亲纽带建立起沟通的渠道，确保了整个大陆在不断的变化中维持一定的均衡。这种精英体制之所以能够绵延上千年屹立不倒，是因为贵族中的个人和团体能够适应各种机会，通过获取更多的资源来维护系统的增长。这种延展的无标度的结构赋予了欧洲自组织的能力，进而保持了系统的稳健。

一般人只看到了欧洲立法的连续性，但没有从中发现一个特定的规律。"那个时代真正构建系统秩序的潜流甚至逃避了同代人的双眼，"萨瑟恩继续说，"毫无疑问，也不会引起我们多数人的注意。"自公元 814 年查理曼帝国解体以后，欧洲经历了一段缓慢的复苏，及至中世纪中期奠定了社会秩序的基础。“君主制和贵族制，至少从形式上表现为法律和法院、教区和教堂共治的格局，这是当初经过数个世纪形成的最为显著的特征。”

那么，欧洲贵族是如何得以长期维护其统治地位，既能保持连续性，又能适应变化的呢？我们可以用无标度建构的韧性来解释欧洲贵族和欧洲国家体系的特征，这二者可谓相得益彰。皇室既是无标度网络中的轴心或枢纽，也是无标度网络本身。贵族中间也曾尝试过等级结构，例如，教皇、神圣罗马帝国的皇帝以及受膏的法国国王克洛维，都曾建立过等级制度。但是，所有妄图在全欧洲推行皇室等级的举措很快被证明是徒劳无功的。欧洲是高度区隔化的，没有某个家族或者团体能够独占鳌头；一个由松散的枢纽连接而成的网络从英国蔓延到俄罗斯，而这些枢纽又由内部相连的贵族家族构成的节点组成。某一个王子或者公爵被移除，对于欧洲的正式组织影响甚微。王室和皇室构成了枢纽，但是贵族家族相互关联形成的节点并不一定对他们的指令俯首帖耳。

无标度的网络格局为技术的扩散提供了便利，继而又为新节点的增长创造了空间，使贵族得以了解并把握机会。贵族拥有多条社会交往和沟通的途径，包括和亲，同时也有机会结交新的精英、国会议员、资产阶级以及专业协会（Chaussinaud-Nogaret，1970；Richard，974）。相对于人为的集中式的权力建构，欧洲的自组织和分布式的权力建构更加盛行，甚至占了上风。

周而复始的创新为欧洲带来了独特的经历，这应归功于小王国或者诸侯中的精英所展开的内部竞争。欧洲能够接受并鼓励推行技术或体制创新引起的间断或停顿，因为它们只有两个选择：要么拥抱科技创新，要么等待竞争对手的重创。这种生死存亡的选择不断地驱动着整个系统的创新循环。子系统之间的密切反馈促使网络在适应创新的同时，不至于损伤系统层面的功能。即使特定的王朝消亡了或者被战败了，系统层面的韧性依然能保持活力。总而言之，欧洲特有的韧性源于系统建构的特性。

欧洲的变化：战争、技术创新和欧洲体系的韧性

进化生物学家用间断均衡来描述全球生态在特定条件下遭遇的严重破坏：当一个较长的静止期遽然被打断时，一群优势物种突然灭绝，其他的物种则取而代之。这种在物种级或更高层级的变化，被称为大进化或宏观进化。在自然界，主要功能的革新，例如长出具有听觉的耳朵或者具有视觉的眼睛，同样可以通过大进化的方式对环境造成间断，改变其他生物的生存规则。[7] 这是一个关键点：间断可以对系统产生大进化的影响（Gould，1989、2002、2007）。[8]

类似于生物学中的间断均衡，社会领域的科技进步，尤其是军事科技的革新，也不时地对欧洲的国家体系造成间断式的影响（Hodgson，1996）。[9] 对于欧洲军事史上发生的间断性转型，研究军事和外交的历史学家曾做出过广泛的评论，认为系统的交叉选择造就了结构的推陈出新。杰弗里·帕克（Geoffrey Parker）在他的《世界军事史》一书中提到："科技创新，以及与之同样重要的应对科技创新的能力。"是西方战争最为突出的特征（Parker，2005）。[10]

欧洲社会结构的第一次间断发生在中世纪的后期，期间的军事科技创新改变了维持社会秩序的资源分布。中世纪的战争所依靠的是社会契约，其中包括一位贵族成员、一位骑士及其封建指挥链上的领主。领主将采邑册封给骑士作为主要的生产方式，而作为获得封地的交换条件，后者必须在领主的军队中服役。这种精英之间的契约塑造了欧洲贵族的社会特征（Strayer，1970）。但是，长弓和长矛等新式武器的出现，提高了普通步兵的重要性，而纵马驰骋疆场的骑士，地位则随之开始渐行衰微。[11]

1356 年的普瓦捷战役是英法百年战争中一场决定性的战役（1337—1453

年)，在此次战役中，被训练使用长弓的英国步兵打败了法国马背上的骑士。而等到 1960 年，步兵革命又帮助英国夺得了法国三分之一的国土，并使其得以行使完整的主权。法国国王们迟迟不敢贸然对入侵者发起抗击，与其将饱受自己压迫的农民武装起来，他们的首要任务是设法避免挑起国内的阶级战争。直到 1430 年，法国的加农大炮对英国的防御城门和城墙所向披靡，是炮火革命克服了包围战中的防御优势。从 1449 年到 1450 年，英国在诺曼底的 70 多个要塞相继失守。在 1453 年，加农大炮摧毁了英国贵族在法国领土上的所有城堡和防御工事，把英国人赶出了欧洲大陆。[12] 法国君主并没有就此刀枪入库，而是继续改进加农炮的精准度、射程和移动性。不久，法国部队把大炮对准了一个个壁垒森严的意大利城邦，结束了它们的独立地位，将其变成了欧洲大陆一只任人宰割的羔羊。

对于法国君主来说，运用移动大炮只是取得了一种战术上的优势，而其真正的理想在于维护爵位继承人对社会的长期统治。不过，军队组织能力的建设产生了意想不到的社会影响。饶有风趣的是，为士兵们锻造大炮和编制大炮的操作程序，使那些城镇居民提高了技能，同时也增加了国家对于技术专才的依赖。

在 17 世纪初叶，法国继续发展其炮火技术和包围战术，用以压制那些近乎独立的自治市，例如西部的拉罗谢尔。这些城市不仅依托其高墙深壕的堡垒维护了自治权，而且这些城市中很多人都不是天主教的信徒。城里有许多受过教育的新教徒商人和工匠，他们的技能对于加农大炮的发展至关重要，但不幸的是，他们最终也成为这些武器的受害者。在法国天主教皇将这些城市飞地的防御工事夷为平地之后的 1685 年，与宗教改革相关联的商人阶级有的最终被迫皈依了天主教，有的被赶出了法国。20 多万人选择了移民，他们也随之把一度令法国称雄欧洲的金融和工程技术带到了荷兰、英国、瑞士和新世界（尤其是美国）。

就在法国忙于在欧洲大陆部署加农大炮的期间，其竞争对手则运用炮火开始了海外远征，大肆开拓自己的海外帝国。它们用轮船来运输加农大炮，并启用精通加农大炮的士兵，去攻占全世界的古老王国。欧洲对全球的殖民统治始于16世纪中叶，大型的坚船利炮帮助葡萄牙人和西班牙人率先在巴西、非洲和亚洲建立了海外帝国（Parker，1996）。一个世纪之后，英国人和荷兰人争相效尤，并且其海运的技术和大炮的火力已经得到了明显的提升。1805年10月21日，超级舰载火炮帮助纳尔逊爵士在特拉法加之战中一举击败了法国和西班牙海军联合舰队。1842年，英国海军舰队进犯中国的扬子江，逼迫清政府签订《南京条约》，对其授予自由通商之特许权。1854年，美国海军准将佩里（Perry）凭借加农炮舰强迫日本开放港口，与美国通商。

迈克尔·罗伯特（Michael Robert）1956年发明了“军事革命”这一术语，来形容近代战争中的技术和组织创新。这一阶段肇始于1560年，目的在于加强君主制国家的军事实力。对于古斯塔夫·阿道夫国王（在位时间为1611—1642年）领导的瑞典军队，结构及战术的改变大大增强了其战斗力，使其最终赢得了“三十年战争”（1618—1648年）。[13]对于那些为军队提供支持的官吏来说，钻火枪手的线性布阵法戏剧性地提高了他们的规模和专业素养。[14]因为单从物流管理的角度来说，把金条运往前方，按时分发给士兵，本身就是一项艰巨的任务。如今的豪门大户将原先为战场提供补给的本领，转换成了基金管理和资源配置的能力（Elton，1953）。

法国路易十四国王完全吸收了军事革命的战略和战术精髓，所以能够科学地管理王室的资源，高效地为部队提供武器、给养和各项开支。他在战场上之所以取得节节胜利，让敌手望风而逃，很大程度上应归功于他运筹帷幄和建立管理系统的能力。

军事历史学家克里弗德·罗杰斯（Clifford J. Rogers）评述说，军事科技的改变——从起初的步兵革命，到后来的炮火革命——“改变了欧洲的战争模式”，为社会和政治生活带来了深远的影响。如前所述，步兵革命结束了骑士的至尊地位，炮火革命使掌握技能的城市中产阶级得到了重用。然而，封建社会制度却始终保持完好无损，尽管科技进步改变了社会秩序和战争行为，使这些制度失去了道德和功能性的理由。这些变化所产生的政治影响一直被置于封建王权的高压之下，直到法国大革命爆发。

路易十四在 17 世纪欧洲战争中的策略，对法国的权力结构产生了深刻的影响。贵族在封地中支配农民的私人权力必须从属于国王的代表（专员），这实际上等于在没有改变宪法结构的情况下改变了社会的权力分布。但是，剩余的贵族特权（向佃农收租）却仍然保留了下来。这样一群权势衰微，却继续巧取豪夺且装腔作势的剥削阶层，日益引起了全社会的蔑视。

同时，君主体制也逐步进入了一个矛盾的角色。它一边宣称要保护广大公众的权利，一边还要保证没落封建贵族的特权，这种双重角色的矛盾导致了其合法性的危机。永久地保留和随时调动军队，需要财政和组织创新，律师、官吏、钱商和富裕农民的地位于是得以提高，因为他们既是国家税收的来源，也是社会秩序的维护者（De Tocqueville，1956；Furet，1981）。[15]最终，由社会底层推举或认可的代表也具备了号召力，可以为民众表达心声，反抗封建地主的残余势力。

废除封建特权，首先起始于法律诉讼，而这项运动一直延续到 1789 年法国大革命的前夕。1791 年叛乱之后，贵族旧政权领导的军队解散了。几乎一半的官吏被流放海外，后来纷纷在奥地利、英国、普鲁士（后来的德意志帝国）和俄罗斯帝国加入了对抗法国的反革命武装（Archer 等，2002）。1793 年 1 月 21 日，法国君主路易十六被送上断头台，从而改变了欧洲体系内关于国家合法性的基础。[16]

法国不久开始推行了大规模的兵役制，起先是 18 ~ 40 岁的单身青年被强行征召入伍革命军，最后是所有的男丁统统被动员起来，实行全民皆兵。民族主义的思潮甚嚣尘上，全国总动员的宣传活动铺天盖地，甚至渗透到小学的义务教育领域。到 1794 年，法国有 75 万市民入伍，另有 25 万人作为预备役，总数比路易十四时期高出三倍。部队的军官职位曾经有 85% 掌握在法国贵族手里，而到了 1794 年，这一比例变成了可怜的 3%。

招募军官的标准由过去的出身或地位转向了能力和资历，于是弥合了军队当中社会阶层的鸿沟。贵贱平等、官兵一致的部队作风，促进了法国军队灵活指挥和机动作战的能动性，简直令所有的敌手不寒而栗。无论是沟通效率的改进，还是内部凝聚力的加强，任何一支由农奴和雇佣兵组成的军队都无法炮制法国军队的管理模式。如同之前的步兵和火药革命，军队总动员加上军官队伍的职业化，都体现了间断变化的大进化效应。[17]

1806 年，拿破仑在耶拿和奥尔施泰特以不到两周的时间击溃了普鲁士军队，后者在积极性和机动性上的缺陷暴露无遗，所以陷于全军覆没的绝境。对于法国的敌人来说，唯有在雇佣、训练和指挥等各个方面推行大刀阔斧的社会性变革，才是自我拯救的最佳出路。为了提高军队组织的核心能力，普鲁士需要扩充普通士兵所能执行任务的范围，改进其灵活作战的能力。1807 年 9 月，普鲁士战争学院成立；在军职的晋升方面，由任人唯贤取代了任人唯尊，从而结束了贵族对于军官职位的垄断。同年 10 月，普鲁士解放了农奴，并在第二年施行了有限的市政自治。它在军队里设置了总参谋长一职，全权参与军事决策，发挥军官团里优秀成员的集体智慧，以抗衡拿破仑军团的战术优势。经过了最初短暂的犹豫之后，普鲁士国王腓特烈·威廉三世批准了志愿兵役制、全国民兵制和正式的征兵制。

发轫于法国大革命，欧洲国家体系的专业化，为“英雄不问出处”的政策在军队当中推行首开了大门。然而，普鲁士则将这一政策发挥到了淋漓尽致的地步。法国大革命的力量来自底层，最终颠覆了旧的秩序。而普鲁士的变革力量来自上层的高压，目的在于维护旧的秩序。总之，欧洲战争的进化彰显了欧洲国家体系的一个深层的、决定性的特征：其密集的科技创新，是由一个系统中多种分散的政治势力不间断的军事争霸所驱动的。

在历史上，集权统治机制一旦遭到摧毁，特别是在统治集团所代表的血统消亡之后，多数的国家体系会退化——这是中国在其朝代衰落后国家系统的历史表现。相反，在欧洲，某种血统的出局并不会导致整个系统的瘫痪。众多权力中心群雄逐鹿的态势，不仅刺激了军事科技的发展，而且使之扩散到社会的各个阶层，在客观上突出了对非精英阶层进行投资以培育社会资产的必要性。

欧洲的历史：两个疑团，一个答案

了解网络结构和国家建设方面的知识能够帮助我们破解欧洲历史上的另外两个疑团。为什么拿破仑要冒险率领大军攻打俄国？为什么英国要到北美开拓殖民地，而更加强大的法国却错失了这样的机会？

1812 年，拿破仑集结了全部的部队冒险远征俄国。[18]难道是狂妄自大令其采取了此次孤注一掷的行动？许多外交历史学家一直在追问，为什么这样一位无与伦比的伟大军事战略家，决定贪功冒进，铸成如此大的错误，以致沦落得丧师殆尽，将之前所有的不世之功毁于一旦呢？

事实上，拿破仑明白，欧洲皇室的权力结构具有明显的圈子特征，它作为一个指挥系统的枢纽与整个大陆的外围成员相联结。[19]拿破仑相信，为了维护法国革命的基本价值，唯一的手段就是彻底摧毁这种结构。即使一个枢纽被保留了下来，大革命的成果也会面临倾覆的危险。[20]拿破仑被证明是正确的，因为沙皇尼古拉斯一世统治下的俄国反动势力成为 19 世纪欧洲的宪兵部队，通过镇压 1848 年的匈牙利暴动，帮助奥地利人维护了哈布斯堡王朝的皇权。在沙皇自己的帝国里，斯拉夫人占据了大多数，而沙皇认为自己应该与邻国的君王共同进退，而不是将自己的利益与其统治下的人民联系在一起。

拿破仑依靠直觉洞悉了这种无标度结构的动力机制。他明白，既然这些枢纽被认定为摧毁的目标，那就必须一鼓作气将之消灭干净，以免它们卷土重来。事实证明，他的担忧是正确的：贵族们重新纠集力量，在法国复辟了波旁王朝。其中有一位奥地利帝国的外交大臣，叫作克莱门斯·冯·梅特涅王子（Clemens von Metternich）。他所召集和主持的四国反法同盟与拿破仑几经周旋，最终导致了拿破仑在滑铁卢的惨败。这段历史被后人称作“外交上的滑铁卢战役”。

通过对社会网络的研究，我们认清了欧洲历史上的另一个问题：何以是英国，而不是能力和人口更加强大的法国占领了北美大陆？作为欧洲历史上一位重要的集权主义者，法国的路易十四错过了系统变革的机遇。来自不列颠群岛的激进的新教徒，以及后来获得允许的西欧人陆续在北美的英国殖民地安家落户。但是，法国国王禁止新教徒向法国的殖民地迁徙，在那些地方，教义的纯正性比法国自身更加严格。路易十四不想让这些亡命徒逃离他的掌心，在殖民地找到一个安居乐业的天堂。他们可能会在那里变得富足起来，从此摆脱他的掌控。他拒绝促进经济增长，因为这样会在系统里生成新的节点，所以宁愿把经济机会和特权分配给系统内围的精英，以便继续维持其皇权的至尊地位（Elias，1983；Root，1994）。

在北美定居下来的激进的新教徒，最终使英国暗度陈仓，成功地规避了法国对新世界的霸权统治。但是和法国的君主们相比，英国的君主们也没有展现出多高的先见之明，他们只是没有对社会的底层群体施加直接的控制而已，而更加强势的法国君主却不能容忍其统治下的臣民放任自流。

我们看到，不管是拿破仑在征服欧洲大陆的道路上壮志未酬，还是法国错失良机未能利用其早期的优势称霸新世界、发展经济，并在加拿大的占领区和美国的路易斯安那广布人口，以加强对北美洲的控制，他们都有着同样的模式。二者都不遗余力地在系统中建立一个唯我独尊的指挥枢纽，以压抑社会的动力机制，实现高度集权的野心。欧洲的社会活力遵循一套不同的原则，这些原则深深地嵌入分散的社会网络之中。消灭老的枢纽，从来不会比增加新的枢纽更加有效。

小德国与大德国争夺欧洲的民心

当代的政治经济治理遵循一个基本的惯例，即假定精英阶层通过让渡选举民主来避免悲惨的命运。但是，19 世纪的情形却大不相同。当欧洲国家间的竞争造就了两种模式的权力结构，一种是社会化的民主，另一种是王朝专制。那时，欧洲国家建设的动力机制已经从英法之间的竞争转向了中欧国家之间的竞争。作为封建保守主义的坚定捍卫者，奥地利的哈布斯堡王朝，与经历了社会改革但仍然保持专制的普鲁士，为了争夺中欧的领导权而展开了殊死的搏斗。然而，不论是普鲁士的崛起，还是哈布斯堡王朝的衰败，政治权力的民主化都没有在机制形成中起到决定性的作用。

早在一代人之前，奥地利皇帝弗朗西斯一世（1768—1835 年）反对大规模的募兵制度改革，推行此项改革的理由是为了对抗拿破仑的全民服役总动员（Goldman 和 Eliason，2003）。奥地利皇帝担心，引入新的战争模式，同样也会为奥地利引入可怕的价值观，因为当时的法国民众将拿破仑奉为一位伟大的解放者。统治着一群由多民族构成的民众，哈布斯堡王朝统治者害怕民族主义情绪会借此机会被调动起来，转头来对这个多民族性质的帝国反戈一击。帝国对民众的迁徙和本地的教育施行严格的管控，以防止民众大规模的联合和集体反思。为了禁锢民众的思想，奥地利皇帝下令把教育交给天主教教会，以贯彻实行统一的教义。如此一来，不仅科学和技术能力受到了钳制，甚至连普通百姓的识字和算术能力也开始下降，最终导致奥地利与现代军事技术及训练方法失之交臂。

即使在1848年暴力革命席卷了整个奥地利帝国之后，哈布斯堡王朝的统治者依然在整个19世纪坚持抵制全民兵役制或者建立公开的军事委员会。他们担心，退伍军人会不停地发动民众起义；由于军事委员会的军官可能来自不同的少数民族，他们在还乡之后也可能会成为当地的民族英雄而组织叛乱。出于对军队叛乱的担忧，奥地利帝国的军队规模一直控制在较低的水平，仅够在和平时期执行日常的任务和列队阅兵之用。战争一旦结束，现役的士兵会立即被永久性地解甲归田。所以，当时奥地利的军队一直纪律涣散，严重缺乏训练，没有像样的战斗力。

相形之下，普鲁士的军队实行就地招募，呈环形布防；大部分的预备役都驻扎在军事要冲周围，可以快速集结起来，与附近的正规部队并肩作战。将现役从2年延长到3年，意味着大量的现役士兵能够不停地受到训练。[21]

与奥地利相比，普鲁士的社会改革进一步提高了国家的战略优势，为迎接工业革命奠定了坚实的基础。以国家为支撑的运输能力建设为军队的调动和物资的配送提供了极大的便利，使之随时能够对紧急战事做出快速反应。在1866年对奥地利的作战中，普鲁士可以在25天内用5条铁路线将28.5万士兵运往前线，而奥地利的铁路系统则远逊一筹，严重削弱了军队的战斗力。尽管在19世纪50年代进行了一次扩建，但由于奥地利仅仅拥有一条铁路线，运送20万名士兵耗费了整整45天的时间。[22]

1866年击败奥地利之后，普鲁士执掌了统一德意志诸侯的牛耳，从而打破了欧洲内部的势力平衡。奥地利在德意志诸侯联盟中的地位大为折损，其妄图担纲统一德意志的野心随之灰飞烟灭。普鲁士国王在奥托·冯·俾斯麦王子的劝说下迈开了统一德意志的步伐。他利用民族主义的心理发起了大规模的动员活动，他没有对政府的治理模式实行“民主化”，反而将这一字眼用到了军队管理上。所有的政府官员都是由德意志的皇帝（同样是普鲁士的国王）钦定的，直到1918年魏玛共和国建立，国家才开始转向了为人民服务。

全民兵役制和全民福利制与国家工业化计划联结在一起，并由精明强干的职业化的公务员来执行。

也许是因为他们对自己面临的威胁做出了现实的判断，所以才使欧洲一个闭塞的诸侯国在 1866 年打败了奥地利，在 1871 年战胜了法国，最后实现了德意志的统一。普鲁士的全民武装是推行开明的社会现代化改革的产物。这项改革始于 1870 年，由奥古斯特·冯·哈登堡王子和威廉·冯·洪堡勋爵负责督导，在提供军官和政府职员的流动性方面取得了显著的成效。另外，政治制度的现代化还包括给予犹太人完整的公民身份。

俾斯麦继续推动社会和政治现代化的事业，他创造了民族国家的概念，作为融合多民族的纽带，号召加强各民族的协调能力，以统一提高国家的竞争力。这足以令多种族的奥匈帝国相形见绌，奥匈帝国的最高权力始终把持在少数统治精英手中，他们的核心任务只是严厉压制非日耳曼人的民族主义理想。当德国人成为国家公民的时候，奥匈帝国依然把其多种族的人口作为臣民对待。

德意志大力推行技能教育的专业化，并将之视为促进社会流动性的根本要素。截至 1875 年，德意志部队里新兵的文盲率下降到了 2.37%，而甚至到 1890 年，法国的文盲率仍为 20%，英格兰和威尔士为 10%，俄国为 70%。到 1884 年，德意志的成人几乎全部摆脱了文盲状态，而在哈布斯堡帝国的日耳曼人，识字率仅仅达到了 50%。除了捷克地区有 70% 的识字率之外，斯拉夫地区接近了 50%，其他很多地区的识字率仅仅达到 10% ~20%。到 1883 年，德意志的医疗保险实现了全民覆盖，67 岁以上的德国人都享有养老金。

哈布斯堡帝国的弱点在第一次世界大战中暴露无遗，它没有能力对抗俄国人，只能完全依赖德国军队的保护。它的衰败是许多国家历史的一个侧影：一个政权在威胁面前仍然不思进取，只知道一味地躲避对手的攻击。不肯承担社会和政治动荡的风险，通过革故鼎新来实现富国强兵，任何庞然大物的帝国终将被锐意进取的对手四分五裂。国家融合在欧洲其他地方成为政权合法性的基础，而奥匈帝国在1918年的战争中之所以土崩瓦解，原因在于：未能在社会融合的基础上建立合法性的政权。[23]此番毁灭同时证明，奥匈帝国在社会发展和动员能力上已经彻底落后于其他西方民族国家。

奥匈帝国的衰落几乎可以与另一个历史时代的悲剧——中国清朝的衰败相提并论。它们的衰落都是因为拒绝接受当代社会科学的先见：只有当另一个选项更糟时，统治精英才不得不勉强地对民主化做出让步（Acemoglu 和 Robinson，2000、2006；North，Wallis 和 Weingast，2009）。无论是奥地利的哈布斯堡统治者还是中国的清朝统治者，都没有心甘情愿地允许通过社会改革来推迟革命的爆发。[24]

奥匈帝国的衰落，与统治者不肯接受现代战争的社会先决条件有密切的联系，所以才一步一步地落后于欧洲的其他国家。[25]但是，奥匈帝国的崩溃并没有让欧洲的其他国家止步不前。即使当个别首领完全按照局部的自我利益行事，系统作为一个整体依然能够施加决定性的影响，驱使各个部分朝总体的适用性靠拢，这些间断平衡的重大事件改变了系统层面的规则，但是没有削弱系统的稳定性，实际上反而通过放大渐进式的发展加速了局部的能力建设。相反，清朝的政策失败，至少让中国的发展倒退了一个世纪。

中国改朝换代的综合征：衰退和复兴

从1644年到1912年，统治了中国近270年的清朝坍塌了。它的失败证明了一个政权可以在多大程度上抵制军事组织的变革，尽管这种变革有可能动摇社会、政治和经济结构。[26]面对国内的叛乱，清朝不肯冒险进行军事总动员，把武器分发到农民手里，唯恐他们迅速地调转矛头，推翻清朝的专制政权。清朝的衰败导致了国家体系的瓦解、社会复杂性的倒退以及中国文化的颓靡，这一悲剧和哈布斯堡王朝的衰落有着同样缓慢而痛苦的脚本。

清朝的灭亡引发了大规模的血腥杀戮，这几乎与以往每一次改朝换代的宿命如出一辙。唐朝（618—907 年）被广泛地认为是中国古典文明的巅峰，结果像汉朝的命运一样，在持续了 300 年之后坍塌在腥风血雨之中。唐朝的衰败期有 33 年（874—907 年）。作为其继任者，宋朝直到 960 年才初告稳定。宋朝的统治在 1279 年宣告终结，但是明朝直到 1368 年才建立了统治。满族在 1644 年攻入北京，但是直到 1683 年才从连年的战争中建立统治，其间有高达 800 万人付出了生命的代价（Finer，1997；J. S Lee，1931）。

费纳（Finer）注意到，在中国，“每一个庞大的帝国结构走向崩溃，总会引发一段时间惨烈的屠杀、割据、军阀混战和宫廷政变，随之而来的是可预见的野蛮入侵和征服”。然而，每一次改朝换代似乎都要重蹈前朝的覆辙。新的统治者只是简单地翻新一下行政管控系统，恢复为公共管理培养官吏的标准化的科举制度。在通过人事任免来整肃吏治，以及重新集中国家税收以后，一个新的权力中心便告成立，自此开始了衰退和复兴的又一次循环。

内乱外患的综合征通常会导致王朝的衰败。纵观中国历史，财政能力往往不足支持其政权同时抵御内部和外部的威胁（Finer，1997），土豪压榨或盗匪横行是造成内部资源持续枯竭的主要原因。像之前的明朝一样，清朝需要耗资建设海军，以抵御来自东部的外敌，因此没有足够的资源来抵挡国内蜂起的暴乱。每一个朝代都忌讳地方与中央争夺税赋，唯恐地方豪强借此拥兵自重。风起云涌的内乱导致了清朝的倾覆，同时也为来自海上的列强洞开了大门。西方列强拥有先进的坚船利炮，武器落后而又军纪废弛的清朝军队只能甘拜下风。

风水轮流转，江山轮流坐，这似乎成了中国轮番改朝换代的一句千年古谶。清朝的最后一个皇帝在 1912 年被迫退位，但这并没有避免血腥的杀戮。在随后的 37 年里，中国陷入内忧外患的深渊，国内军阀混战，外国列强则乘虚而入，纷纷抢夺和扩充自己的势力范围。20 世纪 30 年代伊始，中国内部的两股主要的政治力量——共产党和国民党——拒绝妥协，它们都认为只有一个政党可以统治中国。处于强势的国民党发动了 5 次围剿，以彻底铲除共产党而后快，直到日本人发动大举侵略、全国上下民怨沸腾之后方才勉强罢休；而共产党在取得中央控制权之后，其首要任务就是肃清和改造旧王朝的王公贵戚和国民党政权的残渣余孽。在 1949 年中华人民共和国成立之后，笼罩中国数千年的封建王朝的阴霾被一扫而光。但是，共产党加强大一统的中央集权仍然体现了这个国家历史和文化的连续性，其权力的建构仍然是中心辐射型的。然而，中国共产党的学习能力是不容低估的，他们善于总结中国历代王朝由盛及衰的教训，因而能够通过扩大系统网络的节点来尽量增强政权的包容性。它一方面沿用儒家文化中的自省机制开展批评与自我批评，另一方面也一直在逐步地完善其内外部的监督机制。

旧中国对创新系统的控制

11—15 世纪，中国的许多发明创造对 19 世纪欧洲的工业革命产生了巨大影响。13 世纪时，中国古代的官僚治理体系已经相当完善，一直到 19 世纪欧洲仍然没有任何国家可以与之相提并论。但让人难解的问题出现了：为什么快速而密集的科技变革却在中国历史上甚为罕见？这问题被称作“李约瑟之谜”。中国是一个“讲究四平八稳的文明古国，就像一艘在任何天气都可以稳速航行的大船，备有自动导航系统，又有一套反馈机制，但即使有了重大的发明和发现，它还是要坚持恢复原状”（Needham，1969）。中国的技术变革是缓慢的、渐进的、广泛的，它不是靠科学技术驱动的，而是由人口增长所逼迫的（Boserup，1981）。中国的文明进程，费正清总结道："已经达到了一个超级稳定的状态——一种依然故我的境界。"

在保持国家统一方面，中国的帝王掌握了很多基本的手段，包括中央集权专制和标准化的科举考试。这样可以使皇帝对高级官吏的任免延伸到县一级，从而确保了对地方的控制。通过科举考试程序选拔出来的官吏成为少数上流社会的精英，有资格步入神秘的权力殿堂。既然皇帝被描绘为真龙天子，那么得沐圣恩的官吏自然也就非同庶人，他们不仅社会地位高于商人，而且身份也比地方豪绅显赫；在那些朴实的百姓心目中，他们就是大家庭概念上的父母。在传统文化里，儒、释、道虽非同宗，但一直能够和睦相处，其前提是它们必须永远承认并服从于皇权的统治。既然科举制度统一了治理的机制和理念，官吏的岗位调换就非常容易，这同时也让中国皇帝为行政机构建立明确区别于当地社会环境的边界。核心的皇权建制，也就是等级式的官僚体制，正是在唐朝建立起来的。

即使主体的教育功能也突出中央控制的主旨，教学管理模式都要确保贯彻思想正统、方法可靠和内容统一的原则，而将技能性的训练排斥在外。直到 1905 年，科举考试一直强调艺术和文学，而不包括现代知识。这让中国人很难跟进外国的技术创新，也无法弥补军备制造能力的不足。

每一个朝代的延续性比创新更引人注目，可以准确地说，中国连续 1 200 多年的统治模式几乎是一成不变的，直到清朝的灭亡，保守的官僚制度框定了整个社会，主宰了公众和私人生活的方方面面，从交易到文学，乃至宗教（Finer，1997）。中央的官僚和地方的头领一起确定需要公共财政支持的项目，评估当地居民提出的改善民生的请求，确认主持政府投资项目的人选，为新产品选定市场，以及决定为新市场开发怎样的产品。当然，他们最重要的职责是确保皇粮国税的征收。在官吏的派遣中，各个朝代都制定了防止裙带关系的规则，如秦代的《置吏律》、唐代的《唐六典》以及宋代的避亲避籍制度等，将官吏委派到他的家乡是严格被禁止的。在过去两千年的大部分时间里，社会投资的高回报帮助中国在文化、政治和军事等各个方面主宰了东亚。

但是，一味地维护网络系统的中心控制，又使中国封建帝国的统治者在发展军事科技方面失去了原本可以超越西方的机会。[27]譬如，尽管中国早在9世纪就能使用火药，12世纪又发明了炸药和手榴弹，但这些都没有得到充分利用。在中国历史上，甚至在整个19世纪，火药大都被用来制作烟花爆竹，而武器的制造一直受到严格的控制（Hartwell，1966、1967；Lin，1995；Needham，1954、1969）。国家垄断了煤和铁，应用冶金和铸铁技术需要中央政府的牌照，这令地方很难发展自己的武器系统，因此也无法挑战中央。

其他重大的技术创新，如印刷术和指南针，也同样受到了压制，因为这些突破性的创新会导致出现新兴的社会网络。封建帝国的统治者仅希望看到跬步式的改进，以确保他们将转变的可能性牢牢地掌控在自己手上（Fairbank，1986）。出于同样的原因，与其继续派遣太监郑和出海航行，皇帝在15世纪30年代颁布了禁海令，以防止像商人这样的团体获得足够的财富，从而摆脱中央的集权控制。如果这还不足以打消未来航行的念头，郑和的远洋航海记录更在15世纪70年代被悉数销毁，彻底终结了中国进行远洋航行的梦想，于是也就将中国人引领地理大发现的时代拱手让给了欧洲人。欧洲的政治分裂给哥伦布提供了选择，当周游全球的梦想在大陆的一个角落遭拒之后，他又在另一个角落找到了资助（Landes，1998）。

中国军队用于镇压反叛的步枪是清朝统治者从西方引进的。从19世纪60年代起，在平息了太平天国的叛乱之后，中国开始使用西方的武器来装备军队，防止进一步的叛乱。拥有了外国步枪，使得朝廷掌握了镇压农民叛军的力量（Fairbank，1986）。在19世纪70年代末的皇权时代，清朝终于意识到发展工业的必要，但它仍然试图通过引入“官督商办”的制度来维持其行政控制，结果却没有实现足够的现代化来阻止外国列强的侵略。全国各地的独立运动如火如荼，新兴的势力集团迅速壮大起来，纷纷寻求摆脱朝廷的控制。

小规模现代化造成的局面也正是清朝所担忧的社会结果。纺织厂、电报公司、金融机构以及煤炭和钢铁联合体的投资者，最终形成了摆脱皇权控制的一个个自治中心，加上外国势力在过去几十年对本土实业的渗透，使得王朝统治者备感心力交瘁。随着经济的多样化，来自朝廷的行政控制大大削弱。地方的税赋都被本地的武装收作了粮饷。那些不愿安分守己的野心家以及被生活所迫走投无路的人们蜂拥而上，在革命性的变革运动中找到了用武之地。

对于李约瑟之谜，答案植根于中国的政治集权，它制约了宏观系统变革的力量。用于取仕的科举制度巩固了意识形态的一致性，同时也决定了创新对于政治的附庸性（Hartwell，1971）。最精明强干的人才在皇权的激励之下，被用来抑制产生新的权力中心的变革。对社会进步的压制为帝国的统治者打造了一批思想僵化、唯命是听的官僚奴仆，他们的宦海沉浮被牢固地钉在封建皇权的恩典上，所以他们除了竭力维护制度的稳定，别无选择。官僚们控制着创业机会，没有他们的恩准，发明者很难将自己的创新传播开来。威廉·麦克尼尔（William McNeill）解释道（1982）：

> 军事与商业企业之间建立不受限制的联系，正如在 14—19 世纪在欧洲所发生的那样，对于中国的官吏来说，似乎是真正的灾难。只要深受儒家传统教育的士大夫掌握着政治权力，这种危险的军商融合便是治国之大忌。相反，中国的封建王权建立了完备的行政管理制度，用尽各种方法对工业扩张、商业扩张和军事扩张进行系统化的钳制。[28]

中国封建王朝只能容忍一些局部的、细微的个体变化，比如牛或狗的育种，因此其发展历史也只能依靠渐进的积累，呈现出微进化的特征。尽管地方性的零星创新可以扩大，有些甚至逐渐扩散到整个文化领域，但是跬步式的技术改进无法全面改变系统的属性，而只能做到局部的改良。中国的治理制度减少了势力的割据和管理上的重叠，最重要的是，避免了可能导致大进化间断的事件。而正是这些间断的事件才促进了多样性、差异性和偶然性，欧洲进化的驱动力恰恰来源于此。中国的王朝决不允许剧烈的技术转型对现状形成大规模的冲击，更不容忍社会等级制度因之发生动摇。科技发明被视为奇技淫巧而受到阻止，封建帝国内的反馈机制仅限于朝廷与派往各省的官吏之间的单线联系。

能够协调复杂、灵活的行为以应对系统的急剧变化，这就是为什么是欧洲而不是中国主导了工业革命。与以往的朝代一样，清朝对内乱和军事技术的扩散始终保持警惕，担心这会让地方的豪强有能力收敛本地的财政收入。进化生物学家斯图尔特·考夫曼提出，现代经济增长是经济系统“起飞”的结果。一旦系统达到某个临界值，新的产品和服务的复杂性便会爆炸性地激增，以摧枯拉朽之势催生新的事物。这种具有催化潜能的“共同进化的雪崩”引发了驱动系统转型的创新浪潮，它发生在西方，而不是中国。中国建立的旨在防范局部势力坐大的集权结构，钳制了大进化的激励机制，使其与蓬勃进取的欧洲形成了鲜明的对照。

东西方夹缝中的日本

在日本明治维新（1868 年）之前，东亚的精英一直排斥军事技术和战略的变革，因为这种变革必然会引发社会组织方式的巨变。

不过，日本历史上确实存在一个武器向非精英阶层扩散威胁到社会权力结构的短暂时刻。在 15 世纪末期，随着日本内战的加速，启用的军队不断扩大，步兵的作用明显增强。1543 年，当第一批欧洲人登陆的时候，日本人开始使用枪支，并在 16 世纪完善了枪支和火药的使用。在随后的近一百年里，他们掌握的枪支技术达到了炉火纯青的地步（Perrin，1979）。随着军力的增强，日本开始筹划并实施对中国的首次入侵，这也许有望刺激亚洲国家间的军备竞赛，并使之提高了后来抵御欧洲人进犯的能力。亚洲的区域竞争有可能使亚洲与欧洲展开全球霸主地位的争夺。[29]

然而，德川家康将军在 1600 年结束了日本四分五裂和战争频仍的局面，统一了全国，并将之置于一个稳定的王朝统治之下，于是开辟了所谓的江户时代。他在 1603 年命令隔离并最终驱逐了欧洲的商人和传教士，在 1636 年对外彻底关闭了日本的大门。废除军备，回到更原始的武器时代，体现了同样的保守本能。日本军队放下枪支，并在 17 世纪恢复了剑的使用。同时，加强训练和装备步兵，虽然使用火器比为武士提供盔甲和多年的训练更能节约成本，但火器的广泛使用将削弱他们佩剑的阶级特权。更为危险的是，为步兵装备火器会使作战的本领大众化，更加普及，会造成更多的伤亡，进而将小众的武士阶层边缘化。“日本解除武装的目的是为了建立一个强大的中央政府，而不必担心叛乱，同时保持武士和农民之间更加明显的区分（Archer 等，2002）。”

服从天皇权力的幕府，帮助控制和镇压可能反叛的贵族，从而把武士变成了朝臣和管理者。[30]为了限制分裂的力量，日本天皇要求诸侯常年将妻儿和家臣留在京都作为人质。可见，其封建制度比欧洲的封建制度更加集权。[31]在欧洲大陆，没有一个统治者能像德川家康一般，在各种势力的角逐中长期保持力压群雄的地位。他的幕府（1600—1867 年）大致与清朝（1644—1912 年）处于同一时期，但由于政治权力和中央控制是通过加强封建等级体制来实现的，所以与中国官僚体制和科举制度下的臣民相比，日本人的社会流动性甚为低下。与欧洲的一个重要区别在于，日本的藩阀只能服务于一个领主，一个人不能投靠两个主人，一个封地的领主也不能在另一处自立藩制。每个居民都从属于一个上级，整个社会结构是完全垂直的，直到社会金字塔的顶端，横向水平上几乎没有互动。不过，集中化使中国和日本的皇帝能够控制军事技术，使其不至于在国内广泛扩散。

在接下来的两个世纪里，日本彻底断绝了与外界的通商。在 1855 年 1 月，美国海军准将佩里的舰船凭借 18 门现代化大炮，将日本人从自我催眠中唤醒。那时，日本人对现代武器一无所知。光阴荏苒，他们已经完全忘记了曾经从枪支回到长剑的历史。

1868 年，明治天皇的“维新”开启了一个追求社会创新的历史性转折。他下诏废藩置县，在竭力加强中央集权的同时，推行政治体制的现代化。日本从此结束了两个世纪的闭关锁国，一边大力引进新的工业技术，一边重新把国民武装起来。与此同时，他们以战斗力为标准，以技术和纪律来强化大规模的军队，取缔了武士制度。[32] 日本的参谋本部负责在军民融合的基础上制订战争计划，他们也深知，依靠技术制胜的战争需要对军人进行系统的训练，并延长其服役期限。

在日本恢复了枪支的使用以面对欧洲的威胁时，中国却继续埋头应付内乱。连续 14 年的太平天国起义动摇了清朝的国本，使其对中国广大的地区失去了控制。清朝皇帝害怕把武器交到百姓手中会落得引火烧身的下场，后者可能用它来推翻业已元气大伤的王朝。将注意力转向内部控制，以保护自己免受内乱的滋扰，王朝在虎视眈眈的外部威胁面前愈发麻木不仁。即使在欧洲人侵占了中国的香港和日本侵占了中国的台湾之后，中国的皇帝仍然沉浸在天朝上国的黄粱美梦当中，这对日本来说简直是无法想象的。

20 世纪的军事活动和国家形成

欧洲历史上的战争总动员与社会福利之间的矛盾，从中世纪中期一直持续到 20 世纪。一个不太容易理解的例子是，许多西方国家在第一次世界大战后倾向于采取累进税制，并将其与战时活动联系起来。

传统的思路将累进税制与扩大选举权联系起来。政治学家肯尼斯・斯基弗（Kenneth Scheve）和戴维・斯塔萨维奇（David Stasavage）通过研究第一次世界大战后政治权力的延伸和累进税收之间的联系，对这种思路提出了质疑（2012）。一般人认为，在第一次世界大战期间和之后出现的累进税，是由于选举权的扩大而产生的，而他们却得出了相反的结论。他们发现，即使在没有扩大选举权的国家，尽管各自在治理结构上存在差异，整个欧洲大陆采取税收累进的国家仍然大幅增加。他们由此得出结论，这种增加是对在战场上的牺牲提供的回报："以累进税收的形式征收财富，是新型社会契约的一部分，其中公民大众同意参战，而富人同意承担更高的税赋。"[33]

军事总动员所需要的组织能力，对其他方面的社会化进程起到了孵化作用；战争期间号召人民所做出的牺牲，扩大了国家社会责任和公平的普遍观念；拿破仑战争期间或第一次世界大战和第二次世界大战需要全方位地调转各种资源，既而改变了政权合法性的定义；为战争做出巨大牺牲的人们，要求更强的社会包容性。欧洲社会的大规模军事化导致了大规模的财富再分配，提高了社会投资的力度，尤其是大众教育。

三种现代政治制度对西方现代国家的快速崛起发挥了至关重要的作用：法治，初步划定了封建领主和国王之间的关系；官僚制度，培育了为战争筹备和管理资源的能力；税源，扩大了税收来源，提供了国家建设的经济基础。每种制度都是在战争动员的背景下产生的。[34]随着精英的争霸最终变成了国家的战争，公共交通体系得到快速的发展和完善，非精英的士兵得到了更多接受培训和教育的机会，全社会的包容性从此增强了。

结论：国家形成和发展的系统观点

权力的扩散促进了欧洲贵族对于技术进步的竞争，统治者为了寻求民众的支持，也将更多的权力让渡给了公民代表大会。与此相反，中国的集权式结构使精英有能力延缓科技创新的周期，以防止其催化系统性的变革。

中国的管理体制虽然高度集权，但在选拔人才方面却具有较高的民主性，科举制度为有才华的普通民众踏入仕途开辟了难得的窗口。但是中国的历代王朝永远将长治久安放在首位，在内忧和外患面前，它们会不惜一切代价遏制内生的威胁，即使这样会削弱其抵御外敌的能力。数千年来，中国的官吏一直试图阻止技术的传播，并严密防范可能危及其统治地位的社会能力建设。[35]

这种截然不同的社会网络结构，解释了存在于两大文明之间复杂而微妙的差异。分散或外围聚拢型的网络建构有利于权力的扩散，而集权或中心辐射型的网络建构则强调内部控制。随着曾经在不同的历史阶段各领风骚的两大体系对于国际规则制定权的竞争，二者之间的这些差异也许能够帮助我们透视未来全球冲突的关键所在。它们在微观系统中各自应该具备哪些先决条件，来决定彼此影响力的高低呢？

第 8 章

民主的混合建构

引言

民主政体的发展或趋于稳定的过程都令现代化理论家们大失所望，似乎没有任何一个政体能够在自由民主的轨道上一路高歌。纵然是相对稳定的民主国家，如土耳其、印度或巴西，也与自由西方的价值观鲜有雷同。这些国家以及伊朗和南非等其他开始迈向"民主"的国家，在许多方面并没有效法业已成熟的民主政体，例如，对于言论自由以及个体选择自由的法律保护，等等。这些新兴的力量究竟是采取了另类的民主，还是仍然处于向民主转型的过渡阶段？它们的规范是否终有一天会与西方一致起来？

在 20 世纪七八十年代，大约有 35 个拉丁美洲和亚洲国家以及南非和伊朗，开始从专制转向民主。第一代学者常常称其为民主的"第三次浪潮"。[1] 自 1974 年葡萄牙推翻了安东尼奥·萨拉查的独裁统治以来，这一浪潮激起了人们对于民主的热望，人们愈发相信民主是一个自然而然的过程，不需要任何先决条件。然而，上述民主轨迹的种种差异，是多数乐观主义者始料未及的。

尽管第三世界雪崩式的政权更迭迎来了大众选举的出现，以及立法机构、司法机构、自由媒体、公民社会和地方政府的建立，但是要使各个国家趋近全球自由民主的最优状态，似乎需要等待更长的时日。在自然界，雪崩波及的范围十分有限，而且其势能会随着范围的扩大而骤减。同样，20 世纪 70 年代中期在西班牙和葡萄牙发生的现代“雪崩”，对于它们过去在拉丁美洲的殖民地也没有产生剧烈的震动。在那里，持续的军事独裁统治虽然消亡了，但是民主的基础依然非常薄弱。

另一股独特的民主浪潮在 20 世纪 90 年代席卷了东欧的共产主义政权，最终导致了苏联的解体。率先发生“雪崩”的波兰和匈牙利，远比后起的国家更为民主。苏联的解体波及中东的巴勒斯坦和南也门，进而软化了摩洛哥和也门的极右政权。中东欧一党专制的终结也震动了撒哈拉以南非洲的一党制政权，但是那里的民主仍然十分晦涩，缺乏体系和问责制度。每一场雪崩都具有一系列特定的属性，很难进行复制推广。

在苏联刚刚瓦解的时候，民主理论家开始热情洋溢地为新独立的共和国绘制朝民主演变的蓝图。弗朗西斯·福山写道：“与其把人类社会类比一个百花争艳的大花园，毋宁将之比作一列长长的火车，沿着一条道路疾驰向前”(1992)。按照他的意思，即使一些车厢在翻山越岭时可能被抛在后面，但道路只有一个终点。

当然，尽管对全球民主的一致演化抱有信心，传统的社会转型理论家也预见到了专制复辟的风险，但他们认为那种情形不属于部分民主，而是剔除了自由价值的民主。然而，对民主转型的广泛研究发现，部分民主的国家“占当前政权的份额正与日俱增，而且在转型的政权当中占比最高”。根据“自由之家”2008 年对 193 个国家的评级，有 121 个被认定为民主国家，但如果假定民主是非自由的对立面，那么其中就有 90 个民主国家的居民被认为是

“非自由的”。同年，根据《经济学人》杂志的民主指数，在167个国家中，只有30个国家属于完全民主，50个国家被认定为有缺陷的民主，其余87个国家则属于混合型民主或独裁统治。

据托马斯·卡罗瑟斯（Thomas Carothers）估计，近年来，将近100个国家被认为处于“过渡”阶段，只有相对少数，可能不到20个国家，显然正在成功地向行之有效的民主迈进，或者至少已经实现一些民主的进步，并仍然具有民主化的积极势头（2002）。他认为，大多数过渡型的民主国家既没有回归到独裁，也没有“明显地走向民主”。

然而，这种飘忽不定的民主进程并不预示着行将进入专制的复辟。事实上，复辟的可能性也低于原来的预期，但我们尚且不能洞察个中的缘由。很少有人知道“是什么阻止了完全民主的国家回归到部分民主或独裁，以及是什么阻止了部分民主的国家回归到专制……究竟是哪些因素决定了部分民主国家的行为，这一点已然超出了我们的理解范围”（Epstein等，2006）。土耳其和印度在第三次民主浪潮之前就实施了选举，因此我们不能将其视为过渡型的民主。然而，二者仍然远远偏离了高度工业化国家的民主轨迹。有人认为，民主的基石以及选举规则一旦建立，成熟的自由主义便油然而生。这种观点不能反映众多部分民主国家正在形成的社会制度，而这一局面已经构成了当今世界政治体制的基本范式。

土耳其的民主化体现了全球民主演变的差异，其民主进程在21世纪前十年表现极佳，支持了经济的开放。鉴于土耳其在调和伊斯兰与现代化的矛盾方面积累了数十年的经验，人们期望它能够在西方与埃及、伊朗、叙利亚和巴勒斯坦之间担当起调停者的重任。然而，作为西方和中东之间不可或缺的桥梁，土耳其的未来走向仍然不够明朗。民主与独裁、世俗民族主义与伊斯兰保守主义针锋相对。对于像土耳其这样的年轻民主国家究竟具有哪些行为特征和约束条件，现代化理论尚未摸清其中的“脉门”。但这一理论学派仍然认为，尽管新兴民主和老牌民主在早期的发展道路上存在巨大的差异，但这一点最终不会影响它们在未来驶向同样的终点。

土耳其是从自由西方而来的悖论

当代土耳其属于典型的市场经济体。它愿意与形形色色的合作伙伴交易，无论其意识形态、宗教、文化或地缘政治是否一致。然而，它向开放经济的转变，也是自由国际主义观点未能解释重大全球趋势的一个重要例证。20 世纪八九十年代，土耳其中右翼祖国党的领导人、前总理（1983—1989 年）和后来的总统（1989—1993 年）图尔古特·厄扎尔，领导国家走上开放经济的道路。在近 40 年的快速增长中，土耳其已经彻底地接受了私有化和经济开放，贸易从 1980 年占 GDP 的 17%，增长到 2010 年的 50% 左右。不幸的是，由于银行和公共债务部门管理不善，土耳其在 2001 遭受了严重的金融危机。但是，亡羊补牢的改革措施恢复了国内外的信心，人们期待土耳其在开放的全球经济中继续发挥更大的作用。

西方认为，由于土耳其与西方的贸易伙伴具有共同的国际社会理念，自由贸易和经济繁荣将有利于土耳其向自由世界的秩序平稳过渡。然而，快速的经济增长不会在土耳其产生平行的社会现代化，也不会使之与自由国际主义的目标相一致。它的自由市场导向并未按照西方的观点迅速转变，实现司法独立、人权、政教分离、监管透明或公共权力的制衡。土耳其的现代历史提出了一个谜题，其本土的政治学家弗埃特·基曼（E. Fuat Keyman）和博瑞·库亚左（Berrin Koyuncu）写道：

> 过去的 20 年给土耳其的现代性带来了根本的变化，同时也给土耳其社会带来了一个悬而未决的“悖论”。这种矛盾具有双重含义：一方面，

> 自由化在经济生活中日益占据了主导地位，经济生活的运动规律在很大程度上是由经济全球化决定的，这是西方现代性的经济逻辑；另一方面，政治领域的身份认同则呈现出不同形式的异化，例如伊斯兰教的复兴、库尔德问题，以及对权利和自由的主张，所有这些都深深地影响着土耳其的社会和政治生活。换句话说，自20世纪80年代以来，土耳其现代性的形成越来越多地体现了两股势力的共存，一边是经济自由化，一边是传统主义的复兴及其对“回归正宗”的诉求。

新型的贸易格局重新定义了土耳其的民族身份，地方意识在不断增强。于是，一个看似矛盾的现象出现了。土耳其商人陆续前往中东和中亚，试图在那里重新发现他们共同的文化遗产，依靠身份认同来扩大贸易机会；与此同时，在土耳其成功地融入全球贸易网络之后，该国的知识精英、向西看的现代主义者以及传统主义者，开始纷纷高举宗教主义的大旗，突出自身的伊斯兰特色，大肆弘扬伊斯兰文化。这种宗教主义的觉醒对现代化理论的主张发出了致命一击，因为该理论假定，随着商业化对文化的渗透，宗教就像任何其他的消费者偏好一样，将成为纯粹的个人选择问题。认为在经济和物质安全得到满足之后，人人都会注重个性解放和自我表现，这种说法不足以解释土耳其的发展轨迹。

在适应全球自由秩序的过程中，现代土耳其的保守运动产生了两股独特但互补的势力，进而加剧了伊斯兰和世俗派别之间的紧张关系。一是该国最大和最有影响力的宗教运动——葛兰运动（以其创始人穆罕默德·福塔拉·葛兰命名）[2]，二是公开依托伊斯兰教的正义与发展党（以下简称“正发党”，AKP），后者自2002年以来连续三次赢得了全国选举。[3]

葛兰运动发迹于20世纪70年代，是学校、金融机构、工会、慈善机构、报纸和广播电台等各类团体共同组成的一个松散的联盟，没有正式的组织结构。葛兰在土耳其有300所学校，在世界各地资助了至少1 000个附属机构，有超过200万学生通过该运动提供的资源获得了教育。作为土耳其知识和文化界的一股势力，葛兰运动没有严格意义上的会员制，但可以依靠多达800万名的追随者，特别是学生、记者、商人和专业人士。葛兰还在西方建立了学校，在美国就有130多所。葛兰试图影响的不仅是土耳其人，而且包括世界各地的穆斯林，旨在通过教育运动创建一个以伊斯兰教为中心的全球中产阶级群体。它期望将西方科学和经济效率与伊斯兰的民族文化特征相结合，在商业和科学领域训练出一批现代化的穆斯林精英。这将需要调和趋利动机与传统伊斯兰教的道德标准和文化价值观念。虽然运动的起源是民族主义的，它的创始人却长期居住在美国，在那里他感到安全，可以免于世俗的右翼民族主义者的迫害。民族主义者指责他一边利用美国势力作为挡箭牌，一边等待自由主义的消沉和美国全球文化霸权的结束。他们告诫要警惕葛兰运动妄自尊大的狼子野心，指责它与正发党一样，等待西方陷入颓废和腐朽后，伺机全盘驾驭整个世界。葛兰运动的志向确实与正发党的野心如出一辙，其影响力决然不容小觑。

正发党和葛兰运动都尽力将变化与连续性协调起来，并为远离家园的农村游民提供一定的社会心理安全感。他们绝对不想与西方制度契合，而是声称要寻求建立一个尊道守法的社会，用社群价值观来规范强大的地方势力。他们极力反对右翼共和派与全球的利益集团合作，以牟取巨大的财富，要求裙带资本家遵守社会义务。

正发党的创始人和领导者埃尔多安曾于1999年担任伊斯坦布尔市长，其间虽然以威胁共和国及其世俗宪法的罪名被捕入狱，但他意识到，只有保守的伊斯兰运动被视为在经济和政治上与西方，特别是与美国保持一致，才有望赢得商界的支持。作为一名在政治上发迹的宗教保守派政治家，埃尔多安试图结束世俗国家，于是开始制定可以长期掌控政治权力的战略，以团结土耳其民间社会中仅有的两股具有体制身份的社会力量：宗教和商业。在军事共和统治的 60 年里，只有这两股势力被作为民间社会团体获准发展壮大。但是，在阿塔图尔克领导的共和人民党大力推动土耳其实现现代化的期间，这两个团体已经显露出日后分道扬镳的裂痕。

土耳其的前总理恩凯梅廷·埃尔巴坎的福利党是在 1995 年赢得全国选举的第一个伊斯兰政党，但在 1997 年因为支持政教分离而被军方驱逐。为了避免重蹈伊斯兰政党的覆辙，埃尔多安扩大了他的政治基础，将因经济窘迫而心怀不满的中产阶级纳入进来。在 2002 年大选中，正发党成为土耳其 19 年以来第一个独揽朝政的政党，包揽了议会接近三分之二的议席。对于埃尔多安而言，这足以证明宗教可以取代民族主义作为意识形态的工具，动员休眠和被疏远的人群，并提供一个巩固权力的平台。正发党通过传播自由主义的经济利益，继续深化其社会基础，以便在党的羽翼下接纳其他先前被边缘化的人群，包括库尔德少数民族权利的捍卫者和军事干预政治的反对者。

正发党和葛兰这两股势力发起的运动，是土耳其向保守主义转变的一部分潮流，是土耳其境内紧张局势的结果，而不是原因。它们起源于两个完全不相关的“趋势”。第一个是从 20 世纪 50 年代开始的大规模的国内人口流动，由此带来了文化的转变。塔哈尔·厄曼（Tahire Erman）写道：“20 世纪 80—90 年代，整个社会毫无疑问地意识到，农村流动人口和贫民不仅能够迅速地提高经济地位，而且也可以通过坚持自己的生活方式和价值观来塑造城市生活，于是形成了与现代化精英阶层的对立与冲突”（2001）。大城市贫民区的居民即使在迁出之后，仍保留了自己的文化。“这是与预期相反的，”厄曼解释说，“因为当时西方现代化理论的主导地位深刻地影响了土耳其的学者，他们大体上都信仰西方国家的现代化。精英主义和土耳其自上而下的现代化进程，以及土耳其共和国早期提倡的启蒙思想和实证主义，也在土耳其知识分子的心目中彰显了现代化理论的魅力。在这一理论的影响下，土耳其学者期望将农村流动人口融入现代城市社会中来”。

第二个是从 1923 年到 2002 年，当正发党上台时，主宰土耳其政治的共和民族主义者没有为较贫穷和受教育程度较低的移民提供向世俗民主顺利过渡的条件。事实上，他们阻止了左翼社会民主党派的形成，而在西欧，这类党派能够代表新移民发出世俗的呼声，要求政府关心他们的生计问题。政治化的伊斯兰教填补了这一空白，为打破这种僵局提供了一种方法。于是乎，它在农村穷人的聚集区深得人心，得以发展壮大。当这些贫穷的移民借助经济增长的大潮成长为新兴的中产阶级时，他们将传统的西方式精英从社会主导地位上驱赶了下来。

民主和土耳其资本市场的开放

年轻的、保守的伊斯兰运动与相对成熟的、共和的民族主义运动之间积怨日深，这充分反映了土耳其的政治两极分化和深刻的社会分化。这种分化沉疴已久，可以追溯到穆斯塔法·凯末尔·阿塔图尔克时代土耳其共和国的建立。要理解为什么存在这种紧张的局势，为什么土耳其的社会和文化没有趋近西方的规范，我们必须知道土耳其的保守运动是如何壮大起来的。其实，保守运动的盛行是一种无心插柳的结果。由于右翼政府在金融管理上屡屡失误，土耳其的国际收支严重失衡，政府不得不接受货币基金组织出具的药方，进行艰难的金融体制改革，大举开放资本市场。

数十年的冷战为西方以及土耳其世俗的中右翼统治精英们开展裙带资本主义活动和进行政治压迫提供了辩护，他们谎称这些是为了应对共产主义的地缘政治风险所采取的必要手段。当时基于同样的逻辑，他们也为宏观经济管理不善找到了借口，声称那也出于保护国家免受外部威胁的迫切需要。不管从政治还是经济角度而论，共和主义的制度都是限制自由的。见怪不怪，取决于谁来受益，信贷压制和政治迫害双管齐下。出于对共产主义的恐惧，政府也迟迟不肯授权给当选的议会代表。时至今日，土耳其议会在政治决策和行政监督方面发挥的作用仍然十分有限。

来自国外的贷款在短期内缓解了政府的压力，使其得以规避维持物价稳定和资本市场秩序的义务。因此，国内体制对于领导层的约束力也削弱了，因为他们不必为过度的财政开支负责。按照时下流行的说法，“债券市场的看护者是无牙齿的。”凯末尔主义者长期统治下的金融体系属于公共和私人机构的混合体，曾经经历过巨大的波动和一次次的崩溃。在 20 世纪下半叶，土耳其每 10 年发生一次恶性的通货膨胀和国际收支危机（中央银行的外汇一度告罄，无力兑付国家的票据）。在冷战的几十年里，土耳其成为国际货币基金组织“急诊室”里的常客。但鉴于它作为一个前线国家在反对全球共产主义战斗中特殊的作用，西方国家一直对其抱有相当程度的宽容态度。

1980 年，严重的国际收支危机迫使土耳其的里拉贬值。在国际贷款机构的压力下，政府放宽了贸易、投资和金融管制。从 1984 年开始，土耳其居民被允许持有外币资产。1990 年，政府取缔了里拉兑换外币的控制，资本账户完全实现了自由化。但是，土耳其在地缘政治盟友的纵容下养成的财政恶习被证明始终难以祛除：政府一直保持很高的预算赤字，经济运行无法摆脱对外国金融资本的依赖，因此长期存在不可持续的危险。通货膨胀不堪重负，20 世纪 80 年代的通胀率平均高达 50%，90 年代则攀升到了 80%。

随着共产主义世界所代表的外部威胁快速消退，土耳其的反自由主义势力骤然间喧嚣起来，特别是对于人权以及言论和集会自由的保护一直在削弱；现实政治不再是避免政治压迫的适当理由。作为第一个前往麦加朝圣的土耳其国家元首，图尔古特·厄扎尔总理在 20 世纪 80 年代初领导伊斯兰教重返政治舞台。他发起了贸易和金融改革，在此基础上建立了一个特别的伊斯兰商业网络（在一个有效地使世俗主义成为国家宗教的国家）。他创造的国内债务市场为商业提供了机会，让农民融入了城市社会。

一个新的商业阶层的出现改变了国内的政治格局，因为它使更多人参与到贸易和金融中来，穆斯林这个庞大的利益集团也被授权更紧密地参与国家政治。塔哈尔·厄曼解释说："那些新移民过去一直处于边缘地位，住在郊区的棚屋里，而现如今他们住进了相对完善的单户住宅，成为经济中不可或缺的组成部分。"曾几何时，右翼联盟和世俗的共和主义综合体在奥斯曼帝国的废墟上建立起了土耳其的民族国家，而如今他们不得不面对那些新移民阶层的挑战。早在几十年前，盘踞在国家首都的商业精英曾被穆斯塔法·凯末尔·阿塔图尔克从伊斯坦布尔迁移到安纳托利亚。具有讽刺意味的是，现在他们又接受伊斯兰的盟约，联手推翻中右翼的统治地位。正发党开始出面，将这一中右翼的群体纳入政治进程。经济开放结束了伊斯兰政体，因为土耳其要成为欧盟的正式成员，所以必须保证遵守欧洲关于自由和公平选举的标准，充实其民主化的资质。

土耳其现代化的矛盾之处在于，国际货币基金组织对于开放金融体系的改革确实推动了土耳其民主进程，但不是西方心目中的那种民主。在土耳其，民主进一步促进了以伊斯兰为核心的政治体制，唤醒了它对过去作为多民族伊斯兰帝国中心的怀念。不仅如此，繁荣和全球化也增进了他们重温奥斯曼帝国辉煌历史的意识。在那个理想化的过去，从阿塞拜疆到西班牙，土耳其帝国拥有足够的政治和军事实力来保护那些效忠自己的盟友。这种新增的自信也促使土耳其重新评估其与西方的关系。土耳其人不再将自己视为处于欧洲边缘的一个寡信的民族，而是越发坚信他们正迎接一个光荣的未来——在一个兴盛的、民主的、进步的中东取得核心地位，统统由自己当家做主。这是一种冷战时代的意识，当时由于两大阵营的对垒以及对全球安全问题的担忧，土耳其恰好得以左右逢源，其军事实力在地缘政治和国内政治当中发挥了突出作用。对于过去的自豪感，很可能侵蚀了土耳其作为一个世俗民族主义共和国的自我认同。政府一方面解除了在公共场所要求妇女佩戴头巾的禁令，另一方面却强令推行穆斯林的宗教教育，并且要求国家公务员必须通过宗教信仰审查。

民主究竟是代表了正发党追随者的“历史的终结”，还是一种寻求重振伊斯兰教的手段？自从在 2011 年大选中取得第三次胜利后，埃尔多安对待人权和宗教自由的态度似乎不及从前。对于政治反对派，不论是记者、将军还是激进的学生，他的政府动辄以叛国罪名提起指控。批评家指责称，申请国家公务员和大学教授的候选人名单都要根据宗教信仰接受审查。他曾经戏称：“民主像一辆公共汽车：一旦到站，我们就得下车。”事实上，很多人担心，那其实并不是有口无心的戏言。

不过，正发党仍然是现代性的倡导者。其领导人能够与土耳其的私人企业坐在一起，共同制定工业政策，将私人的投资战略与国家的重点项目联系起来，帮助土耳其企业提高在全球经济中的竞争地位。为了扩大社会影响力，正发党也强调密切联系群众，建立了妇女和青年组织。

该党时常声称，要坚决发扬民主，并且要在地缘政治上始终与北大西洋公约组织（以下简称“北约”）保持一致。这些表态似乎支持了自由国际主义的论点：开放的贸易将造就开放的政府。但是，其表现形式并不是那些相信历史会终结的人所期望的那样。土耳其继续与西方保持战略结盟，而其文化认同和贸易则向东移动。保持不偏离西方联盟，埃尔多安可以放手追求他更宏伟的目标——将伊斯兰教与现代管理以及财富创造结合起来，在振兴的中东地区，将土耳其塑造成为一个众星拱月的中心。

作为一支相对保守的力量，埃尔多安的正发党可以将变革和物质进步合法化，顾名思义，其宗旨就是实现正义和发展。正发党在发展包容性联盟方面的成功，弥合了社会公平与经济增长之间的差距，这与中国共产党的一个基本特征不谋而合：各自在运用各国特色经济理论指导经济建设的同时，发扬悠久的民族历史，传承根深蒂固的文化规范，以巩固二者兼容的社会目标和政治目标。他们在经济管理方面取得的成功，将对未来的政治走向产生深远的影响。在商机和未来发展潜力的驱动之下，甚至像土耳其的企业集团或者中国台湾的投资者，也分别在这两个庞大的经济体里开展合作。[4]

中东国家保守的、社群化的价值倾向得到了其他发展中国家的支持和效仿，特别是那些人口结构快速向上流动的国家。一批新型的民粹主义领导人——泰国的他信·西那瓦、委内瑞拉的乌戈·查韦斯、玻利维亚的埃沃·莫拉莱斯和斯里兰卡的马欣达·拉贾帕克萨——都注重调动民粹主义的民族认同观念，并承诺所规划的社会发展蓝图将更加贴近大众的兴趣和品位。南亚也展开了有关真理和意识形态的论战，在东方和西方两种发展模式之间摇摆不定。在巴基斯坦、尼泊尔、斯里兰卡，乃至在印度，受过西方教育的后殖民时代精英们开始出现明日黄花的迹象，甚至在地方选举或建立选区阶段便出师不利，只能在财政和规划之类的一些技术部门固守一席之地。相反，那些民粹主义的领导人却逐渐占据了上风，他们扬言，资本主义发展模式阻碍了本土化的变革。

自由国际主义认为，贸易网络中较为弱势的成员将模仿其主要贸易伙伴的行为和规则。如今看来，这或许是一个错误的假定。贸易路线一直处于改变之中，全球化沿袭的是“多样性规则”，资源也从全球化的精英手中转移出来，越来越多地被传统社会用来按照本国特色进行现代化建设。

土耳其自第二次世界大战以来的演变表明，新政权不会因为西方的规则民主而简单地照方抓药。我们从最近一些国家的发展道路中可以发现某种端倪，它们正在试图采用一些难以预料的、复杂的变革手段来改造自由世界的秩序。土耳其的崛起也是一种新现实的预兆，即新兴经济体可以采纳西方经济增长的某些方式，而同时又规避西方的价值观念和外交政策。经验表明，“阿拉伯之春”引发的政权更迭也不太可能引致各国向自由世界趋同。相反，中东的民主国家近年来一直在努力恢复自己的文化价值观，这在西方人看来是一种异化，是那些在政治上没落的贵族妄想复辟旧制度的反攻倒算。在中东勃兴的宗教运动将打破超越自由国际主义者认定的方式重写当代世界历史的叙事（Trager，2011）。[5] 这会在中东与西方两端诱发民族主义的泛滥，进而阻碍双方和解的进程，使双边关系陷入无休止的恶性循环。

土耳其的岔路口

土耳其歧路多出，政治和社会分化严重，其最终的根源已经确定，尽管仍然存在沸沸扬扬的争议，这颗歧路亡羊的种子早在土耳其共和国创立之初就埋下了。根据土耳其历史学家柯马尔·卡帕特（Kemal H. Karpat，2001）的说法，它寄居在一个社会学习的过程当中，其中的变化被解读为真主降示的懿旨。对于人类与物质的和先验的世界结构之间的关系，东西方的话语体系尽管时而有所交织甚至纠缠，但二者实质上存在很大的区别。伊斯兰教的思想不是基于人类逻辑的严格求证，而是将社会变革统统归因于真主神圣的懿旨。卡帕特解释说，中东的统治者利用真主的懿旨来宣扬社会理念，而不是依靠理性的因果关系来长期维持社会等级制度。

当年的穆斯林热衷于阅读亚里士多德的著作，研究天文学，在哲学界和神学界的辩论中，也不乏有关科学、自然和秩序的话题。卡帕特没有解释伊斯兰教和其他哲学学派之间的巨大差异来自何处。相信神的旨意凌驾于人类社会的自由意志之上，其实不是穆斯林社会的专利。即使在犹太教中，自由意志也只不过是对信仰的考验。土耳其和西方社会在哲学上的根本分歧在于如何对待世俗权威和宗教权威之间的关系。伊斯兰教的政治化将世俗生活与宗教仪轨杂糅在一起，赋予了伊斯兰社会区别于西方世界的复杂性景象。

在土耳其，宗教长期被置于国家的控制之下。奉行阿塔土克的宗教无权主义思想，土耳其专门设立了行政机构负责管理宗教信仰，这个机构今天被称为宗教事务管理局，目标是由国家来引导人民对伊斯兰教的理解。这种宗教与政权的关系不仅使土耳其受到了其他中东国家及其他伊斯兰国家的强烈抵触，而且也令西方国家大为侧目。面对由国家机器推行的宗教政治化，宗教团体担心，政府有可能为了控制人民的宗教信仰而监控甚至迫害他们。

变异的来源：欧洲觉醒

对初始条件不同的敏感程度会导致分歧，一开始的微小变化会对结果造成悬殊的差异。分歧会让同一血统的后裔分庭抗礼，尽管他们有着共同的祖先。发展轨迹的差异是分叉的结果。在接下来的部分，我们将分析影响西欧和东亚及东南亚后续轨迹的分歧点。

民主化虽然出现在西方的社会系统中，但并不属于那些系统的原始组织规范。那么，什么样的集体学习和知识传播致使西欧脱离了其过去部落社会的轨迹?

在欧洲发展史上，若论影响之深远，“没有任何力量能够与亚里士多德逻辑学争锋”，它在 11 世纪和 12 世纪得到了罗马天主教会的哲学家和宗教领袖的高度推崇（Southern，1953）。[6] 逻辑学成为法律和政治的语法，它引导西欧的宗教派来理性地证明神在人类事务中的作用。拉丁基督教向全欧洲的各个政治部门灌输如何使用逻辑学来提高集体学习的能力。中世纪逻辑学的复兴，通过传播到哲学、神学和治国方略领域，最终框定了世俗生活和神职人员生活的日常行为准则和组织规范。逻辑学缓解了人们对超自然力量的向往和迷恋，为混乱的自然和政治世界赋予了秩序，促使人们对自然进行系统的思考，鼓励世俗男女通过契约来反映人的主体意识和自由意志。它提出，神圣和世俗的世界都应该接受人类思想的驾驭和干涉。有关西欧治国方略和法律的文件及编年记录，早在12世纪就接受了亚里士多德逻辑学。在13世纪早期，越来越多的人开始抗拒使用火焰进行审判[①]，教会接受了人们的呼吁，于是下令禁止了这种残酷的审判方式（Becker，1982、1988）。各国政府开始使用逻辑学来解决问题，按照理性来行使管理职能，而不是诉诸神的旨意或神授的魅力。

逻辑学帮助人类运用智慧创造产品，同时也需要人类的技能来丰富其内涵。因此，欧洲国家注重发挥人类的能动性，而不是依赖天然的秩序。世俗领导者如果继续依靠披挂上神圣的外衣，用那些荒诞不经的神迹为自己树立不容争辩的权威，将面临被揭穿乃至招致叛乱的巨大风险。

法律和政治，以及语法和修辞，是受逻辑学影响最为深远的领域，因为统治者和被统治者之间的复杂关系最终可以用三段论的方式表述出来，这样就能够将任意解释的贵族特权转化为明确的法定权利。克雷蒂安·德·特鲁瓦（Chrétien de Troyes）在1170年写道，最高层次的学习（逻辑学）如今已经来到了法国，它能够超越古希腊和古罗马的文明，逻辑学对知识传播的影响才刚刚开始发力。在接下来的几个世纪里，逻辑学继续从修辞上塑造国家机器的形态和功能——法律管辖的范围、财政覆盖的人口、财产的定义，凡此种种，它尤其在界定皇室臣民的财产权方面做出了杰出的贡献。它对法国和英国的政治哲学家让·博丹（Jean Bodin）以及托马斯·霍布斯（Thomas Hobbes）提供了至关重要的启示，前者在《国家六论》（1576）中提出了主权国家对公民承担义务的主张，后者在《利维坦》（1651）中提出了“人人

① 迷信耶稣将在火焰中以审判主的圣身驾云降临，施以公义的审判和刑罚。——译者注

生而平等”的自然权利，发出了反对“君权神授”的呐喊。

逻辑学支持的演绎推理容许以未来为导向来传达信息和意涵。在这种思路的影响下，统治者提高了利用资源获取递延收益的能力。经过数百年的磨炼，国家逐步掌握了风险管理的方法，有能力帮助人们防范和消解各种各样的天灾人祸（Migdal，1988）。如果人们知道效忠国家将意味着明天更美好的生活，这个国家就能够赢得民心。逻辑学还为个体的公民和家庭提供了风险管理的工具，赋予了他们作为自由人行事的信心。亚里士多德逻辑学为欧洲人完全按照人类的设计进行结社和营造文化提供了理性的依据。

社会秩序的其他概念，如印度教推崇的社会统合和种姓制度，将社会秩序降格为自然力量，要求社会效用服从神的旨意。在自然而非理性被接纳为社会组织原则的地方，人类的能动性将不能充分发展，人类可能到达的前景将无法实现。相比之下，逻辑学的发展允许西方思维将社会视为人工产品。虽然人们可以指出教会和国家的分离是欧洲社会和其他社会之间的一个重要分歧点，正如本章所演示的，描述初始条件比确定岔路口要更容易。

初始条件：北美民主的合法性

在国家民主的合法性方面，促成美国作为一个民族国家兴起的初始条件，与西欧各国的先例形成了鲜明的对比。早在工业化之前，美国就为之后的经济增长确立了权利的基本框架。[7] 早已深入人心的财产权在宪法中得到了确认。公司的权利起初是参照其公共服务的功能设立的，后来才有了利润最大化的目标。契约关系在法庭上受到保护，政府也必须严格履行契约，美国政府于1791年成立了第一家银行，在章程中对这一点做出了明确的承诺。基于民主价值观的法律原则成为界定政府与商业关系的基础。

民主以法律为保障，这项基本原则早在联邦政府有能力管辖公民的生活之前就已确定无疑了，这与欧洲和今天的发展中国家形成鲜明对比。特别是在发展中地区，民主观念通常只是国家建设的最终目标，而其立法的初衷却是为了保护贵族或专制统治者的特权，其对民主的期望和义务是依靠官僚的权威，而不是根据法律的权威建立和维护的。

初始条件：东亚官僚的稳定性

东亚的“初始条件”是依靠宗教和道德思想在人们心目中的灌输而形成的古老的认知传统，但与欧洲和北美不同的是，东亚的宗教是国家政治的一部分。儒家思想严格来说不属于某种宗教派别，它起源于中国，由一位名叫孔仲尼（孔子）的伟大学者创立。孔子诞生于公元前 551 年，曾经生活在如今中国东部的山东省。儒家思想奠定了伦理的基础，后来被发展成为具有实践指导意义的哲学治国之道。从公元 8 世纪开始，它经历了编纂和重新定位，最终于 11 世纪由学者朱熹将其发挥至极致。儒家思想奠定了大中华文明的基石，在韩国、日本和越南等中国邻国得到了广泛传播。

儒家的人文主义与亚里士多德逻辑学有着重要的相似之处：思想和仪轨都是由人创造的。它没有宣扬超自然的刑罚，而是主张由国家出面将其确定为经世致用的道统（Finer，1997）。像欧洲的逻辑学一样，儒家思想“用道德和礼仪来规范世俗的行为，体现了一种形而上学的宇宙观”。它最初主张实行一种等级式的社会结构，采用道德教化的手法来弘扬忠诚和服从的美德，并要求统治者和被统治者双方都要遵守道德规范。像亚里士多德逻辑学一样，作为一项伟大的文化遗产，其影响一直延伸到现在。当代中国正努力以悠久的文化历史传统来巩固全国人民的统一意识。

对于中国来说儒家思想与基督教的一个关键区别在于，基督教兴起于外部，而儒家思想则是从中华民族内部生成的，并且一直从属于国家，甚至成为封建官僚治理国家的核心原则。儒家思想提倡发扬人性的仁善来构建和谐的人际关系，而非以冷酷无情的硬性规则来治理社会。也许正是由于这个原因，法治始终难以独立构成东亚政治秩序的支柱，更不能界定人们对社会责任的看法。

作为宗教领袖、司法长官、军事统帅和国家元首，中国和日本的皇帝集所有的国家最高权力于一身，国家就是他们的家天下。在这两个国家的历史上，没有设置一个独立的机构负责捍卫司法的完整性和独立性（Fukuyama，2011）。司法的职能归属于行政人员，但司法的正义则取决于帝王的意志。

自20世纪60年代以来，在包括日本、韩国、越南、新加坡和中国台湾在内的东南亚地区，日渐兴盛的新儒政体对于它们的经济发展产生了重要影响。我们也由此理解了该地区领导人在不靠独立司法机构实施一整套商业法律的环境下，是如何有能力坚守可信的承诺的。

东亚政权建立了一整套各司其职的公共部门，而不必担心是否需要通过法律来推行某项政策。一个强大而独立的官僚体系有能力贯彻执行国家主导的工业政策（Campos 和 Root，1996）。行政体系选贤任能的招聘和晋升规则扩大了政府在广大社会人群中的凝聚力，并能保护政府的监管机构不至于成为商业精英的俘虏（Evans，1997）。旨在限制政府干预企业日常事务的行为规范为独立的商业决策营造了宽松的环境，企业精英也愿意配合中央计划，积极参与开发和经营国家确定的优先发展项目（Evans，1997；Maxfield 和 Schneider，1997；Root，1996）。假如对官僚执行规则的承诺没有信心，投资者就会因担心专制的领导者朝令夕改而迟迟不敢做出决策。而结果是，在没有法律制度充分保护财产权的情况下，东亚国家经历了爆炸式增长；从20世纪60年代到80年代，该地区私营部门的投资也超过了大多数其他发展中经济体。

然而，有鉴于法治的薄弱，未来东亚的民主议程将面临两套体制性的难题。假如立法权扩大了对官僚机构的约束，政府官员的能动性是否会因之受挫？加强新兴立法机构的资金将来自何处？如何保证行政部门持续地提供公共物品，并积极承担增进社会福利的责任？

东亚的政权建构将走向何方？是演变成为自由民主制，还是仍将保持当前的混合制？它们会建立制衡的权力架构，由独立的第三方来监督行政权力按照法定的规则行事吗？[8]

初始条件：日本和东南亚的语言扩散

考察一个民族或国家如何对待语言的一致性，有助于我们理解集体学习的过程。根据语言民族志学者丹尼尔・奈特（Daniel Nettle，1999）的研究，人们学会统一的语言，目的是为了克服共同的生态风险。[9]他通过研究非洲语言的扩散，提出了两个假设：“在给定规模的国家范围内，生态风险越高，语言的种类就越少……”换言之，是为了克服生态逆境而开展合作，才产生了使用同一种语言的驱动力。

奈特关于语言扩散的观点有助于解释现代国家在东亚岛国之间的演变，其中日本作为该地区的第一个现代民族国家，早于东亚和东南亚的其他岛国发展了自己的民族语言。并非所有太平洋列岛的民族都具有协调一致的风险管理传统，因此他们也没有开发本民族语言的需要。富庶的印度尼西亚也同样如此，作为一个由无数次级生态系统所组成的千岛之国，族群之间几乎没有任何往来，遑论相互依存。区域间的贸易也比较少，当地丰富的食物来源可以让印度尼西亚境内的每个次级生态系统实现相对的自给自足。

另外，深海捕鱼不是印度尼西亚人普遍的生计所系。一些社会发展深海捕捞文化的趋势，或许揭示了与发展统一语言相同的逻辑。生活在海洋环绕的岛屿上，不足以造就一个热衷于深海捕捞的社会，因而也没有充分的必要与其他民族达成共同合作的规范。尽管生活在成千上万的岛屿上，但印度尼西亚人却习惯于在陆地上讨生活，大部分食物都是来自土地和岸边的海产。他们集体的身份也并不崇尚深海捕捞的本领。

巴布亚新几内亚与毗邻的印度尼西亚伊里安查亚省，分成了许多自给自足的社会群体，所用的语言有900多种。[10]由于持续降雨，粮食生产使居住在巴布亚新几内亚的部落能够自给自足，几乎不需要进口或出口基本商品，因此也不必与外界进行广泛的交换。这种得天独厚的微观生态环境也使他们长期安于现状，迟迟不能建立一个民族国家。其社会结构一直以部落首领为核心，依靠个人崇拜和世袭的分配制度来维系（Fukuyama，2011）。在像巴布亚新几内亚这样的赤道环境中，饮食胜过了沟通，其中的逻辑是，“我只与周围最亲近的人交流，所以如果食物总会到来，为什么还要和外人打交道呢?”

日本经常被描述成所有近代国家当中最完整的一个。[11]日本的农业系统在18世纪就已经实现了高度的区域一体化，而且建立了广泛的营销系统。诸如肥料、选种、除草和脱粒等此起彼伏的技术创新扩散到了全国的各个岛屿：“水稻农业的普及促进了定居生活，相互依存的社区也陆续形成，奴隶制受到了遏制，共同的农业技术在三个主要的岛屿迅速传播开来。”

与其他的南方列岛相比，日本随时都会面临食物短缺的问题。他们很早就开发了自己的民族语言，因为如果与世隔绝，一个人口众多、土壤贫瘠、间或蒙受地震和海啸冲击的民族，怎么可能固守在几块孤岛上生存下来呢?充裕的生存资源会降低加强沟通的价值，如果这一命题成立的话，那么我们或许找到了日本很早就开发了本国语言的原因——各个子社区在众多岛屿上的独立生存是没有保证的。

围绕食物短缺的交流创造了其他网络化的学习模式，促进了集体解决问题的协作意识。利用长期以来形成的互惠准则，共同到水流湍急的海域里作业寻求资源，帮助日本人树立了共同应对风险的习性。在明治维新（1868—1912年）期间，日本的改革者利用了国民集体学习的习性，对全局最优状态进行了全面而详尽的探索。日本比其他的邻国更加齐心，享有集体行为模块化的优势；这些模块有机地整合起来，节省了达到更高的适应水平所必需的步骤。

群体交流的逻辑学如何塑造一个国家的格局？简单对比一下太平洋列岛的国家就可以发现，就像民族语言一样，在面对共同的生态风险、有必要为了生存而加强社会交往的情况下，民族国家能够更顺利地形成。

新兴民主是一个复杂的系统

在进化生物学中，分叉描述了由二叉分支产生新物种的过程。分叉起因于由最初微小的差异向最终更大分歧的转化过程，正如同宗的血统会逐代分叉一样。血统分叉为人类科学提出了一个关键的理论问题，即如何确定变异的根源。它是由外部环境，还是由生物体内在的、固有的初始条件所诱发的？相同的问题对于理解当代土耳其的政治势力格局提供了启示：是哪些因素造成了新兴的保守的伊斯兰运动与相对老成的共和民族主义运动之间的分歧。

在第6章中，我们观察到，局部适应性情境的崎岖性对系统的演变构成了决定性的影响。在崎岖的适应性情境里，考虑到搜寻的成本，当地参与者仅限于制定本土最优的战略。高昂的搜寻成本抑制了对全球最优状态的追求，例如政治和经济自由主义。这些成本反而进一步为当地的政权提供了各行其是的理由，使它们可以理直气壮地摆脱自由主义的规范。

过去30年间的大量文献分析和衡量民主化过渡的指标，大都假定“开放、突破和巩固”是一个线性的序列。然而，成功模型将得到复制的假设，低估了对初始条件的敏感性不可逆的后果。新兴的民主国家如若试图跟随发达民主国家的成长轨迹，它就必须将自身的条件溯源到与后者相同的原始状态，然后从起点重新起步，在发展过程中再现相同的制度机构和顺序。即使这些国家返回到同一个起点——例如诺斯等人所设定的“自然秩序”（2009）——在沿着民主的轨迹行进的过程中，任何微小的变化也可能导致差异悬殊的结果。因为民主是一个典型的复杂系统，变量之间必然存在诸多的差别，这是在所难免的。我们只能通过描述其对初始条件的敏感性来描述其动力机制。所以，我们只有向后看，才能找到一个分叉点，就在这一点上，小规模的变动酿成了大规模的差异。[12]

新兴民主中的多元主义与理性主义

由于在民主的核心问题上存在意见分歧，因此对于什么是自由民主的最优状态，第一代学者的学术研究无从得出具有说服力的结论。与此同时，学者们更没有预料到为什么会在通向民主的轨迹上会出现反自由的变异，“民主”和“自由”的发展应有高度的一致性啊？认识到这种矛盾的存在，能够使我们更好地理解为什么新兴经济体的民主演变是复杂多样的，以及为什么民主选举制度的扩散没有像现代理论预期的那样，以渐进的方式改变发展中国家的政策，或者改善穷苦大众的生活境遇。

多元化是民主的本质，但它与国家官僚体制常常势同水火。推行民主之前的国家政治环境，其初始条件往往难以包容基于理性来创建社会秩序的理想。随着多元化的实践加深了对社会结构的浸润，并且从中心城市向外进一步扩展，多元化与地方环境中保守（前自由社会）的特殊性必然会发生冲突。具体来说，像官僚机构的理性化、普世价值、由民选的精英治国以及在法律面前人人平等……诸如此类的概念，往往会与当地宗教和种族规范以及封建的宗法权威发生冲突。不过，为了保护其特权免受官僚理性主义的侵犯，基于血统、宗族、联盟、宗教和文化社区以及诸侯割据的前民主社会，甚至可以接受多元化的格局。结果可能是，这种格局增进了地方势力的利益，帮助他们巩固了自己的特权和地位，摆脱了中央统一行政的国家权威所需的理性秩序，从而获得了更大的自由空间。因此，新兴的民主政体可以允许文化和宗教团体以内部规则抑制个人的偏好，为这些介乎中央政权和民众之间的地方势力约束个人的自由选择权提供了便利。印度和中东的多元化经常与消费者的自主权发生冲突，限制消费者对于商品和服务的选择权。因为新兴的民主授予了某些利益集团特定的理由，使其设法阻止国家机构干预地方褊狭的陈规陋习，甚至误导政体偏离现代性理论所推崇的个人主义价值观。在大选中胜出的统治者为了维护自己的权位，会精心罗织自己的亲信网络。如此一来，民主理性必然会被引向歧途。在下一章中，我们将用更多的例证来解析这种现象。

| 第 9 章 |

国家能力建设：中国与欧洲并行的政治现代化

国家能力建设与趋同进化

不同的历史环境造就不同的国家能力，而考查诸国政治经济面貌之嬗变，背后无一不涌动着趋同抑或并行进化的汩汩潜流。以进化生物学而论，平日里集苑集枯的异类种群，当被置于共同的生态环境时，趋同进化便应运而生。人类社会同属一理，如若集体面临同样的困境，需要求助于功能相似但起源不同的机制时，趋同进化就在所难免。

然而，两种不同的体制即使在微观层面并行进化，也未必在宏观进化的层面产生趋同的效果，甚至可能随着环境的变化进一步扩大分歧。中国和欧洲旧政体当中出现的官僚主义和专制主义便是例证。同样是强调加强官僚体制建设，但二者所追求的目标却大相径庭：中国是为了确保政权的合法性，而兵连祸结的欧洲则是为了动员全民投入战争。

本章内容由三部分组成。第一部分描述了各个现代化国家所共有的功能属性，这些属性在过去上千年中主导了世界舞台，构成了全球社会发展的孵化器。该部分研究的重点在于国家，而非通泛的文明。第二部分讲述了法国、英国和德国发展史上的几个重要的里程碑，以及它们与海外殖民地的关系。这些加速社会发展的里程碑是由国家间激烈的竞争和密集的冲突造成的，而最终却消除了差异。经过了近千年几乎无休止的混战，一个褪去了原有的胎记而形成共同特征和理念的欧洲出现在世人面前。在内部治理上的共识，大大降低了欧洲国家之间重蹈战争的可能性。

国家间的竞争加速了西方社会走向融合的进程，而这在中国的发展史上甚为罕见。第三部分讨论了中国走向现代化的并行轨道，重点从对比的角度来分析其国家形成的过程。在两千年的历史长河中，中国社会发展的主线不是由邦国之间连绵不断的征伐推进的，所以它今天的模样没有像欧洲那样显示出脱胎换骨的变化。

中国对现代化的追求在某种程度上属于特殊形势下的被迫之举。在近代，西方列强凭借舟楫之便远渡重洋，用坚船利炮打开了中国封建王朝的大门，在民族主义精英“师夷长技以制夷”的大声疾呼中，中国社会别无他法，唯有走工业革命的道路。但在掌握了堪与西方匹敌的工厂生产规模、运输能力和枪械制造水平之后，中国的工业化和社会变革便止步不前了，因为当时的掌权者认为已经有足够的能力抵御强敌了。在他们心目中，只要在技术层面上做出必要的适应与调整，能够阻遏外来的干预，保证政治和战略上的自治，他们便可以高枕无忧，继续安享太平盛世了。至于西方的政治结构和治理模式，他们不屑一顾。中国规范性结构的演变，皆因内部变故而起，而绝无对外扩张逞强之心。

事实上，在19世纪末以后，东西方的家庭结构、技术、生活标准以及消费旨趣都在并行演进，二者之间的巨大差异似乎已经消弭殆尽了，最为突出的差别主要体现在政权合法性的演进方面。这是我们在本章需要深入探讨的核心内容。

假如工业革命发生在中国，政治合法性的规范和定义可能就会源起于东方，进而传播到西方。遗憾的是，中国尽管在经济上恢复了全球的中心地位，但在政治秩序和国际关系领域，其话语的权重依然很难匹配其经济地位。我们在本章中会讨论为何中国特色的政治航程不可能轻易调转，尽管它在实行改革开放政策后取得了巨大的经济成就。恰恰相反，在经济领域的成功进一步增强了中国的信心，使之更有理由在政治理念和行动上昂首阔步地走自己的道路。

如果中国坚持走自己的道路，其发展理念与实践将可能否定新自由主义理论的一个核心假定，即生产力的进步需要在政治理念和组织方式上最终与西方发达国家的价值观殊途而同归。中国的发展道路表明，政治文明和经济发展既没有必要保持同步，也不一定在同一终点上合流。在经济发展方面缩小了与西方发达国家的差距之后，中国可能会另辟蹊径，建立一套既能保持经济快速增长又能继承其文化传统的制度体系。

国家能力建设的机构和功能

国家能力取决于人民对政府如何把握未来发展方向的期待，[1] 所以领导者必须提出取信于民的长远治国方略。一个国家能否有效且公平地管理和组织资源，实施社会经济政策，保持权威的合法性，达到万众一心，完全取决于它能否励精图治，实现对未来的承诺。中国古代的思想家管子有云："上无固植，下有疑心。国无常经，民力必竭。"倘或决策者表里不一，出尔反尔，它必然会失信于民（Kydland 和 Prescott，1977），因此也不可能做到令行禁止。

失信于民的政府会引发全国上下的机会主义行为。在无所适从的情况下，公民的决策一定会将眼前利益置于首位，因为他们不知道未来会发生怎样的变故，所以宁愿牺牲长远的、很可能是更大的利益。表现在经济行为上，保守者会将资金存储在银行里，而冒进者则会用钱进行短线的炒作，所以社会的整体投资水平将长期处于低位。若想真正取信于民，特别是在信息高度弥散的时代，仅仅依靠宣传机器不停地聒噪是徒劳的，领导者必须建立切实有效的体制，比如，将规则的制定部门与规则的执行部门分立开来，或者建立独立的政府机构实施监督；在公共项目建设方面，杜绝政府的敷衍塞责行为，推行公开、公平的招标制度，严厉打击营私舞弊的现象和投机行为；在官员晋升方面，真正做到量才委用，任人唯贤，而非任人唯亲。没有这些机制，领导者无论多么信誓旦旦地描绘未来的美好图景，人民将一哂置之，依然会我行我素，按照自身短期利益最大化的原则各行其是。结果，一个国家的凝聚力就无从谈起。

国家能力是一个复杂系统，不可能用筹集能力之类的单一指标予以衡量。[2] 所以，我们必须从宏观的系统层面入手，全方位地考察其能力属性，比如，行政效率、人民对政府的拥护程度、适应环境变化的韧性，以及发展战略的前瞻性，等等。这些宏观层面的属性不能从较低的层面上进行预测，也不能根据某一组决策者或制度来确定国家的行为。促动与政体保持一致的集体行为的能力是来自制度复杂性的某一层面的总体系统属性，是来自榨取能力、计划能力、震慑能力以及合法性等交互作用的规则，但不能简单地归结为其中的任何一种能力标准。有鉴于此，国家能力是社会进化中一种典型的波澜涌动的例子。

我们将考察来自英国、法国和德国等西方的例证，以及非洲和南亚后殖民时代的国家状况，并将这些国家与中国进行对比，以识别国家形成的特征及其发展过程中的关键节点。我们的目的是要找出由家庭和族群被转化为社会的非族群成员的利他主义规范中的机制或节点（Huntington，1996；Fukuyama，2011）。这不是说各个社会在变为国家的时候都具有共同的节点。例如，在自然界，蝙蝠、鸟类以及会飞的昆虫在翅膀生成的时候都产生了同样的身体结构或同样的飞行功能。不同的物种何时掌握了飞翔的能力，并没有一个共同的始发点。同理，各种不同的族群社会何时将其利他主义的规范转化成非族群的社会成员以及后来何时形成了国家，也没有一个共同的节点。不过，虽然变化的起始点不尽相同，但最后呈现的结果却非常类似。反馈回路、关键事件、评估个体成员的意图及其行为的非故意的结果，都有助于理解一个领导人的政治决策或偏好如何与一个政体长期一贯的偏好相一致。

世袭制度的连贯性

国家与族群社会的区别在哪里？一个非国家性的社会集体，是基于长期生存在同一环境下的亲缘关系和互助行为建立起来的。"选择性的优势往往是具有同一血统的个体之间通过互助交往形成的"。

基于族群和具有同一血脉的个体之间的互惠而推举出的管理方式被称为世袭主义。在更为普遍的用法上，这个词的政治权威是由一个家庭当中父亲的权力演化而来的。马克斯·韦伯把这种家长制放大开来，用以描绘一个社会乃至一个民族。古代和现代的历史提供了许多依靠血缘代代相传的官僚统治的例子。印度在甘地家族领导下取得独立以来的政治主线表明，尽管采取了选举制度，但世袭身份的权力仍然能够控制整个文化。[3]

世袭规则依靠权贵的网络运行，这有时被称作恩庇网络。恩庇主义是一种以相互依赖和不平等的地位为基础的互惠形式，其中掌握权力的一方利用手中控制的稀缺资源，来笼络一批跟随者。这种稀缺资源不仅包括物质的财富，也包括地位或名望。[4]掌权的恩主根据所能榨取的忠诚的价值，对某一群体选择性地施以恩惠。如果处于弱势的蒙恩者对恩主的赏赐永远无以为报，或者获取外部信息的渠道相当闭塞，需要长期仰人鼻息才能维持自己的优越地位，那么这样的恩庇网络就会极其稳固持久。传统的恩庇网络范围十分狭窄，一般仅限于熟人和亲信圈子，但现代的政治党派已经将它编织成一张全国上下无孔不入的巨网了。[5] 恩主依靠在全国或某一地区代表并保护一批蒙恩者取得道德权威。

现代化理论倾向于假定恩庇主义是一种基于族群关系的封建残余，现代国家的建设应该将其彻底清除。但现实情况并非如此。市场经济非但没能清除这种恩庇趋势，反而强化了一些社会的世袭秩序。到头来，建立了正规制度结构的非世袭政权要与那些依靠强化了非正式网络的政权一争高下。

以现代的印度为例，印度的国大党在 1973 年之前的形成阶段就是这样的一个网络圈子，其他后起的政党也模仿国大党的做法，通过选择性地提供公共服务来罗织自己特定的圈子，依靠分发恩赏来创造选举库。[6]

印度国大党在 1973 年之前的形成时期是这样一个网络，新的政党通过提供公共服务有选择地迎合不同的客户，他们又采取了那种通过施予恩惠来获得忠实支持者的办法。地方侍从主义不是未成熟的民主国家发展中所独有的，它几乎贯穿了中国数千年的专制政治。世袭互惠的心理动机是如此强烈，以至于没有一个社会和任何形式的政府可以完全消除这种倾向。

世袭统治者为创造私人物品所做的交易，增加了长期不稳定的风险；领导人容易受到没有分配到足够私人物品的群体的政治抵制。多年来不可一世的萨达姆·侯赛因、穆阿迈尔·卡扎菲和胡斯尼·穆巴拉克，最终都在暴力的反抗中要么身陷囹圄，要么结束了生命。费迪南德·马科斯和苏哈托病重的传闻出现后，他们所庇护的人所持有的资产价值也骤然减少。但是，持续的世袭主义是一种制度性的退化。一旦马科斯和苏哈托被推翻，或者在“阿拉伯之春”期间，穆巴拉克、卡扎菲或也门的阿里·阿卜杜拉·萨利赫被赶下台之后，随之而来的就是制度的瓦解和社会秩序的消失。亚西尔·阿拉法特拥有无可争议的世袭权威，但当他死后，巴勒斯坦权力机构四分五裂，数十名小阿拉法特开始争夺权力。卡扎菲在2011年垮台后，利比亚也出现了同样的过程。当政权更替时，政治发展的退化或制度资产的折损会加深国有制社会和非国有制社会在治理效果上的差距。世袭民主国家（如印度）比世袭独裁统治的国家更加稳定，当权力变化时，不太可能出现倒退；君主制是避免日常制度遭到这种破坏的一种方式。

欧洲和中国都从世袭统治过渡而来，但过渡的制度渠道却截然不同。在封建帝制的中国，官僚机构根据严格的科举制度招募官吏，这种制度削弱了亲属关系作为行政权力的基础，使得公共服务水平高于同一地区的其他国家。在西欧，将法律的执行与君权的行使分开的国家发现了另一条解决问题的途径，使政府采取的行动符合它所宣布的长期目标。在接下来的章节，我们将会探讨这些社会为限制统治的世袭规则所采取的措施。

可信的承诺和经济增长

如上所述，长期私人投资的环境是否有利，取决于领导者能否在政策制定和实施过程中兑现承诺。当承诺不可信时，政府将无法获得实现其政策目标所需的支持。拥有可信承诺所必需的体制保障的国家——专业招聘法官的独立司法系统，或确保所有经济行为者权利的精英官僚机构——可以加速资本积累，扩大自愿交流的范围。加大规则执行力度，保护公民用最好想法或模式来积累财富，懂得如此藏富于民的国家，在关键时刻能够有效地通过借款或鼓励民间投资来破解困局，实现国家体系的良性运转。

在一些国家，世袭传统又出现了新的变种，想尽千方百计树立伟人的形象，要求人人对其表忠心，妄图将个人或小团体的社会权威和意志凌驾于正式的制度之上，这样的政府将难以取信于民。如果将政治资产的价值孤注一掷于一时的苟安上，普通民众也会相应地放弃长期的利益，而追求即时的收益，结果就会导致整个社会骚动不安，机会主义盛行。在这样的环境中，人们会明智地做出不良的选择。如果资源持有者没有指望政府按原定计划执行，他们也只能着眼于眼前。

以亲缘关系为基础的封闭型社会所形成的社会资本，必然阻挠国家能力所需的公民文化建设。当社会责任和信任依赖于亲缘关系和恩庇的互惠时，社会交换的网络将依赖于个人的信息来源。但是，恩庇网络涉及巨大的交易成本，需要耗费大量的时间持续地维护，造成资源的错配。当经济优势让位于私人关系时，最优秀的组织者也无能为力，最具创新力的项目也将搁浅。

官僚机构和国家能力建设

在现代国家，官僚机构是迄今最普遍的行政组织方式之一，因为它有利于维持私人和公共部门按照可靠的方式正常运行。很难想象现代国家的功能，从养老保险到导弹系统，可以脱离官僚机构的管理而能自行运转。其实，一个现代国家的公民要求的并不多，只是希望政府按照合理的规则体系来满足他们可预期的常规需求而已。他们毫不犹豫地接受这样的观点，即公民作为委托人，将自己的权利托付给作为代理人的政府，由它通过有效的治理来建立和完善结构化的社会关系，以摆脱和超越混沌无序的社会状态。以此观之，官僚机构实际上是人类创设的最乏味的体制。

国家能力建设：作为社会革命的官僚体制

制度性的官僚体系虽然看似平庸无奇，创建官僚政体几乎总会产生意想不到的后果，其影响是革命的。官僚体系与现代社交媒体有很多共同之处，因为它在人类社会的众多群体之间提供了快速的信息流，否则这些群体将无法实现联结。官僚网络通过提供影响力和信息来重新定义潜在的社会结构，从而在关系薄弱的群体之间增强集体行动的预期。官僚机构可以在同一政体中的居民当中增加认同，同时将民众的利益与国家的利益联系起来。通过创建第三方执行的渠道，官僚网络有利于在以前未连接的群体之间促进活动的协调和共同期望的趋同。官僚机构创造了基于能力和专业的社区，这些社区可能取长补短，但也可能最终与出身和血统的网络发生冲突，创造新的基于地位、能力和财富的网络。

官僚机构也促进了地方知识在全球的传播，并同时建立渠道，将全球知识惠及偏远的个人和群体。这可以重组一个社会的网络结构，并通过使之前从未重叠的群体建立可能的关联和友情，从而形成复杂的交换网络。随着网络的扩大、收缩或重置，这些变化的影响可能导致整个系统的意外响应。与以前的社会关系无关的知识、影响力和思想的新联系成为可能，导致信息的层层串联，触发意想不到的社会行动。正如马克斯·韦伯所说："在任何地方，官僚主义的事实都产生了'革命性的结果'。"

官僚体制的新兴特性：增加了社会交换的复杂性

真正高效的官僚体制要求所有社会群体享有同样的法律保护，精英和普通公民的要求也通过相同的程序予以满足。官僚体制赋予国家能力的权威来源于"客观的法律秩序与个人的主观权利之间明确的界限，以及公法与私法的分离"（Weber，1946）。

当通过选举获得公职时，一个类似的原则同样适用："公权的持有者，即使他位极人臣，他显然也不再等同于拥有私人权利的那个人（Weber，1978）。"对于取得了公职的人来说，他承载了选民的寄托，其任务就是要履行对选民的承诺，所以他必须将公职身份与作为普通公民的基本社会地位和诉求分离开来。可见，选举制度和官僚体制是相辅相成的，该项原则有利于促进韦伯所说的“全社会的民主化”（1946）。关于民主政体必须从日常政治的程序中减少绝对的不平等，查尔斯·蒂利（Charles Tilly）十分赞同其必要性：

> 只要政治本身不在各类不平等的群体之间严格划界，民主就能够形成并生存下来。相反，倘若在政治权利、义务和社会参与等方面精确地划分边界，民主就会受到威胁，民主化的进程就会受到抑制。国家与公民的关系固然是不平等的，但这种不平等越少地对应在公民的日常生活当中，民主就越有望兴盛起来。

官僚体制在执行规则的过程中首先应做到铁面无私，这是民主得以勃兴的基本前提。官僚体制也可以用来服务于各种各样的政治或经济利益，既可以作为推行对外霸权或维护封建统治的工具，也可以作为增添民主活力的助推器。“因此，官僚体制的效果取决于其驾驭者指引的方向”（Weber，1946）。韦伯继续说，官僚体制是“理性地将社会行动转变为有组织的行动的手段。因此，作为一种合理组织权威关系的工具，官僚体制始终是一个控制官僚体系的首选权力工具”。

日本官僚主义的演变说明了韦伯关于有效的官僚体制的灵活性的一个观点，即一旦创建，它就很难被破坏。从日本现代化的一开始，官僚是天皇的仆人。在第二次世界大战后的民主宪法中，他们成为民选政府的公仆。在这两个角色中，官僚机构利用训练有素的管理人员来促进国家利益。当政治合法性的来源转移到新创建的民主时，官僚机构可以提供高质量的公共物品。在经历了50多年行之有效的民主后，大多数日本人仍然将其高生活水平更多地归功于行政部门的治理质量，而将生活中的不如意归咎于政党的恩庇、治理的失败和腐败。

欧洲国家建设的选择：法国、英国和德国

下面将相对详细地阐述法国国家建设的情况，因为它的裙带关系格局和内阁的贪腐折射了当代中国战略面临的风险。英国案例与中国现行的轨迹是极端对立的。中国与日耳曼帝国的兴起有很大的相似之处，但中国共产党将根除军国主义膨胀。前欧洲殖民地在选择领导人过程中介入了大量的裙带关系和侍从主义，这揭示了在政党体系的上层所展现的脆弱性具有一些惊人的共同点。

创造国家能力：法国社会革命的官僚之路

历史上，法国实现民族统一的巨大障碍是政治权力的分散。在中世纪末期，经历了数百年的征服、通婚和继承，冲突不断、诸侯林立的法国简直是一盘散沙。路易十一开始着手统一这个四分五裂的王国，弗朗索瓦一世（1494—1547 年）之后的法国国王开始通过出售公职来招募官吏，这些人在各自的地盘上属于世袭的封建领主，与显赫的王公贵族没有任何联系。君主希望创造一个官场，着重从身份较低但富有实力的阶层中吸收公职人员，以便于控制。但是，他们发起的增选非贵族成员的过程创造了一个对官位趋之若鹜的大市场，君主政体没有财政能力来填补，而且也无法赎回通过官爵公售业已异化了的权力。

1650—1653 年，愤怒的贵族发动的第二次投石党叛乱运动受到镇压。法国君主为了控制贵族的威胁，决定剥夺他们的权力，但仍然允许他们坐享宫廷的俸禄。为了维护摇摇欲坠的统治，君主建立了一种代价高昂的抽租制度，并通过敕封荣誉、土地、养老金、任命和豁免等手段，来安抚富甲一方的地主贵族。省长的头衔往往被授予高等的贵族，后者于是成为特权中心，由他

来指派下级官职，将军队和教会中的优差肥缺分配给自己的亲信。地方豪绅和庄园主被赋予免税的特权。非贵族精英，特别是商人阶级，也可以通过购买免税券和倒卖官职以及征收农业税来参与国民收入的再分配。傲慢不逊的贵族企图限制恣意的皇权，最后也无法施展回天之力。

在 17 世纪和 18 世纪，路易十四胸怀雄才大略，在继承王位以后，首先着手整饬吏治，获得了封建领主的公共权力和职能，建立了一个强大的官僚体系，并建立了新的税收制度和民事法庭。贵族耆老曾经享有的自由通过立法也被纳入公共权利的范畴。国王援用罗马法中维护统一国家的基本理念来树立国家权威——加强皇权司法和税收，以公权取代各地豪绅贵族的私人权力（Root，1985）。但是，将统一的法兰西民族置于法治之下的呼声最终被“朕即国家”的君主专制王朝所阻止。国王独掌权柄的野心遭到了强烈抵制，反对者高呼的口号正是国王用以削平封建贵族特权的法律逻辑。法国的变革产生了一个始料未及的结果，非贵族的市民和农民阶级最终攘臂而起，建立了长达两百多年的共和政体。

法国的民主肇始于 17 世纪路易十四统治下的旧政权时期，官僚机构被改造成为战争组织和调动资源的机器。国王一直对那些享受着免税还整日吵吵闹闹的贵族耿耿于怀，遂借用官僚机制将国家权力制度化，因为它不能依赖地方贵族的忠诚去管理皇家军队的扩张。封建贵族在路易十四年轻时与君主王廷素有睚眦，甚至迫使他为了保命而东躲西藏。当 1661 年路易十四登基加冕后，他就决心削弱贵族势力，并开始通过卖官（其前任路易十三和黎塞留惯用的办法）来达到此目的，但是买官者甫一上位，就会将自己的利益置于王权之上。不能指望这些官员们的忠诚，又不能剥夺他们视作私产的官位，法国王室于是不顾地方团体及现任官员的抵触，对派往各省的皇家官员或督察官委以重任（Root，1987）。随着时间的推移，在路易十四的授意之下，这些被国王派驻到各省的钦差大臣逐步变成了王室控制地方的得力工具（Root，1987）。

在路易十四统治期间，督察官的遴选并不取决于他们是否拥有地方的追随者或者赞助来源。他们不像当时的贵族或买官的人，而只是接受王室的委派，并不享受终身的官职，王室可以随时撤销他们的权力。为了防止督察官在地方上结党盘踞，王室采用了本籍回避制度，特意把他们派往没有势力渊源的地方。国王还特别禁止世袭的贵族成员担任此职，并规定只有战功卓著的军人和皇室侍从才有望跻身古老的封建贵族之列（Root，1987）。

在 18 世纪，王权的继承人路易十五（1710—1774 年）走得更远，他将村民大会的决策功能写进了法典，将之前的不定期大会会议改成了一份具有法律约束力的村民集体意愿声明，使农民们更易于组织起来，并影响政府决策。将农民社区归入王室的财政信誉系统，作为后者的一个组成部分，这开启了国家政治的新起点。农民们不再依赖贵族在王廷里担任他们的代表，他们的命运取决于三个群体：王室、官员和后来出现的代表农民向王室请愿的律师。有了政府官员和律师的支持，农村社区的维权意识逐渐提高，他们学会了与封建领主对簿公堂来改善自己的经济条件，在法庭上据理力争，抗辩领主向其讨债的法律依据（Root，1987）。通过在领主和农民之间楔入司法、税收及官僚机构，尤其是将收税职能交由监察官掌理，辖制一方的领主法权大为削弱，及至 18 世纪中叶，领主阶层已彻底处于守势。因循古制，拥有土地的领主承担管理及保护村庄的责任，这种采邑制度和领主特权的基本依据也遭到了诘责（Root，1987）。

不堪沉重税赋的农民组织起来，奋起反抗，矢志与领主和王室决裂。这种主张唯有通过宣布一种新的合法形式来加以合理化，即人民国家，国家为全民负责（Bobbitt，2002）。

在路易十四统治期间，为了钳制封建领主，王室有意加强村民的力量，同时彰显其浩荡皇恩，保护农民的财产免受地方强权的侵夺。1756 年，在勃艮第的一个典型判案中，皇家法庭驳斥了一位领主任命一名乡村校长的请求。[7] 这与英国的法律实践形成了鲜明对比，那里的治安法官都是当地豪绅圈子里的常客。英国的圈地运动（1760—1820 年）和对大庄园主赏赉良田的举措，将穷人的收入转给了富人，使得农民陷入了一无所有的悲惨境遇。[8]

在法国大革命前的 20 年里，在王室的保护之下，村民与封建领主的债务纠纷案件聚讼激增。王室承认村民大会的集体决定，放宽了他们的借贷条件，进一步激发了民间借贷的诉讼浪潮，致使法定接收的案件持续增加。尽管农民在大部分案件中败诉，但随着他们在地方管理中的地位不断提升，他们的决心变得愈发坚定。

亚历克西斯·德·托克维尔在其经典著作《旧制度与大革命》（*Old Regime and the Rerolutin*）中申言道，法国的集权化进程剥夺了封建领主的管理职能。皇家官僚体系对农民村社和城市社区的保护，羁縻了封建地主阶级对地方资源的管理权，侵蚀了他们世代承袭的权威，使村庄的集体决策制度化，对人们的期望产生了革命性的影响。

作为一种少数人可以不劳而获的旧制度残余，封建特权日益受到鄙视（De Tocqueville，1856）。在制宪议会上（1789—1791 年），大多数代表普通民众（第三等级）的律师要求无条件免除农民积欠其封建领主的债务。伴随着平等主义和理性主义讨论的日益激烈，侈谈君权神授的君主世袭制或上帝赋予的权利都将成为最终的牺牲品。[9] 这些团体中几乎没有任何个人预料到，他们已经踏上颠覆君王统治的征程。

为了进一步清除封建权威的所有痕迹，新的革命政府将诸如勃艮第、诺曼底、布列塔尼、朗格多克和普罗旺斯等王国封地划分成行政单位。大革命之后，新生的国家号称效忠于民族，但并不代表普通人民的意志。国家的权威归属于官僚体系，由它们对人民负责。法语中源于希腊语的“官僚”（bureaucratie）一词，在大革命之前不久就开始使用了。

官僚体制剥夺了贵族权威的合法性，提高了筹集和调配资源的效率。将官僚体制延伸到农民王国的行政管理当中，确实产生了革命性的影响，后来也点燃了马克斯·韦伯的思想火花。它撕裂了中世纪以来农民对领主的依附关系，重塑了社会秩序。随着法国在 19 世纪民主化进程的推进，官僚体系由听命于王权转向了效忠于民族国家，最终服务于人民，类似于第二次世界大战后日本官僚体制的演变。

正如韦伯指出的，纵然建立官僚体制的出发点是为了实现保护社会特权的保守目标，它最终被证明促进了新的公共秩序观念，改变了对于阶级和社会责任的认知。官僚体制构建的社会网络首先重新定义了法国旧式的王朝结构，最终又将其彻底推翻。在钳制地方领主管理功能的同时，官僚体制使封建秩序的特权变得越加难以获得，使传统的精英阶层声望扫地。在这个意义上，它传达了一个富有新意的理念，使民主自由的思想逐步深入人心，以理性的科层化的行政秩序取代了王朝的权威。拿破仑发动的战争，目的在于按照法国革命的形象重塑欧洲的其他国家，以捍卫和扩大法国革命的胜利成果。

现代法国的诞生纯属意外，君主以官僚体制为主线推行社会改革，原本是为了保护自身狭隘的宗派和阶级利益，到头来却引火烧身，掀起了一场颠覆王朝秩序的轩然大波。最初由王权建立的官僚机构加强了贵族的地位，但是诸如督察官之类的官吏又从他们所服务的民众那里获得了自主权。常设的机构，例如皇家财政部和军校，确保了国家独立于纷纷攘攘的社会团体。军校设立的初衷在于训练来自贫困贵族家庭的学员，在拿破仑一世执政以后，开始训练非贵族的军官。

英国的法律和孱弱的官僚体制

与法国不同，英国在转型成为一个成熟的现代国家过程中，其古老的贵族发挥了重要作用，伴随着国家的形成，他们也壮大成为一个完整的统治阶级。

法国王室建立了一个独立的官僚体系来突破封建权贵的藩障，并拒不放手其收税和信贷的权力。然而，这种集权的模式只是削弱了王室吸引融资的能力，因为国王凌驾于法律之上，拖欠债务已经成为他们的嗜好。相形之下，英国君主未能建立起凌驾于公爵和伯爵之上的官僚体系，地方的行政职能始终控制在后者和乡绅手中。自 17 世纪末开始，君主彻底放弃了控制税收的希望。然而，淡出任何实权的君主反而得以稳坐王位，既然与世无争，他们几乎难以构成值得推翻的目标。英格兰身世显赫的贵族们一心经营自己的财富，而无意谋求那个有名无实的君主宝座。

皇室对议会筹饷的依赖始于 1215 年的自由大宪章运动。为了获得独立的收入来源，国王亨利八世（1491—1547 年）没收了教会的土地，并将其奖励给精英家族，以期换取他们的忠诚。但是，亨利的继任者手上的资源有限，只能赢得小部分地方贵族的俯仰。财政拮据的君主难以偿付官僚机构的服务，只能依靠乡绅来维持当地的法律和秩序。为了保护自身的特权，并确保王权不会介入和撤销他们的决定，地方贵族坚决要求法院与陪审团不能是王权的代表，这是他们捍卫公民权免受王权侵犯的一项重要斗争内容。

詹姆斯一世（1566—1625 年）及其继承人查尔斯一世（1600—1649 年）试图仿效法国的同行，创建一个类似的恩庇制度，将贵族纳入一个附庸于王权的体系，以摆脱国会的制约，但此番计划未能得逞。王权谋求收入的尝试，使之与贵族的关系变成了一场零和博弈。由于国王手中所能配置的资源十分有限，贵族们非但不屑于对其俯首听命，而且公开反对王室侵犯他们的财产、限制贸易机会以及袒护王室贵戚垄断的行径。

1641 年革命期间，议会就军队的控制权问题与王室僵持不下，坚持反对国王掌握资金以豢养一支常备军的权力。作为通常被称为 1688 年光荣革命的一项宪法原则，所有税务事宜必须征得议会批准，议会同时也负责所有债务的偿还问题。作为债务持有人，议员们有义务和动力来确保政府的财政信誉。

与受制于法律的金融中介相比，频繁拖欠债务的国王不得不支付更高的利率。[10]

英国议会体制，公共债务和公共利率

1688 年的宪法决议扩大了政府的告贷权，这对战时融资至关重要。在 1688 年大同盟联合对抗法国的战争伊始，英国王室仅能借到一百万英镑，而到 1697 年战争结束时，政府已经借了近 1 700 万英镑，支撑这一巨额债务的国民生产总值估计不超过 4 100 万英镑。在不到 10 年的时间里，政府债务从占国民生产总值的 2% ~ 3%，增长到了 40%。根据历史学家迪克森（P. G. M. Dickson）的观点，战争融资能力之所以大幅提高，1694 年建立的英格兰银行功不可没。它为政府筹款建立了一套基于长期借贷以及永久性国债的新体制（1967）。[11]

银行获批的章程使之垄断了对政府的贷款。由于普通法院独立于英国王室，英格兰银行可以提请法院阻止政府另行开辟信贷渠道。小型的独立贷款人和投资者被禁止相互竞争，更不准与英格兰银行争抢政府的信贷业务，于是切断了英国王室的其他资金来源。温加斯特（Weingast，1991）解释说，将政府的贷款决策集中在一家中介机构，还有另外一个目的：英格兰银行可以叫停信贷业务，从而大大增强了对于政府违约的惩罚力度。降低了逃废债务的可能性，就等于强制性地提高了政府对银行的借贷信誉。由此可见，英国王室的失败，实际上增强了英国的财政实力，使之能够以长期的低息贷款来支持旷世纪的鏖战。

1715 年，通过发行专项担保债务，英国政府进一步扩大了信用度。一项与议会达成的政治协议规定，特定的贷款必须由议会通过投票表决，以特定的税收项目作为清偿的担保。由于议会对举借公债的支持，英国政府在 18 世纪的债券利率从 1689 年的 10% 下降到了 3%，大大扩充了政府吸收国民储蓄的能力。利率的高低直接反映了举债人的偿还能力和信誉。

承担偿还义务的是永久的公共机构，而不是作为其中一分子的个人或高于法律的君主。作为政府债权人的代表，议会成员有动力通过增加税收来兑现，而非拖欠国家债务。由于税收所覆盖的人口基数要远远高于债务人的数量，议员（或他的选民）为偿债而支付的税收要小于违约的代价。此外，国会议员也可能因违约而间接地受到损害，因为他们的亲朋好友可能持有公共证券。当然，最重要的是，大笔国债的持有人是那些财力雄厚的富人，倘若得罪这些人，议员就丧失了坚强的政治后盾。在议会的控制之下，随着专项担保公债的持续发行和圆满兑现，英国投资者认识愈发坚信，政府更愿意偿还债务而不是违约，因此利率不再需要反映违约风险。

英国的战争能力归功于议会的信誉，使其能够比欧洲其他国家以更低的利率获得资金。这些资金用于海军建设，成就了英国海上霸主的地位，从而进一步在全球范围内为商人和地主拓宽了获取财富的机会和空间。随着 18 世纪末大英帝国在全球扩张，财富和创新的新节点与旧秩序一起走向了繁荣。社会面貌的多样性反映在社会制度和公民协会的形式上，例如咖啡馆、日报和学会。现代公民社会属于独特的英国创造，在调和国家与社会矛盾方面发挥了至关重要的制度性功能。这一点与大多数当代发展中国家形成鲜明对比，后者的国家权力被用来“纠集社会的原始力量来压制个人”（Becker，1994）。议会中哓哓不休的辩论往往被局外人视为一场场闹剧，但这种习惯有利于鼓励各方利益的代表畅所欲言，从而营造了一种为国内广大精英阶层所共享的政治文化，使他们在国家面临危机的时刻能够统一思想，达成密切合作。议员们渐渐学会了根据国家或公共目标来审视自己的私人利益，一种更加开放的政治文化蔚然成风。既然参与了制定公共法律的辩论和制定过程，他们也更加清楚如何调和自身与其他竞争性团体的利益。议员们就解决冲突的方法逐步达成了共识，那就是由争议各方推举一个深孚众望的个人或团体进行裁判，并接受其统一指挥。在法律伦理方面，他们建立了高度一致的信念，即公共法律应当以多方的共识为基础（Root，1994）。

德意志帝国官僚的包容性

政治经济学家达龙·阿西莫格鲁和詹姆斯·罗宾逊认为，旨在发展民主进程的政治改革是对革命压力的战略反应。从这个角度来看，扩大选举权是避免革命事件的有效手段。然而，民主化可以采取其他形式。在普鲁士主持下，德国一致同意的一个主题是建立一个任人唯贤的官僚体系，以减轻革命再度爆发的压力。1848 年的革命虽然以失败而告终，但它给德意志帝国带来了深刻的教训。

德国的统一，在德意志帝国期间（1871—1918 年）达到了巅峰状态。其经验表明，选举民主不是大众社会可以采取的唯一形式。在追求公民满足与社会认可方面，还有另一条道路可选。在没有广泛民主的情况下，仍然可以提高大众的素养和教育水平，以及进行大规模的战争动员（Buzan 和 Little，2000）。德意志帝国的战略是在政府机构和军队中实行公开择优录用。国家提供免费的公共教育和社会保障服务，并承诺保证人民的福利，唯独不提供普选权。福利方案扩大到包括养老金、意外保险、医疗保险和失业保险，以阻止向美国移民的浪潮，并设法拆除城乡壁垒，将农民工输送到受高关税保护的工业领域。普鲁士用官僚的包容性替代了多党选举，向较低层的有志之士开放官僚机构。这种做法化解了广大社会的不满情绪，并弱化了建立民主选举机制的要求。为此，德意志帝国通过广泛的政治和军事改革将其臣民转化为公民，实现了普通民众致仕通道的民主化。

公共服务的民主化始于 1806 年普鲁士王国在耶拿－奥尔施塔特战役中败于拿破仑之后。拿破仑的敌人卧薪尝胆，仿效了法国革命军队的原则，立志以彼之道还施彼身，不拘一格，广泛延揽人才。他们还采取了釜底抽薪的办法，针对法国军士招降纳叛，争取其内生哗变，对其缔造者反戈一击。建立一支人人都能誓死效命疆场的军队，是普鲁士国王腓特烈大帝梦寐以求的宏图大业。他旋即发起了一系列的改革，包括解放农奴制度。这些改革也为所有“和平时期的有识之士和战争期间的勇武之士”敞开了军官团的大门。普鲁士的军事改革包括建立一所专门培训军官的军事学院，学员不分出身高低贵贱，一律择优录取。普鲁士的改革者深知，只要赢得普通法国人的忠诚，他们就愿意把共和国的军权托付给普鲁士国王。德意志帝国最终实现了整个社会的军事化，同时也确保了政府行政部门免受选民的鄙陋愚见所左右。

最后，纳粹创造了“世界上最具民主意识的军事阶层”（Knox 和 Murray，2001）。纳粹军官接受了专门的培训，在战场上有很大的临机决策权，而不必依赖中央指挥。民族主义的社会主义人民军是“1811—1815 年普鲁士军队改革后的最后一张王牌”，但在 1939—1945 年，他们开始意识到，“普鲁士改革者招揽人才的结果令其噩梦连连”，在第二次世界大战中白白充当了社会革命者的炮灰（Knox，2000；Knox 和 Murray，2001）。德国军官在战场上的临机指挥权与法国军队事无巨细的集中控制形成了鲜明对比。机动灵活的临阵决断使得德国军队可以利用战场上转瞬即逝的每一个机会，而法国军官却要时刻保持与指挥中心的联络，致使部队在通信设施遭到破坏后很快陷入了被动。

在殖民地加强世袭权威

法国、英国、比利时和荷兰等欧洲列强，未能在其殖民地建立合法的国家权威，而是扶植当地的名门望族（“大佬”）建立傀儡政权，使之听命于宗主国的统治；他们还经常特意挑唆当地豪强之间互相争斗，以期坐收渔利。殖民当局依靠殖民地强大的精英和部族，目的是为了节省直接的管理成本，而非体恤那里的广大民众。在欧洲本土，英国和法国的国王吸纳了贵族，普鲁士的君主发动了底层的民众；而作为殖民主义者，他们都无一例外地以重贿和头衔为诱饵，笼络殖民地的社会精英，将其变成洋奴统治者，从而以最低的成本在当地制造和维持影响力。

欧洲殖民地国家的建设，鲜能复制其宗主国的经验和轨迹，因为殖民地当地缺乏富足的资产阶级。富商巨贾都是外来的淘金者，一旦离境，他们会把当地的私人资本一扫而空。资本积累取决于国家，而国家则依赖政治精英的管理。一些新独立的殖民地国家，如科特迪瓦、摩洛哥或马达加斯加等，其对外贸易仍然掌控在法国侨民手中。没有充足的资源，当地的资产阶级通常相当羸弱，即使在独立之后，也无法控制或决定国家的发展重点。没有自己的资本，像埃及和也门等许多前殖民地的中产阶级，只能指望国家提供工作机会，故而提倡走社会主义道路，由国家来主导工业化的进程。

作为殖民主义的遗风，以“大佬”为中心的裙带关系和其他类型的民间网络仍然阻碍着国家建设所必需的公民文化，也继续蠹噬着原本十分孱弱乃至异化了的民主基础。对当地居民基于恩庇的统治规避了对正式制度的忠诚。社会组织仍然未能脱离血缘关系和互施恩惠的轴心。这虽然同样是一种低成本的治理策略，但对于加速殖民地连通更大范围的殖民经济乃至最终融入世界经济来说，却无甚补益。因此，许多后殖民地国家，特别是撒哈拉以南的非洲国家，独立之前曾与殖民统治者密切合作的精英如今充当了权力掮客的角色。同样是这些当地的精英，他们仍然抵制后殖民时代建设现代国家的努力，因为现代国家会阻塞逃税和榨取租金的漏洞（Van de Walle，2001）。宗主国的社会权威已经让位于国家治理的形式，而独立后的殖民地却大不相同，其正式的规则和非正式的行为之间存在巨大的鸿沟。[12]

现代中国及其体制的包容性

如果问及欧洲的专制统治者为何建立官僚制度，答案通常指向一个关键动力：战争动员。欧洲国家的扩张取决于调动战争资源的能力，因此必须依靠扩大税基和大举告贷来实现。相比之下，亚洲的战争通常是短暂的，劳动力密集型的，而不是资本密集型的。按照西方标准，但就规模来说，历史上的中国军队庞大无比，所以需要速战速决；“有这么多张嘴需要养活，他们没有时间按照西方指挥官所喜爱的那一套进行细致的战前准备——备足武器弹药，测定炮火角度，深挖战壕，排布雷区”（Parker，1995）。这种强调以多胜少，而不是综合发挥工业力量、技术和纪律优势的现象，贯穿了很长的历史时期。在抗美援朝战争期间，中国军队的优势仍然是人民战争。装备和补给相当落后的中国军队虽凭借发动人民取得胜利，但双方损失也相当惨重。

自第二次世界大战爆发以来，中国经历了多年抗战和解放战争，社会主义新中国终于成立，这时，人民迫切渴望休养生息，国家也急需经济建设。毛泽东作为开国领袖，受到了人民景仰。然而，作为一位为人民谋幸福的大救星，毛泽东却以大炼钢铁来赶超英美实现现代化进程。而且，他坚持以阶级斗争为纲，发动了长达十年的“文化大革命”。这场运动旨在肃清修正主义分子，结果却严重削弱了中国的国力，酿成了内外交困的局面。环顾四周，左右有西方国家的封锁禁运和战略围堵，北有虎视眈眈的苏联，南有与印度的边界之争，东南面临蒋介石光复“大陆”的勃勃雄心……面对强邻环伺的紧张局势，毛泽东仍强调人民战争的汪洋大海。

那么，中国的谜题在于，为什么其官僚机构没有在毛泽东时代，而是在继任的政府之下经历了大规模的开放？难道是为了满足和平时期的发展需要吗？

1976 年毛泽东去世后，米哈伊尔·戈尔巴乔夫领导下的苏联失去了威慑力，美国不再把苏联视为一个直接的安全威胁。然而，毛泽东的继任者邓小平在 1978 年到 1992 年这样一个和平时期，增加了一些政府机构，这些机构限制了党的最高领导人以个人的人格力量行使权力的能力（Nathan，1997）。邓小平首先恢复了遭到“文革”破坏的高等院校及其择优录取的考试制度，并参照新加坡、韩国、中国台湾以及日本等地区的一些做法，通过倚重技术专家、规范程序、建立合理的规章制度以及推行公务员招聘制，使中国逐渐融入世界市场。

为何邓小平在外部威胁已经减弱的情况下却削弱了自己的权力，转而进行机构改革？[13]要知道，在冷战时期，韩国、印度尼西亚和新加坡等亚洲国家的领导人很注重树立个人权威，以举国之力来防御共产主义革命的侵入；而在冷战结束之后，他们又纷纷通过淡化个人权威来推行经济自由化，因为他们需要与中国展开竞争，在工业化道路上吸引外国投资，扩大出口市场。

邓小平的主要目标是经济增长。中国历史表明，扩大国家的经济基础将增加政府机构对人才的需求，这就是他推行官僚体制改革，使之按照规则对管理人才开放的一个绝佳理由。中国历史上有许多农民起义是由仕途不顺的地方精英发动的（Fairbank，1986）。例如，洪秀全（1814—1864年）发动的太平天国运动席卷了大半个中国。作为其同乡的后生，孙中山（1866—1925 年）在青年时期深受洪秀全传奇事迹的影响，盛赞其“为吾国民族大革命之辉煌史”，并自诩为“洪秀全第二”，穷其一生为民主而战。不过，政府为优秀人才创造就业机会固然重要，但前提是政府必须能够在不抑制经济的同时扩大其收入基础。

中国的历史书中对科举制度颇有诟病，认为问题来自清朝，因为应试人数远远多于科举提供的官位。由于清朝在鼎盛时期的经济扩张，对人才的需求倍增，但职位的数量和俸禄却一直保持在明朝时期（1368—1644年）的水平。随着人口的激增，为数不多的官员变得更加孤立于百姓。据费正清考证：

> 清朝政府覆亡的原因之一是，它在19世纪初叶未能及时调整政府结构，使行政建制和官吏的数量跟上人口和商业的增长。例如，政府的分省定额制没有为取中的举子提供相应的致仕名额。但是，随着及第才子数量的增加，僵化的定额制度致使其中的多数人终年赋闲在乡，无法通过致仕取得功名。一种日渐盛行的方式是将这样的人才以幕僚、师爷、文员和候补的身份辟为政府所用。但这只是加剧了各级官员之间的竞争，并无助于提高行政效率。直到20世纪后期，政府体系结构才得以扩展。阻止人才向上流动的一个影响是，无数谋求职位的年轻文人学士委身成为衙门中失意的食客，机构臃肿和职位竞争助长了官场贪贿公行的歪风邪气。

但邓小平开放经济的愿望遇到了党内保守派在意识形态上的抵制，他们根据马克思的预测，唯恐开放贸易会造就一个独立的资产阶级来挑战现状。邓小平在官僚体制当中纳入了延续至今的公务员公开招聘和晋升制度。中国共产党坚持与时俱进的精神，废除了类似印度种姓制度的阶级成分论，让那些长期被压制在社会底层而有家学渊源的人才脱颖而出。他们在招聘高级行政和企业管理人员时，减少了对政治背景的考查，并大力奖掖做出突出贡献的管理人员。今天的中国共产党胸怀更加开放包容，不仅为成功的企业家长期提供商业机会，而且鼓励他们成为党内的一员。此外，他们还开放了人民代表大会和政治协商会议中的名额，吸收企业家和其他行业的精英进入立法和监督机关参政议政。改革的目标是为最能干的管理者和最优秀的毕业生提供用武之地，将他们的个人发展与国家利益统一起来。

改革的过程是向精英主义的过渡，这符合传统儒家关于崇义守道和修齐治平的理念。它要求道德修养较高的君子发挥表率作用，与社会各个阶层和谐共处。因此，为了共同的理想做到步调一致，要比体现个性和自我表现更为重要。中共中央政治局作为党的最重要的决策机构，按照绝大多数发展中国家的标准来说，尽管很多都属于党的元老，但其任人标准是任人唯贤，他们有着丰富的领导经验，既能在小范围里决策，也能在大庭广众之下宣布重大决议。中国共产党不断吸收受过高等学府良好教育的顶尖人才，并注重完善行政管理的人才梯队。迄今为止，中国党员干部队伍中的精英人群已远远超过包括印度在内的其他发展中国家。由此可见，把“专制”一词强加给自邓小平执政以来的中国政府，确实显失公允。

中国的信息问题

中国的一系列改革举措提高了中国共产党的执政能力，使其能更好地管理世界上增长最快的经济体。但是，由于国家如此庞大，人口如此众多，加之数千年的封建遗毒，中国共产党对于地方上的渎职行为尚未建立完善的监督机制。有些地方官员无视党纪国法，假借发展经济为名，利用手中的职权徇私舞弊。仅仅依靠上级纪检机构督查的方法，则缓不济急，不可能及时堵塞他们贪腐的漏洞。由于没有竞争性的选举和透明的信息渠道，政治官员常常不严肃对待人民的投诉。由于缺乏敏感的预警机制，因此不能做到防患于未然，及时暴露地方官员的胡作非为。这导致中央无论是监督及评估下级官员的实际表现，还是全面掌握地方的不安定因素，都要付出高昂的代价。

在经济改革的过程中，邓小平成功地调动了地方官员的积极性，因为改革措施的顺利推行离不开这些地方官员的支持。但是，改革的同时也加大了基层官员贪污腐败的风险。在法律和政策方面，每个开放市场的机会都被视为一个试验性的特例，结果一方面造成了不同地区间的苦乐不均，另一方面也由于政出多门，且前后摇摆，纵容了机会主义的泛滥。在改革之初，为了鼓励地方官员积极响应号召，政府默许他们在商业经济中获得私人股份。合同承包制赋予了地方政府官员和国有企业的管理者很大的自由裁量权，他们可以通过慷慨而不受监管的合同条款来获得向民营企业寻租的机会。因此，从下而上和从上而下，中国各级政府的官员都能在经济改革中享受到既得利益或预期的利益。[14]

各种税收减免和特惠政策为地方官员损公肥私创造了可乘之机，他们假借建立经济开发区或城镇改造的名义与开发商沆瀣一气，圈占农民的土地或强拆市民的房屋，结果导致信访事件增加。这些特殊的安排阻碍了税收的征收，降低了财政的透明度，并在企业之间造成了不公平竞争。这样所造成的渎职行为，在党中央获悉之前，可能已经达到了极其严重的程度。

政府的问责制是唯上的，因为各级官员仕途都掌握在上级手中，至于当地人们对他们如何评价，他们不太关心。中国有句古话，叫作“天高皇帝远”。除非发生了无法遮盖的重大恶性事件，否则底层民众的声音很难上达中央，因此，依靠社区对地方官员的监督或规劝其自律，效果微乎其微。基层官员熟稔地方事务，有些不仅罗织了盘根错节的关系网，而且可以偕同其他政府部门形成官官相护的命运共同体，对上级主管部门阳奉阴违，巧妙地掩盖其渎职行为。不论是为了完成经济增长的任务，还是出于与企业勾结获得私利，他们往往与当地的企业家联手，迂回地抵制中央对于生产质量、劳工安全以及环境保护的标准。对地方官员的渎职行为长期以来疏于有效的监管，败坏中央政府在国内外的声誉，甚至有损中国共产党执政的合法性。

中国宪法赋予了公民在言论、集会、结社、游行、示威等方面的自由权，但政府担心过度放任行使这些权利，则有可能产生蝴蝶效应，酿成一发不可收拾的群体事件。1989 年政治风波以及邪教在 20 世纪 90 年代末的示威，依然殷鉴未远。东欧剧变和“阿拉伯之春”再次让他们绷紧了神经，他们必须提高警惕，严防局部事件滚雪球般地演变成一场大规模的、旷日持久的民众运动，进而构成对政权本身的威胁。

社会底层爆发的民愤一旦引起了政府高层的重视，接踵而至的往往是对地方干部的审查和追责。然而，政府必须在充实政府机构和体恤民情之间取得某种平衡，因为前者有可能造成机构臃肿和官僚作风，而后者则容易放纵民众挑衅政府，从而削弱国家的治理能力，延误系统性改革的进程。在严厉打击官员腐败的同时，中国领导人也在思索如何清除滋生腐败的土壤。整肃地方官员当中任人唯亲的现象，提高地方政府的治理能力，不失为缓解社会紧张局势的突破口（Pei，1997）。

政治的包容性：中国对自由民主的答案

旧日的法国君主没有急于消灭贵族，而是增补新的贵族成员与之抗衡，这与中国当前的政治环境有诸多相似之处。中国和当时的法国都属于一党执政的国家，并且都采用了同样的方法来抵制保守势力。中国的党和政府注重吸收新鲜血液充实干部队伍，而且建立了专门的党校和行政学院，对新入职或行将提拔的地方干部进行轮训。在坚持对党和国家忠诚之外，培训内容更注重让他们了解国内外形势，掌握管理方法。

中国鼓励新兴的民营企业家和专业人士加入党组织，但遇到了政策转型的挑战，私人财富的过度集中渐渐逃离了国家的掌控。目前的中国，尤其是在国家取消了农业税之后，农民的生活得到了很大改善，青壮年还可以通过外出务工赚取额外的收入。尽管户籍制度的存在仍不利于他们享受平等的待遇，但中国的农民习惯于小富即安。况且，近些年中国成效卓著的扶贫计划也使大部分农村地区快速摆脱了贫困。

目前，中国在乡村一级正式推行直接的民主选举（理论上属于“协商民主”的一种），要求以无记名投票、公开计票的方法当场宣布结果。允许农民推举自己的利益代言人来管理地方资源，并明令禁止任何组织或者个人指定、委派或者撤换村民委员会成员，这一举措克服了治理信息的偏差。虽然一开始个别地方出现了大家族垄断票源或贿选的现象，但有了报纸、电视和广播电台这些“民主孵化器”的帮助，以及相关市场信息的广泛渗透，农民意识到国家政策切实提高了他们的福祉，觉悟水平和权利意识有了显著提高。这类似于法国君主在1789年大革命前40年的做法，他饬令地方行政长官监督乡村对政治候选人的审议和选举过程，将基础设施交由当地的居民负责。他还放宽了农民阶层进言王廷的渠道。不过，如何做到宽猛相济，一直是对领导者治国智慧的考验。协商民主对当地民众的期望值具有厝火积薪的作用，他们会得寸进尺，利用民主的渠道和机制与其他有组织的好乱之辈串通一气，变得愈加刁蛮无理。在群众当中灌输民主的准则以及扩展他们与官僚网络的联结，可能会引起公共舆论意想不到的转变，使集体行动的规模、速度及结构失控于中央的股掌之外。

反观英国的强国之路，自从政府的钱袋从国王转移到了议会，其全球金融管理的能力得到了全面提高，为英国成为国际金融体系的枢纽奠定了坚实的基础。中国也渴望成为全球的金融中心，但它无法重复英国的成功之路。同样的力量可以使英国成为全球金融体系的霸主，但对于中国而言，则可能是邯郸学步。除了政府手中掌握了令其他国家都垂涎三尺的巨额外汇资产以外，它的管理体制和操作能力尚且无法与西方的老牌国家一争高下，因为中国在国际金融市场上的影响才刚刚发力。倘若中国在近代像英国那样通过货真价实的君主立宪而发展成为一个现代化的民主国家，整个国家乃至全世界的历史就会改写。

中国行政体制中存在委托代理的矛盾，中央和地方政府之间在税收分配和转移支付方面存在利益冲突。[15]地方政府利用手中的资源谋求局部利益。如果任由地方政府藏匿大量的预算外资金，中央政府的财政就不堪敷用，没有足够的资金来完成国家的重点发展项目。中国没有相对独立的全国性机构为国家利益代言，一切行动均依靠体制内垂直型的行政命令，这种上级至尊的权威在利益分歧面前会变得力不从心。中国筹资能力的弱点正是英国的长处。无法解决中央与地方的利益纠葛，加速了中国历代王朝的衰落。中国尝试过多种形式的税制改革，包括最近的“营改增”，同样涉及中央与地方的利益分配问题。就现实而论，中国似乎还未找到克服这种矛盾的办法。

与 19 世纪的德意志帝国和日本比较，可以看出同期中国在建设国家能力方面的差距。普鲁士国王威廉一世任命俾斯麦为宰相推行“铁血政策”，统一后的德意志继续沿袭了普鲁士的旧制度，1871 年的《德意志帝国宪法》确立的议会并无实权可言。那时，德国的资产阶级发育不良，庞大的社会势力仍然掌握在容克地主阶层手里。但也许是迫于内外部的压力，他们实行了开明专制，早在 19 世纪伊始就颁布了废除农奴制的十月赦令。政府不再大动干戈消灭作为庄园主的容克贵族，而是劝勉他们引进资本主义的运行方式，逐步转变成为农场主以及制造业的企业家，从而兵不血刃就改变了封建的生产方式和社会关系。他们通过国家自上而下的干预，在经济、社会、教育和军事等领域进行了全方位的改革，特别是在军事和技能教育方面培育了大批的专业人才。在发展工业化的同时，他们仍然兼顾农业，并促进工农业在技术和经营方式上的融合。他们大力发展交通运输业，拓宽和延长铁路和公路，终于使一个落后的农业国发展成为欧洲领先的工业化国家。始于 1868 年的日本明治维新，也是在最高权力的干预之下取得成功的。明治天皇莅位之后，一改德川幕府时代的“锁国政策”，又有伊藤博文作为首届内阁总理大臣的辅弼，同时比照欧美等发达国家，推行了全方位的改革。在行政领域，实行“废藩置县”，在君主立宪的基础上建立了中央集权的政治体制；在经济领域，推行“殖产兴业”，允许土地买卖，拆除各藩之间的关卡，撤销垄断性的行会，引进资本主义的生产方式，修筑新式铁路、公路，促进工商业发展；在社会领域，提倡“文明开化”，以“全民皆学”的方针提高国民的文化素养和培育专门人才，虚心学习欧美的先进技术……最终不仅使日本进入亚洲国家前列，而且跻身于世界强国之林。

反观中国的“洋务运动”，它是晚清政府在内忧外患的重压之下情非得已的举措。面对步步紧逼的西方列强，他们虽领教了洋枪洋炮的厉害，但从心底里仍然鄙视其为蛮夷弊邦，所以始终坚持“中体西用”的主导方针，拒绝了解和学习西方国家能力建设的精髓。购买洋枪洋炮，学习西方技术，只是一种“师夷制夷”的权宜之计。李鸿章、张之洞等一些较为开明的洋务派也曾将学习西方上升到国家“图强”“求富”的高度，但终因清朝政府强大的保守势力和他们自身的局限性，致使中国现代化的进程中途夭折。20 世纪之交的“戊戌变法”标志着一批熟识西方和日本的中国仁人志士开始显露头角，他们主张参照英美，推行君主立宪，但也遭到了以慈禧太后为代表的顽固派的残酷镇压。

德意志帝国和日本的改革都是自上而下的，结果非但没有废除皇权，反而巩固了君主政体，稳住了国王或天皇的宝座。中国现代的改革虽然也是自上而下的，但与当年的德日两国相比，它却一直是在摸着石头过河，而市场的开放大多是依靠外力推动的。总体而言，经济发展的成果已经掩盖了总体战略的某些失误。毋庸讳言，当代中国的经济成就是举世瞩目的，但以民营企业家为代表的新兴资产阶级的迅速崛起，特别是他们与高级官员及其子弟媾和而形成的既得利益集团，已开始隐约地给高层领导者带来了不安，有些已经严重偏离了党和国家的利益取向，故而变成了反腐运动打击的对象。中国的中产阶级集中了受过高等教育的专业人士，按照本地标准来看，数量固然庞大，但他们整日为了家庭和工作疲于奔命，国家的大政方针问题只是他们在一些小圈子里饭后茶余的谈资，他们实则无心认真地过问政治。

饶有讽刺意味的是，德意志的军国主义和日本的武士道精神赋予了国民严整的纪律性和坚强的意志力，使他们在工业革命和现代化的进程中一路领先。然而，也有封建残余作祟的因素，这些也助长了它们不可一世的侵略性，结果在两次世界大战中给本国和世界造成了惨绝人寰的灾难。中国虽人口众多，但不会依循普鲁士或日本军国的模式走上全民皆兵的道路，它也没有对外征服和掠夺的基因。儒释道文化极其注重个人修养，提倡与世无争，鄙夷无节制的物质贪欲，整个社会对于官阶和知识的尊重也胜过对军人勇武的崇拜，退役的军官所谋取的民间职位一般会低于他们在部队里对应的军阶。

最后，经历了数千年的封建王朝，中国已经积累了丰富的治国经验，而且通过艰苦卓绝的民主主义革命，它也基本上铲除了特权的世袭倾向，这是许多落后国家所不能比拟的。以索马里为例，它至今仍处于前现代和前国家的社会集体状态，与官僚体系健全的现代国家相去万里之遥。普里查德和沃尔考克（Pritchard 和 Woolcock，2004）声称，一种是基于国家的社会，一种是基于族群的社会，要弥合二者之间在能力差距上的鸿沟，“按照目前制度改革的速度，还需要6000年。”在持续的社会转型过程中，裙带关系、“官倒”、“走后门”，以及带有世袭色彩的“官二代”“红二代”等社会现象亦时有浮泛，由此在普通民众当中造成的“仇富”和“仇官”心理导致了对执政者的不满情绪。这些已然引起了领导人的高度重视，除了加大反腐力度之外，政府三令五申，禁止官员及其子女从事商业活动，清理将家人移居海外的“裸官”，限制即将或刚刚卸任的官员担任民间组织或社团的职务，等等。一连串的贪官陆续被绳之以法，民众在欢呼雀跃的同时，也在等待更加大刀阔斧的改革举措。

诚然，如果没有一个置于党派之上的法律体系，那么精英政治就存在日益退变成世袭体制的风险（Wong，2012）。假如没有强大而独立的法律体系进行制约，官场的恩庇之风就会甚嚣尘上。中国共产党立志要确保不留权力的飞地，就像反贪不留死角，但如何弥补自我监督能力的不足，长期而有效地防范官员假公济私或者庸碌无为，这仍然是国家能力建设的重大课题。

中国对政治本质的探索

颇具影响力的社会哲学家弗朗西斯·福山警告说，中国未来向民主的过渡是必然的，并声称不断壮大的中产阶级会暴露一党执政的某些缺陷（2011）。

在建立了一定的物质基础之后，即使是较为专制的东亚国家和地区也开始推行选举制度，首先在日本，然后在该地区其他高增长的经济体相继铺展开来，例如中国台湾和韩国。中国会有什么不同吗？答案是肯定的，因为东亚其他地区被认定为民主政体，主要反映了美国作为施主和霸主的影响。中国的安全不依赖于美国的保护伞，其经济的成功不需要感念由美国及其盟友在二战之后构建的自由世界秩序。

此外，中国悠久的历史为中国共产党提供了独具特色的剧本，足以保证其一党执政的连续性，避免陷入“历史的终结”。经济的快速增长对其目前的治理结构构成了一定的挑战，但中国丰富的文化遗产为其另行开辟一种新型的治理模式提供了素材。在中国历史上，有数代强权而开明的圣君任用贤能开创了盛世伟业，更不乏发动群众吊民伐罪和铲除权贵的成功范例，其中，官僚体系的建设功不可没。今天，政府同样可以招贤纳士，依靠一支训练有素且公正廉明的干部队伍，来抵制为富不仁的资本家和党内腐败分子对国家的威胁。

中国领导人解决问题的办法不是终止一党执政，而是增加现有政府体制结构的包容性；他们也不可能大幅削减国有企业的主体地位，而是鼓励民营企业合理合法生长，以弥补国有企业在管理效率和经营业绩上的不足；他们打破了僵化的意识形态，鼓励各级政府引进外资，在扩大出口的同时，提高了国内的就业水平，活跃了本国的消费市场。通过发展混合经济的模式，他们将各类经济主体整合到一起，以期各自能够扬长避短，同时也避免任何强大的独立集团与政府讨价还价。当代中国的治理艺术与其王朝时代有相似之处，关键在于掌握整个政府机构的忠诚和效率，以确保所有的私人利益和利益集团均服从于国家的大政方针。

中国的很多制度特征反映了其历届领导人对国际形势的判断，由于缺乏互信而导致的西方对中国的长期孤立也是一个重要因素。中国对全球经济的依赖与日俱增，在步入中等收入国家的道路上，它同样面临贫富差距、人口老龄化、税制改革、利益集团等与西方国家类似的问题与挑战。尽管如此，中国不会复制西方的治理轨迹，这可能会令西方自由主义的预言家大失所望。西欧研究公民社会的历史学家马文·贝克（Marvin Becker）承认，“无数公民社会的模式完全可以在各种不同于自由民主的政体中长期生存，并且得以蓬勃发展”。在探寻政治本质的过程中，中国对自由民主的反应是官僚政体的包容性。

结论：在网络化的全球经济中探寻政治的本质

论及国家能力建设，无论是关于人性善恶的辩论，还是任德或任刑的尝试，中国历史积累的理论和实践足以令法国、英国和德国等老牌西方国家相形见绌。总体而言，中国素来推崇孔孟之道为主体意识，提倡官员和知识阶层将富含人类利他主义情怀的春秋大义予以经世致用。儒家倡导的仁义和名节的理念由亲亲延伸至亲民的社会机制，要求官员勤政爱民，造福一方，做到青史留名。在中国文化里，信任、合作与社会和谐的属性在伦理和政治上都有明确的定义，无论在哪一个历史时期，总有一批仁人志士不计个人得失，甘愿将自己的才智奉献给集体的事业。

然而，税收能力一直是中国的薄弱环节。如今，政府通过国有的银行和企业提供多种必要的社会服务来弥补财政的不足。这些政策也许有助于避免在行政改革过程中节外生枝，但不利于提高经济效率。[16]政策上继续允许国有企业进入政府控制的信贷市场在某种程度上会造成浪费和低效，并限制创业的机会。[17]对于国有企业的改革，中国曾经尝试过多种措施，包括承包经营责任制、引进现代企业制度、破产重组、抓大放小、债转股、改制上市、混合所有制，等等，政策不一而足。

西方的政策制定者和社会变化专家约翰·伊肯伯里等人曾断言（见本书第4章），选举民主当中涌现出来的利益集团相互竞争，是一种在现代经济管理中平衡相互冲突的现实、政治和道德复杂性的最佳手段；在复杂而交互的世界，中国最终会发现民主是管理现代化和融入全球经济的唯一坦途，这也是他们孜孜以求的目标。伊肯伯里的这种论断未免过于天真，它起码忽视了中国的历史传承和现实条件。中国政治舞台上所上演的剧本，用当代儒家政治思想家蒋青的话来讲，是一种儒家的治理秩序（Qing，2012）。脚本中既有内乱蜂起的教训，又有慑服番邦的经验，在各种风云际会中所积累的政治智慧已经被历代统治者传颂了上千年。很难想象，中国会放弃数千年来关于职责、权利、义务和社会角色的传统，而采用西方的办法来解决当前的矛盾。因此，蒋青和王吉思深信，中国的发展演进定然离不开扎根于本民族的儒家文化背景和优秀传统，其发展模式也不会苟同于其他的非西方国家，当然也不会将自己的历史和传统磨合到西方民主的轨道里。然而，有一个理由超出了中国传统的经验，可能不利于中国特色的未来之路。在过去，改革的压力主要来自国内，而今天的中国有必要调整其行为，以应对全球的相互依存关系。这一点，我们将在第11章展开讨论。

在经济全球化时代，中国正积极到海外寻找发展的机会。奋发图强不等于自力更生，中国在追求繁荣富强的道路上也必须适应形势的变迁，同时考虑共同前进的合作伙伴的利益。它首先必须认识这个世界纷繁而不断变化的复杂性，熟悉介入众多玩家的游戏规则，然后在此基础上做出抉择。全球化的一个重大趋势就是放权，例如将之前由政府控制的经济决策权交给市场主体。而且，在提供就业机会和产品创新方面，众多的中小企业正在挤压大公司的空间。如今的公司，无论大小，正在褪去民族的色彩，它们已经将研发、制造、销售和服务等业务铺设到了世界的各个角落。在这样一个高度分散而且竞争激烈的全球经济中，固守集中控制的决策者难以跟上时代的步伐，出现决策错误是难免的，而且是致命的。对于历史悠久的中国来说，摆在其领导人面前的这种全球化的现象，的确是一个全新的课题。究竟是要力挽狂澜，抵制这股潮流，而致力于改变全球的环境，还是要放弃中央控制的惯性，以融入各国紧密联系的全球经济中呢？

在最后两章，我们将探讨国际体系的未来趋势，看它是否会走向以东方和西方两个网络系统各自为政的竞争格局。[18]两大网络是否会坚守和扩大各自的势力范围，使全球一体化的浪潮再次冲击出两大政治阵营势同水火的对峙局面呢？反之，在携手解决世界共同面临的问题中，东西方是否会因同恶相济而将差异消弭于无形？为此，我们接下来需要围绕全球的稳定性问题，考察决定未来国际体系形态的核心要素。

第10章

中国在挑战自由主义的全球合法性吗

引言

当今世界，经纬万端，多股力量密若织网，此起彼伏，时而联动，时而掣肘，遂而提出一个关键问题：是否会随时发生“牵一发而动全身”的现象？换言之，如果局部发生了改变，整个系统能否继续保持稳定？例如，在亚洲或中东一度处于边缘地位的国家所发生的变化，是否会撼动二战以来形成的国际关系体系？

当中国处于相对封闭状态时，其所作所为对于外部世界无关宏旨，而如今的情势却大不相同了。自20世纪90年代初以来，全球贸易格局发生了巨大的变化，一个最为显著的变化就是中国与其他外围国家建立了纵横交错的依存关系。中国的崛起对自由主义的国际秩序产生了一定冲击，其不断扩大的商业网络正在改变政治家和学术权威的思维定式，将西方国家主导的威权主义发展模式转变成为平等互利的伙伴关系。有人认为，中国不仅会在微观层面改变国际合作的策略，而且会在制度层面改写国际体系的规则，果真如此吗？

在这方面，中国与斯里兰卡的合作互动，为我们提供了一个难得的机会，可以深入观察一个与西方发展理念迥异的大国，是否真的在挑战自由国际主义的议程。

为了更方便理解，本章将探讨斯里兰卡民粹主义的起源，这场名曰“大地之子”的群众运动竭力反对政府跟随西方的发展模式。在泰米尔武装冲突期间，西方国家断然拒绝了斯里兰卡政府购置武器，以彻底清洗泰米尔反政府武装的请求，而是力促通过谈判予以和解。斯里兰卡领导人于是转向了中国，中国迅速上升为斯里兰卡的紧密伙伴，为其提供项目贷款和相应的帮助。

地缘政治分歧

在斯里兰卡，僧伽罗的知识阶层对西方的不满由来已久，他们很早就将岛国的经济窘境归咎于外国势力的干预。但关键的转折点发生在2005年总统选举期间，这种怨愤凝聚成一股新的政治势力。民粹派领袖马欣达·拉贾帕克萨慷慨陈词，大肆抨击西方自由主义者提出的结束26年内战的提议，反对政府将自治权授予分裂主义的泰米尔地区，素来啧有烦言的知识界同声相应，为民粹主义运动一路摇旗呐喊。[1]

拉贾帕克萨竞选获胜之后，西方一再拒绝其对武器援助的请求，这将对北部的泰米尔武装造成致命的打击。西方一直强调需要采取平衡的做法，通过分权的方式实现民族和解，并力劝冲突双方捐弃前嫌，避免宗教狂热、政治教条和社会偏见，切勿将对方赶尽杀绝。西方建议通过分权来满足分离主义的要求，拉贾帕克萨政府将之认定为分疆裂土的奇耻大辱，于是大加煽动反对西方的情绪，指斥这是西方势力对泰米尔分裂分子为虎作伥的丑恶行径。

在长期经历西方殖民的国家当中，斯里兰卡并不是第一个和中国建立亲善关系的友邦。例如，拥有丰富的矿藏和农业资源的津巴布韦、南非、巴基斯坦、秘鲁、委内瑞拉和玻利维亚等国家，它们在地缘政治的重新定位中具有得天独厚的优越性。中国的地缘政治策略是极其务实的，在西方对资源丰富的国家提出苛刻要求的时候，中国恰恰能抓住机会绕开西方对自然资源出口大国的控制；中国给出的条件优厚无比，因此不担心被他国取而代之，它看到的是长远利益，而不会在一些细节问题上锱铢必较。亚洲和非洲一些国家和地区依靠来自中国的支持，不仅可以摆脱西方苛刻的政治条件，而且不用顾及其国内选区的态度。[2] 以斯里兰卡为例，在中国的支持下，拉贾帕克萨政府有了足够的财力来压制反对派。

与缅甸或津巴布韦等其他的中国合作伙伴不同，斯里兰卡是少数几个独立以来一直保持民主的发展中国家，而缅甸的军政府在 1988 年拒绝赋予公民选举权，津巴布韦政府则因 2005 年雇用刺客折磨和谋杀多名记者而受到国际社会的普遍谴责。下面我们将探讨有哪些积极因素将斯里兰卡吸引到了中国这边，又有多少其他政权将受到中国新兴市场的影响。

斯里兰卡原名为锡兰，陆续经历了葡萄牙和荷兰的占领，1802 年根据英法两国签订的《亚眠条约》，被宣布正式成为英国的殖民地。1927 年成立的多诺莫尔委员会于 1931 年颁布了一部宪法，建立了立法机关，并通过地方选举产生了锡兰国务院。1947 年，索尔伯里委员会将国务院扩大成一个议会，由总理作为最高长官。1948 年，该国开始独立，成为英国的一个自治领，定名为锡兰。政治权力由大不列颠转交到当地的中产阶级手上，他们中许多人受过英语教育，并在行政管理方面受过英国培训。其政体属于西敏斯特式的多党民主制，从国家到地方的各级官员均通过民主化的选举产生。该岛国于 1972 年成为共和国，并更名为斯里兰卡；1978 年颁布新宪法，改国名为斯里兰卡民主社会主义共和国。一个没有实权的总统取代了女王，作为国家的最高权威和元首。1987 年，贾亚瓦德纳总统扩大了总统权力和权威。迄今为止，斯里兰卡仍然是英联邦的成员国之一。

独立伊始，许多国际观察家认为，斯里兰卡有英联邦的庇护，有民主的政体，有丰富的资源，有优越的地理位置，当然还有一批熟稔西方话语的中产阶级，这些足以让斯里兰卡成为印度洋上一颗冉冉升起的明珠——经济繁荣，政治昌明，人们安居乐业。然而，该国独立后的景象却令人大失所望，经济连年衰退，政策朝令夕改，政府补贴和价格管制忽冷忽热。直到 1978 年，对外直接投资仍然没有实现零的突破。在独立后的大部分时期，国民生产总值增长缓慢，人均收入停滞不前，以往非常强劲的教育指标（教育是免费的）也直线下降。茶叶作为该国的出口大项，价格一路暴跌，转而推高了进口食品和机械产品的成本，致使国际收支捉襟见肘。由于其中央银行虚抬了本币的汇率，出口受到了抑制，而寅食卯粮的消费得到了鼓励，对农业的投资更是乏善可陈。截至 20 世纪 70 年代初，斯里兰卡已然成为众多负债累累的发展中国家之一，只能求助于国际货币基金组织等国际机构，以拯救其财政危局。在整个 70 年代和 80 年代，经济停滞的局面仍未得到缓解，高估的货币继续侵蚀着出口竞争力。热衷社会主义的知识分子发现，斯里兰卡之所以陷入了凋敝不堪的困境，西方的阴谋就是背后的罪魁祸首。他们抱怨说，经济的主要部门，尤其是茶叶和橡胶生产部门，都被控制在海外资本家手中。此外，种植园主和商人的层层盘剥导致了农村的贫困，这些人甘愿充当国际新殖民主义利益集团的贩夫走卒。他们指责英国在官僚体制里刻意偏袒泰米尔人，侵犯了广大农村僧伽罗人的权利（该岛国的农村人口约占 80%）。1971 年春，由人民解放阵线（JVP）发动的那场马克思主义武装革命就表达了对这种异化的仇恨。据报道，在这次起义中，大约有 1.5 万年轻人丧失生命，直到起义被镇压。为了进一步消除起义的隐患，政府征用了矿山和私人农场，包括茶叶和橡胶种植园，但仍然坚持议会道路。为了从工业化的西方国家获得贷款，斯里兰卡的领导层针对西方的价值理念，必须在违逆与顺从之间求得平衡，所以不敢轻言放弃选举式民主。

跌宕起伏的世界市场一直令依赖自然资源出口的斯里兰卡进退维谷，如此难解的经济困局助燃了岛国上下对西方的怨愤。经济上的挫折也激化了国内的民族矛盾，成为 1973 年泰米尔暴动的导火索。为了平息分裂分子的叛乱，斯里兰卡政府需要向西方购买武器，于是不得不进一步向西方示好。1983 年，内战硝烟骤起。继任的领导人主张通过与北部的泰米尔推动经济一体化来平息战争，此番计划深得西方捐助者的欣赏，但多数的僧伽罗族民众认为，泰米尔猛虎组织无意通过和谈来解决纷争。在此之后的战争和暴乱时断时续，对国计民生贻害颇深。

始于 1977 年的经济改革，包括放松管制、私有化和国际竞争，都未能将沉疴已久的斯里兰卡经济拖出泥潭。2001 年，斯里兰卡已陷入了濒临破产的边缘，债务达到了国内生产总值的 101%，而增长依然是负数（-1.4%）。即使在恢复增长后的第二年，巨额的国防开支又为奇绌的财政赤字雪上加霜。对西方经济政策盲从的恶果，加上西方对泰米尔矢志不移的支持，几乎彻底泯灭了斯里兰卡政府及僧伽罗民众对西方盟友的幻想。自 2005 年以来，由于暴力频仍，来自西方的捐助大大缩减，中国逐渐成为斯里兰卡最大的援助国。

来自东方的黑衣骑士

由于西方国家拒绝为斯里兰卡提供剿灭泰米尔人的武器要求，因此借用外部势力进行斡旋，以图平息冲突的希望即告幻灭，高举民族主义旗帜的“大地之子”运动开始风起云涌。2005 年当选的马欣达·拉贾帕克萨总统，破天荒向传统的精英阶层公开发难。他代表了一种新型的、民粹主义的领袖形象，主张弥合受西方影响的上流社会与普通百姓之间的物质差距和社会分歧。[3] 他的父亲是一位国会议员，属于南方高种姓的乡村精英，所以他有条件接触农村生活，那些中低层的平民也把他当作自己人拥戴。

此次大选意义非凡，政府对泰米尔人的政策出现了逆转，内部治理以及选举策略也发生了很多的变化。2009 年 5 月，摧毁了泰米尔猛虎组织并击毙了其首领普拉巴卡兰，拉贾帕克萨赢得了僧伽罗人英雄的美称。根据联合国的报告，有 4 万多人在武装冲突中伤亡，而拉贾帕克萨漠视平民伤亡的强硬态度，也受到了国际社会的诟病。[4]

在平定了叛军之后，政府对平民的抚恤和搬迁工作一再拖延，有关参与杀害记者的指控纷纷浮出水面，这些记者只因对战争行为和随后迟迟不能落实的抚恤计划进行了报道而被夺去了生命。欧盟成员国多次呼吁联合国安理会将斯里兰卡的平民安全问题提上议事日程，2009 年 5 月初，17 个国家（包括阿根廷、波斯尼亚、波黑、加拿大、智利、法国、德国、乌克兰、乌拉圭和英国）要求联合国人权委员会调查斯里兰卡的罪行。无视欧盟的倡议，安理会在俄罗斯和伊朗的推动之下，于 2009 年 5 月 27 日通过了一项决议，不仅漠视了涉嫌违反人权和人道主义的斯里兰卡政府，而且对其行径多有溢美之词，仅谴责冲突中的一方，即泰米尔猛虎组织。[5]

2010 年 6 月西方国家敦促联合国任命一个专家小组，就指控斯里兰卡政府违反国际人权和人道主义法的归责问题展开调查，并将结果呈报联合国秘书长。斯里兰卡政府坚持抗议随后对专家组的任命，称这是“不正当的”，并拒绝该专家组入境。[6] 然而，专家组 2011 年 3 月 31 日发布的一份报告，列举了冲突双方不当行为和侵犯人权的例证，要求联合国人权委员会重新考虑先前的决议，但未获批准。此后，拉贾帕克萨政府利用该报告大做文章，证明中国才是斯里兰卡患难见真情的真正朋友，而不是西方国家。当地媒体将西方的姿态归咎于泰米尔人在海外的游说活动。西方媒体对战争罪行的重视，加上西方政界敦促联合国的行动，加快了斯里兰卡与西方的疏离（Perera，2010）。

巨龙的彩礼

2009 年内战结束后，斯里兰卡逐渐恢复了经济增长。随着宏观经济走势的改善，来自中国的项目融资大幅上升。由于西方仍然沉浸在仇视或鄙夷的情绪当中，所以中国企业在岛国的隆重登场，并没有引起西方的抵制。中国对斯里兰卡的投资一路高歌猛进，从 2005 年的几百万美元激增到 2009 年的近乎 10 亿美元，2010 年又翻了一倍多。相比之下，在 2009 年，美国仅投入了 740 万美元，而英国只有 125 万英镑。最令人瞩目的中国项目是在拉贾帕克萨总统的家乡建设一个新的港口，该港口坐落在其出生地汉班托特附近的南部海岸，离世界上最繁忙的航道只有 10 英里（Page，2009）。中国声称，汉班托特港口是一个纯粹的商业项目，但美国安全专家则称其为中国“珍珠链”战略的一部分，包括对巴基斯坦瓜达尔港、孟加拉国吉大港以及缅甸实兑港的扩建。[7]

在斯里兰卡独立之前，英国在斯里兰卡的军事基地为当地创造了就业和商机。如果新的港口成为中国海军在印度洋的活动基地，类似的机会亦可以重现，况且港口附近还修建了一座新机场。中国的贷款集中支持斯里兰卡的基础建设，包括环绕首都和海岛的数条公路。[8] 有人估计，中国在斯里兰卡的建设项目，总投资不下 61 亿美元，付出的人力约有 1.4 万到 2.5 万，主要是蓝领工人。

事实上，中国在斯里兰卡的项目不是援助项目，而是属于商业项目。据传，伊朗也提供了信贷，允许斯里兰卡进口价值 10 亿美元的石油，延迟 6 个月还款。[9]斯里兰卡的中资项目仅限于中国企业承包，雇用中国的劳动力。

硬性给中国在斯里兰卡的项目贴张标签并非易事，因为其贷款回避了国际社会普遍使用的类别，所以既不能将其定性为双边援助，也不能算作直接的私人投资。当国际金融机构的一位代表在2010年问及为什么中国不参加在斯里兰卡召开的捐赠协调会议时，时任中国驻斯里兰卡大使回答说："中国不是一个捐助国。"她是坦诚的，因为中国的官方发展援助的确低于其他的捐助国。

通过这种非常规的方式调配资金，中国巧妙地规避了国际监督机制，避免与巴黎俱乐部的其他债权国介入纠缠不清的协调关系。这意味着，这些贷款没有与其他债权人建立可持续的责任分担机制，任何后续的风险将由中国一方承担。当被问及为什么中国没有参与双边贷款人会议时，中国大使回答说："中国并未借款给斯里兰卡。"[10]的确，因为中国在斯里兰卡的项目不同于其他国家公认的援助项目，庞大的基础设施建设由中国进出口银行或者国家开发银行来承担融资，因此不能归类为中国财政部或中央银行对斯里兰卡政府的直接转移支付。

中国的直接投资要低于美国、日本、英国或者欧盟。但因有国有银行的巨额贷款作为强大的后盾，国有企业可以在斯里兰卡自由投资，无须遵守有关双边援助或者政府间转移支付的国际公约。中国进出口银行和国家开发银行都属于政策性银行，它们通过向在海外运营的国有企业贷款，又将银企的合作变成了一种商业关系。如今，中国通过混合所有制改革，以及运用时下流行的公私合作模式（PPP），更加淡化了中国赴海外企业的所有制性质，它们运营企业的方式也越来越贴近市场化的规则。如此一来，西方的观察家愈发难以厘清中国海外项目的属性和战略意图，即使带着挑剔的眼光，也无法找到确凿的依据予以攻讦。另外，西方认为，中国向其他发展中国家的贷款或从事基础建设，最终看重的还是对方的资源；或者他们直接按照市场利率采用出口信贷的方式，进口当地国家的大宗商品。

中国的软实力：足以构建另类的国际阵营吗?

尽管中国与斯里兰卡对现行的国际规程多有诟病，但如若据此认为两国的外交关系是一种破坏国际秩序和原则的蓄意攻略，显然不足凭信（Gowan 和 Branter，2009）。毕竟，中国目下最为要紧的是巩固与斯里兰卡的商业关系，以确保打通通往印度洋的战略通道，获得来自西半球的重要资源。中国的目的至多是积极进取，或提高软实力，仅此而已。[11]然而，即使没有任何挑战自由主义意识形态的努力，中国日益增长的影响力也提出了一个不容小觑的问题：西方倡导的自由国际主义的一体化逻辑将何以为继（Ikenberry，2011）。[12]

中国蒸蒸日上的软实力已成为其保持增长的典范，随着其影响力的扩大，此种信念已在其贸易伙伴当中开始生根发芽。“拉贾帕克萨和他的党派宣称，经济发展高于关于权利和治理的讨论”（Arnoldy，2010）。他们声称：中国共产党为其人民谋取的福祉和尊严，要远胜于许多新兴民主国家的政党。他们将中国视为现代化的典范，坚信中国共产党关心的是如何增进大多数劳动人民的福利，中国价值观的核心在于社会责任、公正、宽容和民主。最令这些国家的领导人喁喁钦羡的是，中国在融入世界经济的同时，依然能在西方列强面前不卑不亢，在错综复杂的国际关系中游刃有余。

作为一个高山景行的新榜样，中国有助于加快众多发展中国家的经济社会发展。但它不会改变其合作伙伴的历史基因，也不会促动其自组织模式的转变。裙带关系和系统性腐败已经成为斯里兰卡特有的顽疾，没有一个政府能够抵挡如此巨大的诱惑。这恰恰迎合了斯里兰卡世袭社会历久弥坚的遗风，旋即又被其民主政体所吸纳。在统一国民党和斯里兰卡自由党这两大政党当中，裙带主义已经变成了其最高领导层司空见惯的公例。独立后的首任总统是统一国民党的唐·史蒂芬·森纳那亚克，1952年去世后，由其儿子杜德利·谢尔顿·森纳那亚克继任，一年后即卸任，其叔叔约翰·莱昂内尔·科特拉瓦拉汲汲荣登大宝，将统一国民党变成了“叔侄党”。再看反对党，自其成立以来，班达拉奈克家族一直把持权柄。1959年，所罗门·韦斯特·里奇韦·迪亚斯·班达拉奈克遭遇暗杀殒命，其妻西丽玛沃接任阁揆总理，独享统治至1977年。嗣后，其女成为总统执政至2005年。国家政治的裙带关系可谓日益牢固，60年的选举民主均无济于事。

中国的援助和影响并不是推动斯里兰卡国内变化的唯一因素，亦非推动安哥拉、缅甸、朝鲜、巴基斯坦、苏丹或南非走向专制的决定性因素。这些国家步入专制的轨道，概有其根深蒂固的内在情由。中国所做的是给了发展中国家一个新的集体身份，并以躬身自强的道路为其提供了政权合法性的垂范。迄今为止，中国取得的软实力至少验证了不同于西方自由主义理论的实践是可行的。而且，中国作为发展中国家的典范，其成功的实践业已广为扩散，为那些饱受西方诋毁的合作伙伴注入了信心，使它们可以理直气壮地参照中国的样板，自行设计本国的发展蓝图。

如今，中国影响的涟漪仍在加速扩散，那些自恃与西方强干相连的弱枝，诸如巴基斯坦、尼泊尔甚至印度，也开始痛定思痛。关于新兴中产阶级的价值取向，中国与斯里兰卡有很多共同之处，两者都接受西方国际大都市的消费模式，但排斥西方动辄保护个人权利的主张。在独立后掌管这些国家的政商显要主要是后殖民时代受过西方教育的精英，而如今他们的领导地位正处于颓势，土生土长的民粹主义者开始占据上风。西方培养的政策专家显示出“黔之驴”的形象，在地方选举中一路丢盔卸甲，甚至连建立选区亦感心余力绌，只能在财政或规划等技术部门固守一块方寸之地。因此，南亚已经变成了东西方两股势力竞相博弈的战场，双方在政治意识形态和地缘政治上的角力才刚刚拉开帷幕。

政策影响：国际发展政策的应用

评估中国对斯里兰卡的影响程度，对于全球发展政策具有重要意义。在 20 世纪 90 年代中期，西方援助国与认同西方意识形态的斯里兰卡政府领导人，如时任总统的钱德里卡·班达拉奈克·库马拉通加夫人（1994—2005 年）共同合作，力图实现联合国开发计划署发布的千年发展目标（MDGs）。实现这些目标的关键在于施行善治的国策：整肃吏治，提高核心行政部门的管理水平，例如加强司法和监管的独立性，以及调整公共服务领域的薪酬体系。薪俸低下、因贿授官、将公共企业作为冗余官员最后的收容站，凡此种种，导致了大规模的道德败坏和巨大的政府赤字。但是，机构改革的努力并没有取代裙带关系繁盛的世俗规范。

斯里兰卡当前的发展轨迹与高效的东亚国家和地区——日本、韩国、中国台湾、新加坡和马来西亚，缘何差距如此悬殊？东亚国家和地区的领导人深悉，如要社会投资计划开花结果，首先必须改变统治者和公共管理制度之间的关系，做到依法行政，以规则约束统治者的自由裁量权。反言之，缺乏维护善治的上层建筑，党政官员必然彷徨却顾，而世袭的陈规陋习则乘隙泛滥，继续贻害民生。政府机构任人唯贤，政策干预有法可依，切实保障投资者和公民的经济权益，唯有与民更始，才能做到令出必行，开创万象更新的盛世伟业（Campos 和 Root，1996）。由于政府机构掌握着预算和财政大权，包括令私营部门垂涎的信贷额度的分配，因此杜绝官员假公济私及贪污腐化，是一项极其艰巨而至关重要的任务。为改善透明度起见，由政府和民间共同推举代表组成某种理事会，围绕重大项目或政策进行沟通和协调，有助于扼制裙带主义和那些影响公民的行为和价值观。正向的反馈回路可以提高公民的责任感，协助政府共同打击腐败。

发展中国家的佼佼者善于将国民储蓄转化成为支持产业发展和创造就业机会的私人投资。如果没有良好的治理机制来保障私人投资的安全性，减少遭受政府征用的风险；如果没有健全的财政政策来确保当下投资能够取得可预见的回报，那么投机倒把以及官商勾结就会大行其道，而利国利民的长期投资项目则无人问津。试看斯里兰卡，其狂悖不羁的财政政策导致了危机迭起，竟然启用货币通胀的老套来搜刮民脂民膏，以填补因政府挥霍无度和世袭分肥而产生的国库空洞。如果没有可靠的机制来督促统治者克勤克俭、奉国理政，那么任何夸夸其谈的宏图伟略不啻欺世盗名的空中楼阁。

政策影响：中国和自由主义世界秩序的未来

作为以加工业起家的贸易大国，中国自改革开放以来，一直奉行“两头在外”的发展战略。一方面，它要到海外获取大量能源、原材料和零部件；另一方面，它势必要把经过增值的制成品源源不断地输出到海外市场。中国不仅从中积累了数万亿美元的外汇储备，而且形成了众多的工业化集群，在生产规模和成本方面建立了无与伦比的竞争优势。邓小平被当之无愧地尊崇为改革开放的总设计师，是他为积贫积弱的中国打开了融入世界的大门。在世界贸易组织中，中国对于贸易规则的投票记录足以证明，他们拥护一个市场开放和自由竞争的世界。虽然在一些国际政治议题上，中国仍然突出其作为发展中国家“带头大哥”的形象，但在推动其他发展中国家贸易开放的问题上，它与发达国家的立场是高度一致的。中国享受到了许多经济自由主义提供的全球公共品，例如捍卫海上运输航道的畅通，维护世界贸易组织的开放贸易协议，等等。

中国领导人清楚地意识到其在全球经济稳定，特别是在宏观经济表现中发挥着举足轻重的作用。中国的财政货币政策对全球金融市场的稳定有重大影响，而中国自身的经济运行也愈加依赖其他经济体的增长水平。在1997年爆发的亚洲金融危机以及2008年以来的全球金融危机期间，中国坚持稳定的汇率政策，忍痛拒绝参与竞争性贬值，于是赢得了国际社会的尊敬。为了应对危机，政府在本国投放了4万亿元人民币的财政刺激资金，不仅导致本国产业的严重失衡，而且使房地产价格一路飙升，钢铁等领域出现过剩产能。

中国所看重的是全球市场的相互联系，它拥护经济开放，主要是从实用主义的角度出发；它可以使用自由国际主义的词汇与西方展开辩论，但并不等于认同其核心价值观。中国对民主、人权、环境保护以及对公民社会角色的解读，为“当今世界所谓的自由民主等普世价值提出了严峻的挑战”，弗朗西斯·福山警告说（2011）。

西方的乐观主义者对于福山的论断不禁哑然失笑，他们相信，中国的开放及其与多元世界的经贸往来，对于各个国家和民族来说都是一个加深了解和互信的过程。随着其影响力的提高和视野的开阔，中国终将成为一个负责任的利益相关者，在国际事务中发挥日趋显著的建设性作用。这一观点是基于自由国际主义的两个关键假设：其一，在经济发展和安全事务上孤立中国，必将招致危及全球稳定的祸殃，而杜绝这种局面的最佳途径莫如慨允中国在全球化中大快朵颐。只有得到更多的激励，中国才能在与其他国家的合作中成为一个负责任的利益相关者；其二，中国的商品和投资虽然来势汹汹，但这一切都是在和平谈判和利益交换的基础上进行的，即便完全以自身的长远利益为计，他们也不希望看到合作伙伴的国家上演战乱频仍、盗匪如毛、民不聊生的惨剧。当前，中国正在磨合的过程中不断地调整与世界各国的关系，这种格局及其演变的方向，是中国的崛起和世界经济一体化交互作用的结果，是任何势力都无法阻挡和回避的客观现实。

然而，中国加入的自由市场经济秩序，是围绕美国主导的联盟和技术优势建立起来的（Hecht，2011）。当中国在1992年从一个石油出口国成为一个石油进口国时，世界上大多数石油供应国已经与西方建立了伙伴关系。中国对石油的需求以及西方对石油资源的垄断，迫使中国选择了避实就虚的外交政策，绕开西方固有的势力范围，径自结契久历西方制裁的所谓专制政权，以确保资源供应。与此同时，中国也善于利用西方忽冷忽热的内外不平衡政策以及大国之间的冲突，扩展其国际政治及经济空间。

考虑到中国当前的贸易政策及其与受指责的合作伙伴的关系，它将继续根据其对身份、安全和资源的需求来选择自己的合作伙伴。对于那些受到西方鄙视或钳制的新兴合作伙伴，它还将以更加宽松和优惠的条件与西方展开竞争。单就如何与强权领导人及其王公贵戚建立私人关系而言，中国以其丰富的经验积累，足以应对任何国家的公关伎俩。西方一直期望通过谴责或贸易制裁来超干涉所谓“流氓政权”的内政，这种行为可能会在全球体系内造成更大分歧，也会给自由主义体系带来危险。

对于西方国家来说，明智的选择不是动辄迫使中国进行内部变革，而是推诚与中国寻求建设性的合作，以降低边缘国家对全球体系和基本价值观的破坏作用。将卡扎菲捧上总统宝座之后便两手空空地离开了利比亚，其结果足以让美国引以为戒，扶掖虐待本国人民的政权，将赌注押在领导人身上，而非切实惠及人民的福祉，无论初衷有多么高尚，最终将是徒劳无功的。在2011 年利比亚暴乱期间，中国撤离了 3.5 万名以工人为主的侨民，放弃了价值超过 188 亿美元的 50 多个项目，涉及包括 13 家国有企业在内的 75 家中国企业。这也为中国企业敲响了警钟，深刻认识到防范政治风险的必要性。中国也应该从中汲取教训，试想，如果在更透明的环境下通过公平投标方式赢得项目，那么凭借其廉价的劳动力和在艰苦环境下完成基础设施建设的综合经验，它仍然有望在各大承包商的角逐中力拔头筹。但是，为了鼓励中国在帮助专制政权方面进行合作，西方国家不仅需要客观评价和帮助中国识别这些经济联系背后隐藏的种种风险，同时也要对中国为国际社会做出的积极贡献给予公正的认可。

自由国际主义坚持的几个核心原则，包括民主社会、共享主权和权利保护，一直牵动着中国的神经，甚至威胁到其国家安全。从西藏和台湾，到钓鱼岛和中国南海，少数西方国家以及极端组织时而挑衅中国的领土主权，致使中国成为联合国安全理事会中唯一一个存在领土争议且尚未形成一个中央政府总揽统御的成员。从理论上讲，中国即使在诸如此类的问题上选择委曲求全的态度，也不可能高枕无忧，摆脱国际强权的干预，根本原因在于其国家治理目标与西方民主趋同的目标不一致。若想改变中国的行为，西方国家需要与之坦诚相见，既不盛气凌人，又不虚言谄谀，而是就中国面临的局势晓以利弊。总而言之，将自己的一套价值观强加于他国，动辄指责其政府属于非法和过渡的形态，甚至堂而皇之地干涉其内政并非上策。而且，与诸多民不聊生的许多发展中国家相比，中国政府在提高人民福祉和维护广大人民利益方面几乎是独树一帜的。难怪中国恪守独立自主的基本国策，对政权的合法性坚持自己的定义，即“勤政爱民”，而不是按照西方的标准成为一个负责任的利益相关者。此外，中国相信，其管理社会和经济事务的模式究竟是否可供其他发展中国家作为范例，应该留待历史来证明。

第 11 章
无须舵手的航船

全球贸易网络中的政策扩散

自冷战以来，自由国际主义一直是西方外交政策中的重要议程。但是，仅仅依靠峭立在自由国际主义阶梯的顶端，西方世界已经不足以指点江山，驾驭整个国际关系体系了。社会经济变革最流行的隐喻——历史的终结，平坦的世界——并没有捕捉到世界政治的演变趋势：自上而下的传统权力关系结构正在冰雪消融。

我们正在见证一场复杂性的嬗变，它是由新型的全球资源流动的依赖性所触发的，全球贸易格局和权力结构也因之发生了逆转。自 1976 年以来，每个经济体在出口领域所辐射的国家数量一直在稳步上升，从平均 20 个国家增加到 90 个不同的贸易伙伴。这些转变来势汹汹，正在将自由主义的西方国家驱离全球贸易轴心的地位，冲淡了其作为现代化和先进治理的喁喁模样。新的参与者陆续从全球的外围汲汲登场，它们彼此之间以及与现有轴心国家的互动，促成一个不断演变的生态圈，其政策导向亦不再虔诚地把西方模式奉为主臬。在信息技术和交通技术的驱动下，全球范围的连通性正在迅速增强，世界各地的偏好也随之变得异彩纷呈起来。

在一个曾经由纵向贸易活动所主导的世界，将西方视为传播价值理念和交易规则的渊薮可谓顺理成章。而纵览当今天下，全球贸易体系的变化催生了新的网络，与之匹配的交换模式和规则也逐步显现出独有的特性。本地的文化和价值观正在成为全球关注的焦点。随着全球贸易梯级结构的瓦解，新的全球多样性将与盛行一时的传统国际关系理论所发现的规律分道扬镳。与其按照上行下效的方式贯彻西方国家倡导的理念和规则，多元的国家主体将重新定义彼此的最佳战略，并通过反馈回路设计自身的万全之策。制度结构将会在两股力量相互博弈的背景下生成，一是因改变传统的做法和信仰而形成的短期的局部竞争，二是由环境引致的共同进化的压力。

全球转型的景象

全球的复杂性正在转型，从中产生的全新的生存策略也暌离了常规的地缘政治概念。围绕这些概念，近代历史上一些赫赫有名的思想家，如托马斯·弗里德曼、李世同（Walter Wriston）、塞缪尔·亨廷顿或弗朗西斯·福山，分别创造了许多形象的隐喻。但是，他们四位都忽略了多个主体之间相互作用的关键反馈回路，而正是这样的交互作用决定了各个主体应对环境的策略，最终重新塑造了国际关系。

在一个沿着多条路径加速走向现代化的世界中，源于反馈、网络、非线性以及路径敏感性的现象可谓日新月异。结果并不是弗里德曼所憧憬的“世界是平的”的景象，全球经济增长的机会不可能畅通无阻地扩散到每一个角落（2005）。诚然，通信和交通技术的进步打通了进入世界各地市场的重重渠道，一部分发展中国家也得惠颇丰。然而，仍有许多发展中国家面临着重重困境。面对发展道路上遇到的极端挑战，它们只能看到局部或本地的选项，而无法放眼全球，在平坦的地平线搜寻无限的机会。期望面对不同景况的国家朝着同一个终点演进，这本身就是不合情理的。在一个艰难的景况中，不同的国家适应挑战的能力和态度是互不相同的，它们的发展策略必然是多种多样的。一些国家，如阿富汗或巴基斯坦，可能会选择投靠另一个强国，以便利用这种依附关系来获取资源，它们也可以通过出租战略空间来换取生产性的扶持。只要所处景况不同，适应性的战略就会有所差别，各自的特征也就愈发明确。

李世同以及其他全球资本主义的预言家们曾提出了“主权的黄昏”这样一个假说，他们相信，凭借通用的沟通和信息加工系统，跨国公司将弱化民族国家控制世界经济的权力。[1] 李世同的确持论不虚，他曾预言，国家将不再是一个全能的单位，可以任意框定全球参与者的身份和战略。21 世纪的世界政治舞台将由公司、公民社会、政党和社会媒体等多元角色同台共舞。他也很清楚，这些角色的互动将有赖于与时俱进的社会制度，例如网络和市场这种摒弃了集中控制的系统或组织。

但在 1992 年，李世同无法预见到国家仍将保留对某些具体行业的控制。在 2008 年金融危机爆发期间，跨国公司、银行和其他非国有的企业对全球秩序的影响已经显而易见，私人市场肆虐无度，将许多政府都统统推向了岌岌可危的境地。但在许多新兴经济体中，国家仍然掌握着大量的支柱产业，它们力图避免与西方世界的私人企业纠缠在一起。在他们心目中，私营金融的泛滥已经削弱了美国在全球的领导地位。为了充分发挥其日渐充盈的实力，一些新兴国家，如中国、俄罗斯和巴西，利用其不断加大的国际贸易份额，将普通的商业交易转变为主权主张。它们通过政府间的渠道与海外客户开展交易，并利用贸易优势从较弱的合作伙伴那里争取地缘政治优势。全球实力的此消彼长，加强了民族国家在全球事务中的主权地位。2008 年的金融危机进一步唤醒了它们的自主意识，坚定了它们按自己的既定方针行事的决心。[2]

对于未来如何实现全球的稳定，乐观主义者坚持以现代化理论为基础，全面支持自由国际主义的愿景。这一愿景，用弗朗西斯·福山的隐喻来描绘，就是“历史的终结”。而事实证明，他曲解了全球的相互依存性正在重新优化的挑战。随着全球经济竞争的加剧，试图高举自由民主规范的大旗来一统江湖，完全是一厢情愿的幻想。在一个给定的生态系统中，没有单一的战略可以优化所有国家的价值取向，遑论各个国家内部不同社群的偏好了。正如生态系统中鲜有未填充的罅隙一样，全球围绕财富和权力的竞赛一定会产生无法预料的治理多样性。随着国际体系中竞争的加剧，在直面当地的竞争对手时，跨国精英们若想维护和提高自身的实力，就必须着手实施战略调整。许多国家都在设法充分利用所拥有的资源采取自我保护的政策措施，而不是按照自由民主的药方寻求增长（Buenode Mesquita 等，2003；Bueno de Mesquita 和 Root，2000）。

在全球知名的思想家群体当中，塞缪尔·亨廷顿属于悲观主义者。他认为，身份政治将得到加强，进而导致“文明的冲突”，其中折冲与契合将沿着文明的线路交错前行。他的观点借助了一些现实主义者和后现代主义者的论据，但他低估了资源相互依赖的新格局所产生的转化作用。他以文明的进步为基础推演出世界大同的观点，但无法解释中国为什么能够与斯里兰卡、巴基斯坦、秘鲁、伊朗、苏丹、叙利亚、津巴布韦、南非或安哥拉等国家形成日趋紧密的联结。[3] 他继续辩解称，区域的、文化的或商业性的联盟纵使打破了自由国际主义的凝聚力，也不能有效地提供一种可替代的世界秩序。

这些学者的观点，无论是赞成稳定还是主张创新，都不能反映当前的全球转型或者未来的多种版本的现代性。其中大部分体现的是冷战时期的传统政治经济格局，是一种两极化的稳定。在那个时期，世界呈现出泾渭分明的两大阵营，所以在系统层面上的特性是相对容易预测的。以 1975 年签订的关于人权保护的《赫尔辛基协定》为例，在 35 个签约国当中，只有 6 个属于苏联阵营，其余都属于西方国家阵营。[4] 时至今日，全球体系中各个组成部分之间的互动，以及各个板块之间的相互依存，空前加剧了世界格局的复杂性，由此形成的网络决定了系统的韧性。

无论是两极格局的终结，还是帝国模式的衰落，都可以被看作是内部和外部动力机制的转换，以及在一个共享的生态中跨越时空的反应。在一个遵循复杂性规律的世界中，任何霸权和阵营的对垒都是稍纵即逝的现象。地缘政治将是多向的，大大小小的合作伙伴只有加深相互的依赖，才能求得各自的进步和稳定。在这种环境下，无论是企业还是国家，不仅要认真估测和适应竞争对手的战略，而且要考虑全球经济中的每一个主体如何与其他所有的主体相互联结，必须在此基础上随时更新自己的战略。

不成熟的融合：奋进的经济，落后的政治

自由国际主义版本的现代化理论认为，只要推行自由贸易和财政改革，将发展中国家融入全球经济，各国的社会及政治力量就会趋近全球合作的最优状态。然而，沿着“全球文明”的路线寻求“平天下”的构想，并非属于西方自由主义者的独创，新兴国家对于全球化的价值观也有自己的论述，它们在历史上曾有的辉煌，它们在追求现代化道路上所积累的经验，足以为全球化的辩论贡献自己的内容。

新加坡外交官和作家马凯硕（Kishore Muhbubani）2013 年曾设想，通过“大趋同”达到和平共处的境界，世界将会走向一个没有西方价值观、实践和制度灌输的全球文明，这种理想的路径能够使全球文明摆脱争论不休的治理问题。当然这并不是要将民主束之高阁，而是没有必要将其作为先决条件。他从另一个角度提出，消费主义，而不是经济或政治自由主义，足以建立

一个统一的比西方现代化观念更具包容性的价值体系。他认为，中产阶级对经济生活的向往呈现出空前融合的局面，这将助力于形成一种更具包容性的文明，不仅包括西方，同时也能将更为多样的政权模式以及文化差异囊括进来——从俄罗斯和中国，到文化上保守的伊斯兰海湾国家，那里的许多人享受着高标准的生活，但常常担心民主将破坏他们所享有的社会稳定。

这位新加坡的外交官对于大同世界的展望，其背后的逻辑代表了许多国际化精英的心声，包括跨国公司的高管、银行家和财政部的官员，还有政客、官僚以及国际媒体代表的高端消费者。像李世同一样，马凯硕坚信这些跨国人士拥有“全世界最睿智的头脑”，都希望自己的儿女接受全球最好的工商管理和行政管理教育，并按照 MBA 课程原理来开展商业合作，从事政府管理。通过推广和管理全球消费主义的观念，他们有望消除古老的种族和文化间的隔阂，化解时过境迁的文明冲突。

的确，有诸多的证据表明，不同文化之间的物质诉求已经融合。毋庸讳言，中国、澳大利亚、美国以及海湾国家的都市中心都有相貌雷同的摩天大楼、行色匆匆的白领人群和一望无际的交通拥堵，一国的居民也可以顺利地畅游全球的各个景区，甚至无忧无虑地生活在另一个国家。但渴望更好的基础设施、更多的教育机会、更快的高速公路和铁路运输、更畅通的城市排水系统、更安全的婴儿疫苗接种，还有不同肤色的人群在海滨度假所展示的祥和的文化表象，真的会带来天下大同的全球文明吗?

按照现代性的逻辑，中产阶级价值观的融合将产生一个天下大同的趋势，这一概念起码陷入了两大严重的误区。首先，它脱离了个人权利和对政权的限制这一自由主义的核心理念。对物质的追求，正如本书在考察斯里兰卡、土耳其、中国、印度和其他国家当中所强调的，都不足建立一个以权利为本的平台，因此很难对自由的政治文化达成共识。

其次，跨国文化对现代性的垄断日益受到抵制。世界各国大都市的中产阶级虽然以类似的方式聚集在一起，而且穿着打扮和消费喜好也越来越相似，但是生活在广大农村地区和内陆中小城镇里的居民依然按照祖祖辈辈的传统日复一日地生活，他们的追求和向往保留着强烈的本地特色。更耐人寻味的是，对照大都市的种种弊端，他们愈发对自己的现状引以为豪，拒绝相信全球性的标杆或样板。当然，他们也受益于外国直接投资的引进，同时也享受到了全球生产和营销带来的种种好处。经济增长不仅让他们接触到了科学教育和管理培训，而且促使他们进一步认识到了自身文化的本真，因此更加强调文化和意识形态的差异——不仅突出与其他文化的差异，而且也反感那些稳坐在城市中心的领导人对他们的控制，反对后者亦步亦趋地跟随并推行全球的潮流。这些群体在政治领域向全球化的精英发起了挑战，警告他们全盘西化只会削弱社会的凝聚力，敦促他们充分利用自己的资源，大力弘扬当地的文化价值。这种趋势可能会破坏全球化的政策目标，并促使保守势力出台反自由的政策措施，从而在新兴经济体中引发激烈的辩论和冲突，进而导致了政局的动荡。

20 世纪 80 年代末以来，欧洲扩张的一项重要任务就是鼓励欧洲东部国家和土耳其的政治精英尽早加入欧洲政治联盟。这项浩大的政治工程凸显了当地的普通民众与跨国的中产阶级之间在文化和意识形态上的分裂。[5] 土耳其的技术官僚可能认为，与西方在安全、商务和技术领域开展全面合作，形成战略伙伴关系，有利于加强双方的实力。但是，实际的融合过程遇到了重重阻碍。纵使土耳其政府为了加入欧盟在体制改革方面取得了一定的进步，而民众的热情从 2001 年开始一直不高。其中一股强大的反对势力来自安纳托利亚地区小城镇和农村的新兴中产阶级，那里聚集的大部分土耳其人都表示要守护自己民族的根基。

那些坚持文化本真的群体变得越来越张扬，欧洲和土耳其的政治家因此很难就土耳其作为欧盟成员国的正式资格问题取得共识。土耳其人其实非常怀念奥斯曼帝国昔日的荣光，矢志重振帝国的文化和中心地位，真正成为自己的主人。欧洲和土耳其的政治领导人已经注意到了这股代表传统价值观的新兴势力在不断增强，于是促成土耳其加入欧盟的热情也日渐枯萎，他们不再愿意花费如此巨大的政治资本来支持欧盟的东扩计划。投票权的扩大使当前的政客们要比那些主张加入欧盟的技术官僚更加敏感，他们必须更加谨慎地顾及当地的舆论动向。对于一个国家的政客来说，忽视这些新的声音，要付出高昂的代价。农村派系阻止西方价值观通过文化和政治进行传播，竟然是利用了民主的副产品，这是多么讽刺啊！政策进程的民主化，以及选票的扩散，赋予了他们这样的权利。

在世界政治舞台上，拥护全球化的精英并不是唯一的重要群体，而日益嚣张的民粹主义也不限于土耳其。在委内瑞拉、津巴布韦、斯里兰卡、巴基斯坦、俄罗斯、泰国和印度，寻求重塑传统身份的民族主义者正在利用民主选举来抗衡全球化的城市精英。这些国家的新兴中产阶层对文化本真的追求，使得按照西方模式推行全球文化统一的希望显得幼稚可笑。在中国，新兴中产阶级的民族主义冲动受到了技术官僚的抑制，政府的首要任务是要避免引发社会动荡，使国家的注意力不至于偏离经济增长的目标。

随着政治体制的成熟，其复杂性和多样性的特征将愈发明显，关于现代化的道路之争也会随着经济的繁荣而变得愈演愈烈。“如何消费财富可能比如何创造财富更具有争议”（Campos 和 Root，1996）。一旦大面积的贫困等基本问题得到解决，一些在过去看似微不足道的分歧便会引起激烈的争辩。在实现了较高的生活水平之后，国民的旨趣和诉求势必更加丰富多样，新的矛盾和冲突也在所难免。在经济增长方面业绩不俗的东亚国家，政府必须转变行政管理方式。在高增长阶段，应该忽略或起码要容忍裙带关系和腐败的存在吗？围绕这些问题，泰国、韩国、中国台湾、马来西亚和菲律宾都经历了激烈的辩论和严重的社会摩擦。

今天，由于有了更多的剩余资源可供争夺，本地的西化派和传统主义者往往不得不采用偏执的战术，成立和支持激进组织，比如津巴布韦的非洲民族联盟、委内瑞拉的统一社会主义党或泰国的人民民主联盟等。这种背离自由理念的组织进一步加剧了派别林立的态势。相关机构对民主状况的定期评估显示，在 21 世纪的前 10 年里，许多新兴国家，包括土耳其在内，已经被降级为混合民主政体或“有缺陷的”民主政体。在少数族群的待遇、行政权力的限制和新闻自由等分项上，它们离自由主义的标准已经渐行渐远。

全球化需要一个明确区别于自由国际主义预期和憧憬的政策环境。将全球的消费者从市场的语境里转移出来，冷静地对待政治体制，绝非是一个简单的过程。造就文化认同的基础往往是政治，而不是经济（Lars Cederman，1997）。因此，全球贸易的变化兼具分散和聚合两种对立统一的矛盾，于是在许多快速增长的新兴经济体中形成了两种分立的政治文化。

即使出现了共同的物质诉求，它也很难产生一个在个人权利或国家角色等方面具有共同观点的中产阶级。例如中国，中产阶级尽管对国有企业多有诟病，但他们认同其个人财富的增长离不开政府主导的经济发展政策。他们愈发清醒地认识到，在执政岗位上吸收更多的精英对于政权和社会的稳定至关重要，因此西方自由主义的政权模式不会像快餐连锁店那样迅速蔓延开来。政治不会像作为经济交换的商品那样快速地变化，获得公民权利要比购买冰箱或汽车更加艰难。在经济领域逐步缩小国民之间的差距，并不能自动转化为社会和政治上的平等。此外，在处理全球的共同问题上，在如何看待全球公民的权利和责任问题上，各国之间的经济联系反而加剧了意识形态的分歧。经济上的快马加鞭不一定能够带动政治领域的同步发展，这种步调不一的趋同使全球化的航船更加难以驾驭。

全球偏好差距：主权网络

后冷战时期西方的安全公约面临着一些被称为“主权轴心国”的挑战。轴心国的政府在国际秩序问题上坚决捍卫一项基本的原则，即主权国家对于国内事务的管理具有不可侵犯的政治权力。他们认为，自由西方的领导角色类似福音传教活动和带有殖民主义色彩的贸易联盟。一些政体强调国家主权，坚持政府在其辖区之内拥有生杀予夺的绝对权威；而另一些政体则主张国家主权来自国际社会的相互依存，因此应遵循一致的国际规则，这种基本理念的分歧必然会影响不同国家的未来观，直接导致当前关于全球未来结构的讨论出现分化。

苏联解体后，西方民主国家已经准备好迎接一个后威斯特伐利亚时代的到来，按照国际法和超国家的体制来履行其“保护责任”，将欧洲联盟的合作模式大举东扩。这种协约式的干预开始大行其道，包括 1999 年北约对巴尔干半岛的干预，2001 年联军开进阿富汗，2003 年推翻萨达姆·侯赛因政权，以及 2011 年在利比亚设立禁飞区。国际非政府组织应邀在全球公民社会中扮演重要的角色，通过与当地政府建立和维持合作伙伴关系，来执行对诸如选举不公、环境破坏和人权侵犯等不良事件进行监测和揭露的任务。

自 20 世纪 90 年代末以来，欧洲国家在联合国的投票模式越来越趋于一致，2005—2009 年，在人权问题上的投票表现出不约而同的一致性。欧洲这种齐心协力的姿态引发了其他国家和地区的反弹。根据欧洲对外关系理事会的报告，截至 2009 年，非欧洲国家与欧盟保持一致的数目从 44 个减少至 32 个，支持欧盟的骑墙派国家从 86 个缩减到 77 个。最大的转变还体现在支持欧盟人权立场的国家数量上，那些一度支持欧盟人权立场的国家（接近 35%）纷纷倒戈，强烈反对的国家从 19 个扩大至 40 个。[6]

许多处于上升趋势的国家，如委内瑞拉、古巴、埃及、巴基斯坦、菲律宾、印度、伊朗、俄罗斯和南非，都反对将自由国际主义的议程变成全球性的规范，它们通过立法的形式设置坚固的壁垒，限制全球的非政府组织在其领土上开展活动。中国坚决捍卫其海外客户的利益，帮助它们摆脱多边组织强加给它们的人道主义保护或其他条件；同时也不允许这些组织在其国家内部监视其本国企业的合规行为。

许多新兴国家都对加入以西方价值观为基础的全球体系持怀疑态度，尽管它们不排斥基于规则的国际体系的潜在利益，也不否认国际法规和国家组织的优势。它们抵制的是将自由国际主义的价值观——多党选举、劳工权益以及西方定义的人权和言论自由——作为全面评判政权合法性的标准。它们认为法治不需要完全剀切西方的民主，它们抵制染指主权的政策动议，包括国际社会的人道主义干预权。[7]

主权轴心国的成员都有一些人权的定义，但与《赫尔辛基协定》（1975）的条款有着显著的区别。例如，中国所力主的全球文明观以稳定为核心，强调互利共赢，因此需要明确贸易、商业和文化的界限，反对干涉伙伴国家的内部事务。此外，它们还坚持将贸易和社会价值区别对待。这些国家似乎更倾向于近代国际体系的价值观，政权采取何种类型并不重要，国际社会无须对一个政权如何在国内行使主权评头论足。这种思想类似于政治经济学家大卫·李嘉图（1817）所阐述的古典自由主义，它假定一个复杂的经济相互依存的网络是基于经济活动的相对优势而产生的，因此不应由国际政治来横加干预。

西方的全球主义者认为这种古典的国际秩序是有缺陷的，所以一再提醒，如果固守无限主权的概念，则会面临重蹈第二次世界大战和大屠杀等恐怖覆辙的危险。全世界许多国家曾经深受国内外混乱和暴政折磨，历史的教训和痛苦的回忆仍然历历在目，今天的和平和秩序来之不易，而接受主权至上的原则无异于绥靖政策的复辟。倘若自由国际主义的普遍性变成一个莫衷一是的话题，那么这一理论的权威性是否会爆发全面的危机呢?

在过去，主权的合法性一般是依靠战争争取来的。正是基于这一原因，才有人坚信自由民主的提升决定了全球未来的稳定性，他们要把这一理念推而广之，使之形成国内和国际政治的全球规范。对于这些人来说，主权网络的兴起是一个黑暗的幽灵。但作为一个另类世界秩序的征候，指望主权网络围绕共同的价值观形成一个同心同德的国家集群，却只是一种前景暗淡的幻影。它对主权国家的吸引力主要是设法摆脱西方的统治，而不一定能够体现这些国家之间的凝聚力。也有人担心全球民主的未来方向：轴心国的许多成员，如委内瑞拉、伊朗和孟加拉国，实际上都是新兴的民主国家。当它们失去凝聚力，甚至发生利益冲突的时候，它们有多大可能构建一个另类的世界秩序呢?

欧洲的制度、规范和现代性的做法对各个国家以及国际关系的影响是不均衡的。正如我们在上一章所提到的，欧洲的法律和制度虽然载入了斯里兰卡的宪法，但它们所代表的价值观并没有在斯里兰卡各地的民众中得到普遍的认同。难道凡是没有按照欧洲道路演进的国家，就背离了现代性吗？国际体系的核心不再根植于一种单一的文明，欣欣向荣的东亚扩展了全球的权力和影响力区域，现如今的世界文明核心是由多个国家和民族共同组成的。

毋庸讳言，当前的全球化模式已然日薄西山了，主权网络的兴起只是新型的全球化趋势中的许多推手之一。它的出现意味着向自由国际主义的信念发起了挑战，证明共同的文化规范并不是可以周行天下的，甚至不能通过移植来填补某些规范的空白。但反过来讲，无论是作为一个整体的主权轴心国，还是其中表现突出的个体成员，都不能取代西方的政治发展模式。事实上，主权网络的凝聚力作为一个关键的模式，只有出现在一个狭隘的范围之内，比如针对人权问题在联合国进行投票表决时，它们可以团结一致，共同反对自由国际主义的主题。在柏林墙倒塌后的1991—2001年，轴心国尚未显现雏形，而美国和世界其他国家之间的偏好已经以恒定的速度拉大了差距（Voeten，2004）。只要回顾一下联合国大会 1946 年以来的表决事项就可以发现，自从冷战结束之后，抱团投票的现象一直在明显地减少。从联合国总体的表决情况来看，主权轴心国的凝聚力在不断减弱，成员之间呈现出短暂的“以利相交，利尽则散”的摇摆局面。

阵营的瓦解

冷战时期，各国在贸易、武器、技术、外交等领域的关系根据意识形态和地缘势力集中划分为彼此对立的阵营，不同的阵营所遵循的交往规则是迥然不同的。例如，西方阵营对社会主义阵营实施了数十年的封锁禁运。即使在能够实现互利的项目上，由于缺乏互信，或者出于其他成员的震慑，一个阵营里的成员也很难与另一个阵营里的成员建立稳定的合作伙伴关系，零星的交易要冒通敌的风险。如今的局面则大不相同了，阵营之间剑拔弩张的态势不复存在了，促使国家间形成网络的主要动因是全球经济一体化，而且随着信息技术的进步和交通条件的改善，一体化也不再局限于国家间在地理上的毗邻关系。在贸易、国防和外交等领域，新兴的网络化更多地体现了自主自愿的原则，这不仅打破了全球体系中的对峙，而且拆除了一个阵营当中等级化的控制模式。[8]

在全球追求经济增长的大趋势之下，民间交往和信息交流也形成了多层的网络。随着自主意识的增强，维系网络化盟友的纽带反而松弛了下来。这一现象，从联合国的整体投票情况到全球的贸易格局，从武器扩散到制造业的离散，都可以窥见一斑。几乎所有的国家都进入了相互作用的网络，但他们的立场已经摆脱了往昔的阵营关系，而且带有多极化的诉求。例如，在联合国安理会上，中国往往反对西方国家关于限制主权问题的提案；但在世界贸易组织，它又与西方伙伴一道，敦促成员国进一步扩大开放，反对各国假借主权的名义设置种种贸易壁垒。

时光荏苒，武器转让也表现出分散化的格局。在20世纪50年代初，先进武器的来源高度集中，美国作为生产大国，对武器的扩散路径和范围拥有很强的控制权。20年之后，苏联等国家扩充了自己的武器制造能力，美国自认为的卫星国能够在别处购买到武器。迫于竞争，美国开始对那些居心叵测的国家出售高精尖的武器。在尼克松执政期间，伊朗从美国获得的武器，精度和力度要远高于艾森豪威尔时期。这一变化暴露了美国日趋委顿的影响力，对伊朗以及其他接受其军售的国家逐渐丧失了外交上的控制力。

在世界范围内，美国建立的安全网络也失去了原有的凝聚力。1950—1990年，拉丁美洲国家的军队在很大程度上依赖于美国的武器供应，但自21世纪初以来，随着许多国家武器装备制造能力的提高，它们可以从美国之外的其他国家找到供应商。小型武器的制造和销售更是一盘散沙，没有任何单一的势力或联盟能够完全垄断。更为严峻的是，箭在弦上的核武器扩散进一步加剧了这种失控的局势。总之，各种武器装备的国际交易与日俱增，这反映了全球政治经济中一种令人担忧的逻辑：市场的开放促进了贸易，贸易增加了财富，而财富的积累却刺激了对尖端武器的需求。

制造业的分散

在第二次世界大战结束之初，复杂的工业产品出口是相当罕见的，少数发达国家可以利用其作为制造业中心的优势来推进其外交政策。然而，随着时间的推移，不仅全球贸易数据显示出持续扩散的格局，工业制造能力也在贸易的拉动之下不断蔓延开来，发达国家甚至产生了产业虚空的焦虑。制造业优势的衰落，也就意味着这些国家对一度仰赖其出口的伙伴丧失了颐指气使的筹码。新兴的制造业中心逐步掌握了主动权，它们可以在多个国家挑选供应商；相应地，那些自然资源的输出国也欣喜地发现，它们有了更多元的贸易和投资伙伴。譬如，制约中国经济增长的瓶颈在于只能从数量有限的国家获得自然资源，与其和西方国家竞争同样的供应渠道，中国的海外投资一直在设法另辟蹊径，到西方国家不屑一顾的地区去开发新的资源产地。这些新的合作关系规避了西方的外交干预，既削弱西方国家实施经济制裁的效果，又减少了它们利用发展援助来附加政治条件的谈判筹码。

增值制造

全球生产链的分散由于它对就业、收支平衡和经济繁荣的影响而备受关注，它同时也影响了地缘政治的协同。价值链在世界范围内犬牙交错，政府根本无法监控商品和服务从生产阶段到分销过程的流动。一个零部件从起初的投料到最后成形以及包装等各个生产环节，是很容易跟踪的，但该部件可能成为在另一个国家制造的另一种产品的一个组成部分。当成品到达最终消费的目的地时，原产地到底在哪里，其中的投资和收益究竟有多大比例归属于价值链的某一参与方，就变得极其难以识别。在一个复杂的产品，如商用客机当中，其制造过程中的供应链错综复杂，遍布世界各地。

由于制造业日臻精细化的国际分工，阐明哪些组件属于增值部分变得十分困难。许多工业生产商的生产链密如织网，与世界各地的供应商或加工商纵横交织，母国政府也无法核定最终产品的国产化程度或价值，这就给跨国公司通过转移定价、寻求税收天堂等手段规避关税、增值税、所得税等多种税赋提供了可乘之机。这个问题给美国政府以及国际组织的官员带来了不小的困扰，因为他们很难通过测量制造业的实际产出和整体的生产力来评估一个国家的实际竞争力。此外，跨国公司的生产和分销活动始终是动态的，政府作为中央指挥中心无从跟进其变化速度，这不仅阻碍了国家的税收和管控机制，而且也削弱了国家产业政策的效力。

工业制造业的分散和转移减少了企业在本国的增值部分，从而导致了国内整体生产率的下降，而这种下降的过程是自我强化的。2000—2010年间，美国制造业的总产值下降了11%。尽管许多分析师认为，这种下降属于良性的产业调整，只代表知识和服务在美国经济中发挥了越来越重要的作用（ITIF，2012）。但问题是，高端制造业也支持服务业的增长，当制造业迁移到海外时，支持这些制造业的服务业也将随之发生位移或者干脆宣告关门大吉。

对于美国这样一个劳动力成本极高的国家来说，产能向海外低成本地区转移，也意味着本国失业率的成倍提升。迄今为止，美国以及欧洲等发达国家还没有找到切实有效的措施，来帮助那些因产业虚空化而失业的蓝领工人转换技能，以适应新的工作岗位。归功于自由民主的制度，失业大军的增加会迅速上升为迫在眉睫的政治问题，西方政府不得不花费重金来提供失业救济和退休保障。在愈加依赖全球供应商和市场的情况下，美国民众，特别是中产阶级，不太可能支持国内政治领导人的外交举措——无论是对贫穷的地区施以慷慨的援助，还是在所谓罪恶的地区行侠仗义，抑或是提供优惠的贸易条件。他们甚至迫使政府采取逆全球化的贸易保护主义，尽管这意味着他们作为消费者要为进口商品支付更高的价格。随着财政赤字的加大，国家对于基础建设、公共教育、医疗保障等着眼于长远发展的开支日趋捉襟见肘。如此一来，一个恶性循环的魔咒开始发力。

审视一下近年来国际进出口数据便不难发现，高附加值产业在全球的布局已然发生了显著的变化，西方长期稳居价值链顶端的冰山正在日渐消融。总而言之，随着国力的衰退，在全球贸易乃至更广泛的国际事务当中，西方国家的话语权自然会大打折扣。

直到20世纪末，发展中国家要发展工业经济，就必须加盟某个国际政治集团，要么是西方阵营，要么是社会主义阵营。基于这一逻辑，东亚新兴市场国家不得不投其所好，按照其主要贸易伙伴，即西方民主国家喜闻乐见的方式来建立社会政治的合法性。但自 21 世纪以来，尤其是在可预见的未来，构建价值链的互补性将不必过多地注意西方国家的政治脸色。特别是在东亚的经济前景将越来越依赖与中国进行贸易的情况下，全球经济的价值创造将不再取决于意识形态的亲和力，现代化自由国际主义模式的规范性影响也将稀释殆尽。

总之，全球势力金字塔的顶层已经显露出塌陷的征兆，西方霸权虽未走到日暮途穷的地步，但其结构性的失衡已开始使其自由国际主义的旗帜黯然失色，因此更难以将它们的规范转嫁或强加给其他国家。影响力的分散反映了一个日趋复杂的世界，是系统性的变化在微观层面的具体表现，它同时也昭示了许多蛰伏在地平线上的创新和能量转换的机会正在喷薄欲出。此外，许多国家的领导人加入自由主义体制的积极性也在消退。如果能与中国这样一个不干涉内政的贸易伙伴开展合作，他们为什么要冒险加入一个约束个人权力甚至提早结束自己政治生涯的条约呢？

制造业的复杂性与影响力的破碎

依靠出口数据，经济学家里卡多·豪斯曼（Ricardo Hausmann）和哈佛大学肯尼迪政府学院的同事们率先建立了一个定量模型，以衡量一个国家产品和服务生产力的复杂性（Hausmann 等，2011）。他们的指数着重计算某个国民经济在价值链中的能力表现：[9]

> 有些商品，如医疗成像仪器或喷气发动机，凝结了大量的人和组织的网络。相比之下，原木或咖啡承载的知识很少，无须很大的网络来支持这些操作。复杂的经济体能够将大量的相关知识巧妙地编织到一个由多人组

成的巨大网络里（密度），以制造出多种知识密集型的产品。相反，简单的经济体由于缺乏生产性的知识，只能生产少数简单的产品，因此不需要更大的互动网络。每个人的知识都是有限的，社会可以扩大知识的唯一途径就是促进个人之间的互动交流，以丰富组织和市场的网络。

根据豪斯曼的观点，网络连通的密度和结构决定了一个公司乃至一个国家的价值创造力。占领全球竞争的制高点在于获得核心的能力，参与并引领高价值的知识网络。换言之，一个经济体在全球价值结构中扮演何种角色，取决于它在多大程度上拥有其他国家难以复制的独特能力。处于初级阶段的经济体仅生产原材料，高一级的经济体加工原材料，再高一级的经济体为复杂的制造业提供生产线和组装平台，而最高级的经济体则能够把握最重要的价值源泉，那就是根据全球市场的需求设计和营销复杂产品的能力。

若想跻身全球精英国家的行列，为世界市场提供高附加值的产品，新兴国家必须设法融入先进的科技网络。领导者如果目光短浅，畏首畏尾，因担心民众了解广阔的世界之后不再对其卑躬屈膝，而阻塞他们链接、搜索和浏览各种信息的渠道，那么他们的科研人员和企业的研发部门也就无从跟踪和接触全球经济增长和创新的节点，最终必然会扼杀整个国家的创造力，被全球日新月异的科技潮流所抛弃。实际上，在如今信息传播如此快速的世界，这样的统治手段无异于掩耳盗铃，或者根本就是无病自灸。他们可能会取得一时的苟安，但从历史的角度来看，他们也会成为自己的掘墓人。在国家这样一个典型的多元主体交互作用的复杂系统中，信任而非强权，构成了产生凝聚力的基本要件。中国的哲学家孟子曾说过："君之视臣如土芥，则臣视君如寇仇。"对于那些"以其昏昏，使人昭昭"的统治者来说，这是何其震耳发聩的至理名言啊！

整个国家的价值创造能力不仅取决于在某些科技领域的领先水平，更为重要的是，它必须在科技创新与制造能力之间建立密切的联系。因此，领导者必须创造条件，将本地的知识和创新的成果快速转化成为多种能够行销全球的优质商品。一国的国民经济能否在开放的国际体系中发挥价值创造的作用，将取决于该国社会政治结构的复杂程度。那些渴望冲刺世界科技前沿的国家，务必要设法在全球网络中发挥主导作用，面向全球市场设计和出售具有竞争力的产品和服务，当然还需要不拘一格，在全球范围内招揽合适的人才。这样的网络一定会优于那些依靠自然资源在国内罗织社交网络的国家，能够提供更多有意义的机会，在获取知识、提高技能和培育人才方面自然也更胜一筹。国内政策的挑战将是政府如何生产并提供公共产品，使网络适应个人、企业和国家在自组织复杂性的基础上展开互动。网络如何有效地创造、集结和传播生产性知识，正在成为未来全球繁荣的最重要的驱动力，也将是决定国际体系韧性的关键因素。

全球化复杂性的嬗变和网络时代的相互依存

虽然各种政策领域的专家都坦然地承认社会经济发展是一项复杂的任务，但他们设计的项目和措施往往自相矛盾，很少能够遵循切实解决复杂问题的逻辑。为了应对全球恐怖主义，美国的决策者一定要找到并摧毁隐藏在阴暗角落里的恐怖主义网络，然而这些网络拥有肥沃的集体主义的社会文化土壤，有数以百万计的人在或明或暗地支持着这个网络。同样，打击贩毒的战争并没有铲除藏匿在毒品贸易背后的社会网络和经济后盾。如何衡量学生和教师的实际表现，也是一个高度复杂的问题。采用标准化的测试，既不能证明课程是否与学生的专业兴趣匹配，也无法检验学生是否提高了解决实际问题的能力。集中设计课程，统一教案，强制推行考试成绩的正态分布，建立标准化的评价和测试体系，这些都属于工业化时代过时的产物。认清问题的本质是解决问题的先决条件，不同性质的问题需要截然不同的政策措施。大道至简，衍化至繁。有些问题虽然看似纷繁复杂，但仅需要极其简单的执行方案；而另一些问题看似简单，却拥有极为复杂的机理，因此需要高超的专业技能和周密的部署。

对于复杂的人类社会，常规的观念总是期望设定某种可控的结构，其中金字塔式的结构最为喜闻乐见，在塔顶上架设一个统治者或者执政党负责发号施令。同样的逻辑也被引入到国际关系当中，很多人想当然地认为某个地区乃至整个世界，一定要由一个高高在上的超级大国来统一指挥。然而，高度复杂的环境，如生态系统、进化过程、气候系统以及人类的神经系统等，不适宜采取自上而下的控制模式，它们无须计划即可自我形成、运行、修复和进化。为什么传统的国际关系理论坚持需要一个统一的指挥中心或掌舵者来解决集体行动的社会困境呢？这是因为他们坚信国际政治舞台只有一部古老的剧本，只有继续照本宣科才能行之有效地完成许多集体的任务，只有建立和维护一个等级体系才能实现国际社会的和平稳定。而实际上，国际社会这艘航船根本不需要一位船长来掌舵。

撲古察今，人、组织和文化一直通过层级结构相互影响，每个人都作为某个组织的一分子被置于某个层级。这种传统的层级结构，不仅其全部的劳动内容本身相当单一，而且劳动分工过于精细，其设计目的都是实现人类活动的规模效益，而大多数人在操作过程中都循环往复地从事简单的任务。军队的组织形态是一种典型的层级结构，每个人都要服从命令听指挥，做到步调一致。要知道，武装部队是用来参与直面竞争的，而且涉及的往往是殊死的零和博弈，所以组织的严密性、等级的纪律性是衡量其战斗力的关键指标。但如果不加甄别地将这种组织方式运用到复杂的社会系统当中，我们需要认真考察人类社会的生产活动和相互交往是否完全符合零和博弈的原理。

纵观历史，等级制度似乎反映了每一个人类集体的组织模式。中世纪欧洲的社会组织结构分为三个层次，顶层的负责战斗，中层的负责祈祷，底层的负责耕种。这种等级制结构看似简单，但有效地保护了欧洲免于遭受其他文明的统治。而封建帝制时期的中国，皇帝高高在上，俯视并指挥着科层严密的官僚体制。在印度教的世界里，僧侣（婆罗门）被置于顶端，其次是按照森严的等级制度排开的武士、商人和从事体力或手工劳动的平民。几乎在各个国家，无论哪一个群体拥有最高的地位，各种传统文明所采用的政治和社会的组织方式具有惊人的相似之处，始终在等级制的轨道运行，那也许是当时屡试不爽的管理方式。

社交网络提供了相互学习的机会和一起解决问题的方法，改变了个人吸收及传播知识和经验的方式，同时也拓宽了人们解读历史的视野。但是，这些网络及其自组织的过程，并不是生活在这个复杂的世界上的人们解决各种问题的灵丹妙药。网络是不稳定的，不仅经常要更新，而且需要支付高昂的维护成本。网络中的成员需要随时揆度得失，甚至不得不在个人权利和价值观方面做出妥协和让步。有些网络存在致命的陷阱，必须彻底淘汰，而另一些网络则是掠夺性的，违背了大多数人的集体利益。网络的发散程度往往取决于其结构的类型，了解这些属性，有助于我们在层级式管理机制失灵的情况下完成许多高度复杂的任务。

结论：改写全球化的叙事

至于全球化，我们究竟应该宣判它死刑，还是高呼它万岁!？在全球化时代，技术的扩散和资源的相互依赖性并驾齐驱，在激烈的互动与碰撞中产生了“动荡的情境”。在全球经济中，一个主体的活动收益取决于其他主体的交互行为。其结果是人类的一场复杂性革命，全球的发展需要营造共享的社会学习环境，以此创造和传播共同的知识。全球的相互依存性所带来的最严峻的挑战将是如何创造和传播有关人类状况的共同知识。

在相互依存的各个部分交互作用的过程中，复杂性摄取了一个新兴的全球化属性。一个复杂的系统不可能还原到彼此独立的构件，因此，孤立地研究复杂系统中的任何一个部分，都无法揭示整个系统运动和演变的规律，况且每一个部分在不停地发生变化。一个复杂系统的变化不是线性的，运行的过程也并非悖入悖出，呈现的结果可能完全不同于投入的模样。变化周期也不一定是渐进的，整体系统的规则会不时地得到重构，结果也可能在某一时刻发生由量变到质变的飞跃。任何既定的公式，无论它过去有多么成功，都无法保证在未来得出同样的结果。一项单一的行动可能有助于在一个方面提高效率，但可能会同时激起另一方面甚至多个方面的剧烈波动，将系统推到临界状态，触发极端的事件。这样的例子比比皆是，从交通堵塞到市场崩溃。

本书所阐述的复杂性进化理论将有助于关心全球问题的思想家改写全球化的叙事，为世界如何在未来走向全面繁荣昌盛重新找到一条新的道路。在不断变化的全球化时代，建立开阔的视野是至关重要的，它能为创造共同的知识提供广泛的基础。若能将多元文化整合为全球未来的共同理念，那将是一幅善莫大焉的理想图景。复杂性是一个颇具包容性的理论视角，加以认真思考，我们或许能够就世界的未来趋势得到某些有益的启示。它也是一个得当的分析工具，能够帮助我们在新兴的全球环境中捕捉、梳理和传播人类共同的经验和知识，因为它有利于排除成见，以建设性的姿态从各种不同的国家、民族以及不同的历史阶段去发掘、弘扬和分享有益于全人类发展的禀赋、信仰和技术。它揭示了全球化如何在一个共生、共享和共同竞争的网络中，将各个发展层级的经济、文化和政治联结在一起。它提供了一个验证西方和非西方经验的框架。它可以引领发展中国家和发达国家携手共进，在塑造和促进全球未来发展中开辟为之奋斗的共同事业。

后记与致谢

自然界的进化过程催生了一个新兴的研究领域——关于复杂性的研究，该研究旨在探索环境与其组成部分之间如何不断适应和相互依存。复杂系统随处可见，从雨林到蚁群，到飞行中的鸟类，这些都可以帮助我们了解复杂性在经济社会体系中的呈现形式，这也正是本书的主题。

复杂性是系统的一个特征，包括许多相互依赖的部分，当它们相互作用时便对系统产生了错综复杂的影响。系统内一个部分的变化会影响到其他部分，直到系统获取了新的、其各个组成部分所不具备的属性。因此，有必要了解一个社会系统的集体行为，以及它是如何从其组成部分之间的关系而产生的，人们必须以不同于传统意义上解决大规模社会问题的方式来思考。

贸易格局的演进和地缘政治的影响创造了新的全球网络，促使世界上许多处在不同发展阶段的社会和经济系统相互联系。这些网络不仅相互关联，还不断对其他网络的行为或预期行为做出反应。而这些行为往往是在网络间的共享情景发生变化时，在各自重新定位的过程中产生的。它们交织在一起，便构成了更大的系统，在宏观层面上创造了不同于微观层面的规则和主体。

相关而各不相同的部分互相依存，正是这个特点将关联性的复杂系统区别于一般性质的复杂系统。在关联性的复杂系统中，单个部分的移除将改变剩余部分的行为；而在一般性质的复杂系统中，除去其中一个部分虽然可能导致系统本身停止运作，但不会导致其余部分的变化。关联性的复杂系统可由不同层级组成，也可在没有任何前设的情况下自我组织形成，这使得在环境和组织形态的不断变化过程中，众多组成部分的行为难以预测。发生在一个部分上的事件可能会影响看似不相关的部分，因而难以区分其前因后果。

当我开始研究社会复杂性规则时，还没有任何现存的观点或词汇来描述我试图探究的问题。起初，有一篇研究欧洲前现代化时期不同土地使用模式社会起源的论文，它是1983年在密歇根大学完成的。那年晚些时候，因为对经济史感兴趣，我去了加州理工学院，见到了诺贝尔物理学奖得主兼经济史专家默里·盖尔曼（Murray Gell-Mann）教授，刚一见面，他就提醒我，最好别对经济发展规律及如何加快世界经济发展进程的研究能有突破性进展充满期待。他认为，当代经济学工具不足以解释一个复杂的世界。经济学家们并没有试图理解复杂性对于政策的影响，而是使用那些使系统达到平衡的工具，或者把系统的一部分当作整体的一个缩影。

1984年，盖尔曼教授着手成立桑塔菲研究所（SFI），该中心致力于复杂适应性系统的研究。SFI的研究也开始质疑许多当代经济学的主要假设。与此同时，主流政治经济学界也提出了一个关于经济增长原因的新理论，即一切你需要了解的打包方案。

我深受新制度经济学（New Institutional Economics，NIE）和制度发展理论的影响。我的相关知识储备很大程度上归功于与经济史学家们颇具建设性的交流。1985年，我离开加州理工学院前往宾夕法尼亚大学，在那里受到经济学家和全球人工降雨大师曼瑟·奥尔森（Mancur Olson）和拉里·萨默斯（Larry Summers）的影响，我的职业生涯意想不到地转向全球发展政策领域。他们都致力于寻求经济发展的综合方案，其中包括对社会制度的研究。奥尔森邀请我参加由美国国际开发署（USAID）资助的项目——“机构改革和非正式部门”（IRIS），并进行实地研究，并把许多经济学家对于经济发展的见解运用到对非洲法语地区制度建设能力的研究中，在这工程中，一种更优治理模式的思路开始形成。后来，受当时世界银行首席经济学家萨默斯的邀请，我开始研究东亚地区表现优异的经济体的制度，又进一步巩固了治理模式的研究框架。在接下来的10年中，在许多国际组织的支持下，我研究了新兴地区产生资本主义经济所需的、与系统相关的功能与结构属性。

我持续得到了许多实践机会，把良好治理理论运用于实际的援助项目。2001年，时任财政部副部长约翰·泰勒（John Taylor）提供了一个研究发展理念的机会，它最终成为美国一个主要的外国援助计划——千禧年挑战集团。几年后，我被USAID派遣负责一个名为“提高政府效率”的多国项目，这个项目在极度依赖美国援助的伊斯兰国家展开。在五年的时间里，我们调查了这些国家的司法、金融、规划以及教育和健康方面的社会计划，之后还涉及对基础设施、水、污水处理和交通的投资管理。在第三世界国家，对体系建设的专业知识有着广泛需求，这成为发展理论学派所关注的焦点，但是通过制定职能目标和委托指令来填补社会能力的缺口却很少成功。

所有这些实践机会最终有助于阐述为什么体制改革不足以设计一个运作良好的社会制度。聚焦制度建设的经济增长理论，并没有解释制度要素之间的关系如何引起国际关系体系的集体行为。即使良好的体制改革能够产生看似成功的项目和方案，援助项目也很少被证明是一个国家崛起的源泉，这里所指的是一个正常运作的、有能力去承担复杂任务的国家。

通常，对国际关系和复杂人类环境的解读都假定等级命令存在的必要性，但是，当一个活动需要协调许多不同层次的知识、经验和组织，那么任何个人或机构解决问题的能力，以及他们集中控制的努力就会失败。解决复杂性问题需要足够的专业性从而充分授权并明确分工。因此，为获得生产与分配商品和服务所需的资源，企业之间、国家之间的竞争日益加剧，这同时塑造了一个紧密联系的全球文明体系。

此外，全球政治经济中出现了许多不同的网络系统，一些可以加强系统层面的适应性，而另一些则削弱其适应性。当各种区域化的监管规则竞相成为全球治理标准时，国际环境便面临着一个重要的变化。在冷战结束时，现代化理论描述了一种全球化进程，这种全球化把所有渴望者推向西方走过的、更高收入经济体的发展道路。相反，许多新兴民主国家正成为影响国际体系稳定的威胁。这告诫我们，没有一种“放之四海而皆准”的特定发展模式，因为社会系统与其所处的环境相辅相成。

经济学家和社会心理学家赫伯特·西蒙（Herbert Simon）已经证明人类认知局限的程度。我们永远不可能完全理解我们所处的这个世界，因而，我们需要地图、比喻或其他符号对其进行描述。我们是我们设计的任何预测或策略的一部分，这阻碍了我们认知的客观性。承认这些限制，我们就能更加深刻地理解复杂系统科学研究对政策的影响。我希望，随着我们居住的世界变得越来越相互依存，这一努力将促使决策者更好地应对变化。

发现社会系统的复杂性是一段漫长的旅程，但这段旅程并不孤独。我遇到了许多伙伴，结识了许多与我的专业背景完全不同的学者和决策者，他们为我在写作本书及探索相关理论方面提供了诸多帮助与启示。

在写作本书过程中，Alice Amsden，Philip Auerswald，Ray Bowen，Yi Feng，William Ferguson，Lloyd Fernando，Jacek Kugler，Peter Lewis，Yan Li，Shoji Nishimoto，Paul Ormerod，Nancy Overholt，Ben Ramalingam，Qing Tian 都对书稿提出了宝贵的建议。我还要感谢参加我组织的全球公共政策博士研讨会的研究生们，他们对此感兴趣，也愿意付出宝贵的时间。特别感谢在乔治梅森公共政策学院的博士生 Kanishka Balasuriya，Ammar Malik 和 Ha Vu，他们还担任了研究助理的相关工作。

感谢 Dinah McNichols 耐心细致的编辑工作，感谢 Victor Teicher 慷慨地提供资金支持。

我的每一位导师，有些虽然已经离开人世，但他们的谆谆教诲依旧回响于耳畔。我要感谢 Kenneth Arrow，Gary S. Becker，Marvin Becker，David D. Bien，James Coleman，Milton Friedman，Francois Furet，Robert Hartwell，Robert P. Inman，Alan Charles Kors，Emmanuel Le Roy Ladurie，Bruce Bueno de Mesquita，Douglass North，Mancur Olson，Elinor and Vincent Ostrom，George Schultz，John Taylo，Charles Tilly，以及 James Allen Vann。

最后，我要特别感谢我的中国朋友，刘宝成教授，他准确而专业的翻译为此书中文版增色不少。同时，刘教授的团队成员：丁雪珺、高绪香、关衎、侯学敏、纪乃琰、姜澜、金乐乐、李丽翠、李云翀、梁雅丽、刘洋、陆燕、孟京伟、尚涛、孙川川、孙芳芳、孙维梁、王璐璐、王茫茫、王新彦、张丽、张怡婕、赵蕾参与了本书的初译工作，在此对他们表示衷心的感谢。

注　释

第 1 章

1. 推动国家、机构和制度发展的共同基础是现代化，即使没有其他任何东西，它仍然是人们依赖的基石（Pritchett，Woolcock，and Andrews，2010，4）。
2. 现代化理论有助于推动自由国际主义的进程，其中新加入者的发展轨迹将会向西方国家格局靠拢，以敦促后来者融入自由主义的秩序。然而，审视土耳其和中国对全球经济的融入，便会发现，它们的经济成功只是突出了其自身政治和文化的可靠性。
3. 自由国际主义和经典自由主义理论本质上是不同的。国家之间（或国家经济之间）相互联系的日益增强，是经典自由主义理论的核心假设。大卫·李嘉图（1772—1823 年）在著作中所阐述的经典自由主义描绘了一个理想化的国际政治经济体系，其中各个国家均作为平等的伙伴彼此合作。他假设一个不受任何政治干预的经济互联网络，国家之间在各自比较优势的基础上开展互利互惠的经济活动（Ricardo，1817）。其重点只是“互联”的中心性，因此经典自由主义的经济理论假设了全球（或国家）市场运作的核心特征：各国的行动目的仅仅是为了追求自身的利益。

   约翰·伊肯伯里（John Ikenberry）是自由国际主义的积极倡导者，他认同美国作为自由主义强国的核心作用。自由国际主义勾画了一个需要中央权威来保持稳定的全球统一的政治经济格局。这与经典自由主义倡导的理想形成了鲜明对比，对于复杂的经济相互依赖性而言，后者排斥政治干预。

4. 比如，规划和开展大规模协作的巨大优势使一度主宰资本主义国家国内市场的工业寡头变成了不可一世的庞然大物，但是网络化的生产系统取代了大型公司至高无上的地位，因为继续依靠一条单一的指令链条来控制产品的设计、生产和分销，已经不合时宜了。
5. 当对手是一个网络化的联盟而非单一国家时，防御战略的逻辑就必须做出改变，而且不要期待胜利。由于没有决定性的解决方案，所以针对对手的防御工作必须着重于干扰，而不是击败。
6. 斯图尔特·考夫曼（Stuart Kauffman）写道："生物的进化和技术的进步体现在大大小小的发明上，包括新的有机物、商品或服务，这些又会融入生态或经济的网络系统，并对它进行转化。在生态系统或经济系统中，有机物之间、商品或服务之间的相互作用和耦合又为整合新的有机物、商品或服务创造了条件和空间。"
7. 冷战后美国的战略假设是，一个国家的价值观越接近于美国，就越有可能成为其盟友。许多政治学家都支持这样的观点，即具有类似偏好的国家之间不太可能相互攻击。Lemke 和 Werner（1996）指出，相似的政治制度有助于国家在应对国际危机中采取一致的行动。
8. 倡导将自由国际主义作为国际规范的国家，通常在社会保障制度建立之后将之付诸实践，这种社会保障包括个人意外保险、失业补偿、残障福利、退休金等一整套社会安全网络。有了针对天灾人祸的社会保障，公民就不再需要用自己的所有财富进行自我保险，因此便可以开阔眼界，更有兴趣了解并参与更遥远的世界事务。
9. 伊肯伯里认为自由国际主义是国际体系的基石（2011a，b），但这种观点低估了后来加入者改变规则的愿望。如果其他路径是混乱的，新兴国家便在现有国际体系中乐享其成，但是它们喜欢的规则不一定是基于自由原则的。
10. 为了抗议主导全球化的精英，人们通常采用的方式在博弈论中被称作最后通牒博弈（Root，2008）。在最后通牒博弈中，玩家会拒绝虽然符合双方利益但显失公平的提议，即使最终双方都一无所获，目的就是为了惩戒提议的一方。这意味着，如果参与市场经济造成了新的不平等，它就会遭到大众的抵制；反过来，如果它骤然壮大了新兴集团的势力，也会招致精英的排斥。
11. 传统的系统理论是从系统集合到个体，而复杂的自适应系统是由个体交互构建的。
12. 伊曼纽尔·沃勒斯坦（Immanuel Wallerstein）于 20 世纪 70 年代提出的世界系统分析理论，将单一社会或民族国家与它们置身其中的世界体系联系到一起（1974，1979，1980，1984）。

13. 国际货币基金组织与美国财政部联手，成功地帮助发展中国家扩大了中央银行吸收巨额国际资本的能力。尤其在和平时期，各国经济体制的交互影响远胜于社会制度。相对于教育或家庭关系系统，中央银行可以更迅速地复制全球的最优模式。
14. Yi Feng（2003）衡量了与全球化相关的关键的转型进程。

第 2 章

1. 人均国内生产总值衡量的是全国范围内的人均生产率。
2. 特定国家之内的社会和经济交互规则反映了它们在系统宏观层面的特性，这种想法将引发新的问题：维持系统层面的功能需要多大程度的变化？变化何时能得到系统的响应，以及变化何时会阻止必要的一致反应？同一系统的不同部分是否能以不同的速率变化，但仍然保持与整体的关系？系统中的变化量如何反映互联的模式和相互依赖的程度？个体变化如何促进整个系统的创新？
3. 如果不描述个体，就没法描述整体，而且每个个体的描述都与其他个体相关。正是这一点导致了复杂的系统变得十分晦涩难懂。
4. 不可逆性造成的秩序混乱（Prigogine 和 Stengers，1984，292）。
5. 到底什么时候发生突变，什么时候又是渐进的结果，这是生物进化学家争论的一个问题，这一激烈的争论一直持续了整个 20 世纪。理查德·道金斯（Richard Dawkins）的追随者们认为，生命形式在过去 5 亿年变化非常小，因为进化只能够产生一些非常有限的途径来解决基本的功能设计的需要。他们坚信，机体的变化需要很长一段时间，进化的催化剂包括基因和基因谱系的联合，它们随着时间持续并与其他基因谱系进行竞争。道金斯也认为创新可以改变进化的频率，而且创新可以产生新的创新。然而梅纳德·史密斯（Maynard Smith）和道金斯强调，很长时间一步一步的自然选择对于社会因素的适应性是必不可少的，这也是进化与社会变革的区别。斯蒂芬·杰伊·古尔德（Stephen Jay Gould）的追随者提供了大量的证据，证明很多变化不是渐进的过程。宏观系统的改变，比如无性繁殖到有性繁殖的变化，冷血到热血机体的变化，这些都不是逐渐产生的。他们认为，突变代表了根本的改变（Eldredge and Gould，1993；Eldredge，1985；Gould，2002）。这种宏观变化过程的起源是什么呢？古尔德认为，变化并不总是针对单一的有机体，它可以同时作用于两个层面：系统层面和个体层面。外部冲击，如寒武纪爆发，可引发系统层面的驱动，从而导致自组织的改变。

6. 为了避免灭绝的高风险，要避免突然的进化。快速休克或基因突变可以增强体质，但更有可能导致灭绝。寒武纪的爆炸确立了大部分目前存在的生物形式，但同时每 3 个当前物种的诞生也可能意味着 10 个物种的灭绝，这在进化史上是前所未有的。在随后的进化爆发过程中，如两亿年前的二叠纪时期，新形成的物种有 96% 的物种灭绝了。科学家们认为寒武纪是独一无二的，因为很多新的生态空间都被发现。随着环境的变化，新物种的存活率下降。斯图尔特·考夫曼认为，适合的变体在早期比后期更多。随着环境的不断变化，生存下来的物种会通过缓慢的变异来增强其适应性（1993，76 – 77）。
7. 在诺斯和阿西莫格鲁的研究中有一个很有影响的理论，即结构功能主义，主张结构功能的差异塑造了一个整体的社会。一个国家被分解成多个关键组成部分，如政治制度；以此类推，政治制度又被分解为利益集团、政党和政府机构等关键组成部分。社会学家塔科特·帕森斯（Talcott Parson）认为，发展是关键社会因素（如文化、社会、政治和经济）之间功能分离程度的产物。因此，近代和现代社会之间的区别在于功能分化的程度。不同于追随帕森斯的社会学家所寻找的稳定和团结，作为经济学家的诺斯和阿西莫格鲁寻求的是效率或效果。诺斯认为，组织结构都有其各自的职能，例如，机构的功能是减少妨碍有效交流的交易成本。各种形式的功能主义的基本概念是这个社会可以被理解为一起工作的所有部分的总和，同时这些部分又是一个复制整体结构的缩影。复杂性的演化理论不强调效率或团结，而是寻求弹性，它源于系统组件之间的相互作用产生的规则的适应性变化。
8. 独裁政权无一例外地陷入了同样的恶性循环，这样的例子包括阿根廷、危地马拉、塞拉利昂、津巴布韦、委内瑞拉、苏联、罗马帝国、印加、阿兹特克、西班牙以及奥斯曼帝国等。这一框架很难解释为何故步自封的政权能长期苟延残喘，也无法解释高速增长时期的政权为何遭遇剧变，比如在大革命前夕法国的情形。
9. 第一份《人类发展报告》于 1990 年出版。它是巴基斯坦经济学家 Mahbub ul Haq 和印度经济学家 Amartya Sen 共同合作的成果。
10. 永远长寿的机构基本上都属于官僚部门。这些机构代表官方的权力行使职能，同时又根据下级的能力进行授权，以执行组织的使命。公共管理的层级制度要确保私人的角色与官方的角色区分开来。与此相反的是世袭，它是建立在家庭和个人权威基础上的。
11. 在自然状态下，“主流的社会关系都是以个人为中心的，包括特权、社会等级制度、不公正的法律、不安全的财产权，以及人们天生就有贵贱之分的普遍社会意识，等等”（North，Wallis，and Weingast，2009，12）。

12. 任何国家，无论其多么强大或集权，都无法控制其治下的所有活动。然而，只有国家才有资格为其国民制定有约束力的规则。在全球体系中，国家在创设和维护国际秩序方面扮演着核心的角色。
13. 如果一个物种发生变化，该物种的所有成员都必须做出相应的改变，否则就会被淘汰出基因库。然而，一个国家可能会改变其正式的宪法，但这并不一定会对社会成员或组织的行为产生绝对及同样的影响。

第 3 章

1. 复制者将其结构传递给下一个复制者。在现代化理论中，经济是社会和政治秩序的复制者；它选择需要复制的特性，例如将自由价值观传递给政体的其他部分。
2. 威廉·麦克尼尔（William H. McNeill）（1963，1992）出版了一本《世界历史叙事史》，其中阐述了在全球范围内市场如何改造了先前的社会秩序以及如何破坏现有的社会结构。
3. 例如在美国，作为资本主义支柱的组建公司的权利，最初被确定为社会责任章程（Lehne，2001）。
4. 我曾为亚洲开发银行、国际货币基金组织、经济合作与发展组织、联合国开发计划署以及美国财政部撰写银行治理改革报告。20 年后，我回到了美国国际开发署，负责设计分析项目，为各种国际发展组织提供治理建议。在 20 世纪 80 年代后期，我牵头组织了一个治理研究项目。这个项目是美国国际开发署资助的，旨在研究马达加斯加的经济调控。在当时，关于精英文官体制、社会资本以及有效的国家治理，都属于禁忌的话题。当时仍处于冷战时期，捐助者不知道如何把钱花在有效的国家治理上。作为承包方的“国际管理系统”是一家位于华盛顿特区的咨询公司，专门从事国际开发业务领域的咨询服务。
5. 这个概念是我与当时在胡佛研究所一同工作的同事共同提出的。随后《治理繁荣》由耶鲁大学出版社出版（Bueno de Mesquita 和 Root，2000）。基于选举团模型，我们专门开发了研究工具，考察政治经济学的广义背景，其中包括部门层次上的政策制定及运行。这个工具也可以应用于美国国际开发署的其他项目。
6. 获胜联盟是选举团的一部分，有足够的成员数量取得选择领导人的资格。一般来说，只有获胜联盟才能得到私有物品的奖励。

7. 复制制度创新面临着与克隆已灭绝的物种类似的问题。一旦一个灭绝物种的DNA被解码，它可以被植入一个现有生物的子宫内。必要的细节必须加以确定：妊娠需要多长时间，以何种顺序进行DNA激活？排序的内动力不可能凭借关键成分的结构蓝图予以确认。
8. 在实践中，提出对系统的某个局部有益的建议是很常见的。例如，我们针对印度尼西亚海洋生物和渔业部提出了重新调整激励措施的建议，以鼓励官员惩治违法者。该部与我们合作的秘书长接受了我们的建议，决定建立一支独立的海岸警卫队以监测该国掠夺性的捕捞状况，但不久这位秘书长就被革职了。他的上司们认为这些变化不符合整个系统的利益，而且苏西洛·班邦·尤多约诺（Susilo Bambang Yudhoyono）总统的内阁部长也拒绝了这项建议。这个海洋生物和渔业部是一个政治献金和腐败的工具，中央政府从中获得了巨大的好处，这正是这个部门得以持续存在的原因。
9. 在复杂性理论领域，奥地利经济学院关注社会规范的自发起源，但他们通常假设人们有能力从头开始进行体制建设。如果我们从零起步，找到最优的制度安排将是相对容易的。但制度转换所带来的未来利益必须要打一些折扣，既而减少了从一个规则转换到另一个规则的经济利益。计算这种转换所带来的利益，唯一的方法是完全了解整个系统的历史。
10. 马格里布人是10世纪从巴格达迁徙到马格里布的犹太商人。在接下来的3个世纪里，他们成功地开展了远程贸易，用民间的惩处方法取代了薄弱的法律制度。
11. 达尔文基于世代基因型的传递提出生物进化论。但是在政治经济方面以及社会组织之间，并没有类似的基因型存在，结果哈耶克和马歇尔中途放弃了基于这一思路的研究。
12. 在社会科学领域，有三个突出的进化研究议程，包括：（1）在经济系统中寻找与生物特性的类比（Hayek 1988；Marshall 1890）；（2）Kent Flannery、James G. Miller和Anatol Rapoport率先提出了社会系统作为一类动态系统的观点；每个人都在寻求这个系统的普遍知识（Flannery 1972；Miller 1965；Rapoport 1986）；（3）找出这些“系统”共有的规律。Eric Beinhocker（2006）提出了一种重要而简单易懂的方式，将经济体系看作是一个复杂的适应性系统，包括企业和商业模式。
13. 在传统分析中，经济系统被假定为处于均衡状态、向均衡状态转移或者在一系列均衡状态之间移动。这种方法并不能捕捉不断进化的自我组织的动力机制。一个、两个或者无限数量的主体，都在理性上追求期望效用的最大化或者最优化；它们是同质的，均表现出稳定而理性预期。由于缺乏多样性，主体之间的相互依存或连接极其有限，环境既无活力也不复杂。由于没有自身的内部动力，价值只有通过外部的刺激才能发生变化，比如新的信息或商品供给的变化。经济学中的类比对象通常是简单的机械系统，如振荡器、钟摆、大转盘或绕轨道运行的行星。它们的构造可能很完备，但并不复杂。理解单体之间如何相互作用从而形成有机体、生态、经济和社会的规律是未来面临的挑战，这就需要将所有门类的人类生命科学整合起来。理解生物复杂性是理解社会复杂性的跳板。为了理解人类生活和人类社会是一个复杂的整体，我们需要重新思考在学校里如何创造和传播知识。

14. 在沃尔姆斯宗教协定之后，西方的天主教会通过制定教会法将自己合法化。它们创设了一个独立的法制领域，旨在保护私有资本免受贪婪的君主的掠夺。如果没有一个体制化的制度约束，西方的产权保护可能永远得不到巩固。经济学家 Timur Kuran（2010）将伊斯兰世界疲软的经济归咎于其法律中淡薄的财富观念。

15. 西蒙·莱文（Simon Levin）对环境和生物学的研究做出了突出贡献，尤其是为空间生态学的研究奠定了理论基础。他提出："模式和规模问题是生态学的核心问题（1992）。"生物圈的规律性来源于相互作用的自我组织过程，而不是作为统一或整体的一部分（Lcvin 等 2009，772）。一个社会生态系统层面的结构和活力依赖于其上下游层面系统的活力。我们关心的层面，如经济或政治进步，与系统各个层面上发生的活动相互连接并彼此影响。一个国家类似于一个生态系统，由多个层面相互连接的适应性循环，即行政体系所组成。复杂性之所以存在，是因为任何一个层面都与管理整个制度行为的行政体系相连。一个经济体也是多层面的结构，受到跨层面的巨大影响。

16. 当一个系统远离均衡时，就会有许多解决方案可以备选，而均衡的系统只提供一种解决方案。

第 4 章

1. 金砖国家（最初为巴西、俄罗斯、印度和中国）都不会成为美国的多边合作伙伴。
2. 制度变迁是社会科学的一个永恒话题，相关经典著作仍然很受欢迎。这些著作往往建立在当时强烈的地缘政治经济基础上：托马斯·霍布斯的《欧洲宗教战争》；约翰·洛克的《英国的光荣革命》；卡尔·马克思的《1848 巴黎的路障》；马克斯·韦伯的《崛起的普鲁士军国主义》。这些作家在特定和当时争议的背景下确立了普遍真理。正如克罗斯（Croce）在《历史：自由的故事》（1941）中写道：历史是根据当时的需要撰写的。

3. 福山从未声称非西方社会将遵循类似的现代化发展步骤。他一直小心翼翼，生怕被误解为主张相应的制度需要类似的条件，或一个国家的独特历史会永远将自己锁定在唯一一条走向未来的路径上而不容改变。
4. 另一种观点代表了依附性理论，参见 André Gunder Frank（1998）。
5. “第三世界”一词的哲学渊源来自“第三等级”这一术语，它指代法国革命前夕制宪会议中的非特权阶层，他们的目标是改变法国社会的民间组织。
6. 罗伯特·科哈尼（Robert Keohane）是关于国际政体如何促进合作这一理论的核心贡献者，他强调制度在克服合作障碍中的作用（1977，1984）。
7. 福山也同意这一观点（1992，xxiii）。
8. “关于生物史中的新构造或习惯，所有重大的起源都归因于生态功能的变化，这样的转变体现了进化的机会主义（Mayr，1981，207）。”
9. 现代经济学和现代宗教一样，力求在任何时间和地点对所有的人都是普遍真理，但它从来没有特别指出促使其诞生的思想和环境之间的联系。赫希曼在《激情和兴趣》（1997）一书中强烈反对这一说法。
10. 这种观点尤其与 Gabriel Almond 和 Sidney Verba 的著作有关（1963）。
11. 社会学家 Martin Lipset（1960）和经济学家 Robert Barro（1997）记录了经济自由化与民主化的重大联系，并得出结论：这种关系不可能是偶然的。他们假定随着人们通过经济活动变得富有，他们就渴望更多的民主；随着他们的利益激增，民主将出面管理冲突。
12. 民主和专制的共同演化可能引致非适应性的问题，这在生态学中被定义为相对于人类进化史中的其他条件，具有这种特征的人，平均生存和生殖概率普遍低下。当第一次出现时，它对人类是不利的；而在第二次出现时，则由于环境变化或基因背景的改变而获得了一种可以选择的倾向（Levin 等，2009）。
13. 菲利普·切尔尼（Philip Cerny）写到了国家角色如何从社会风险的管理对象转变为全球机会的推动者（1995，1999，2007）。拉梅什·米什拉（Ramesh Mishra）强调了全球化对于传统福利国家的消极影响，认为它削弱了这些国家在保护公民免受全球竞争冲击的能力（1999）。
14. 例如，2007 年在缺乏多党竞争选举的国家中，有 40% 的国家比有竞争性选举的中等收入国家吸引了更多的私人投资（Gehlbach 和 Keefer，2011），福山将其视为对民主优越性的彻底颠覆（2011）。

15. 由于缺乏竞选或新闻自由，专制政权陷入两难的制度性困境：它们只有有限的手段来监督下级政府，而且它们无法确定哪一个地方团体对国家构成了危险。中央领导需要机制来监督地方官员，并扩大中央对地方精英的控制（Root 和 May，2008）。这些问题将在第 9 章进行讨论。其结果往往乏善可陈，中央政府没有能力监督下级的地方官员，因而无从确保他们遵守中央确定的治理标准与收入目标。所以，对信息过度管控的国家反而会丧失监督下级官员和地方司法的机制，这一点经常被用来解释造成苏联解体的原因。
16. 关于新兴中产阶级在长期的历史变迁中所发挥的作用，J. H. Hexter（1961）批驳了一个几乎被普遍接受的观点："欧洲的每一个重要的现象，尤其是长达 3 个世纪的英国历史、文艺复兴、宗教改革、欧洲的殖民扩张、新君主制、民族主义、下议院的兴起以及清教徒革命，这些都归因于中产阶级的兴起。"Francois Fure（1981）、Alfred Cobban（1964）和 George Taylor（1964）都分别延伸了 Hexter 对于新兴中产阶级革命性作用的质疑，并对法国大革命的起源进行了反思。
17. 曼瑟·奥尔森（1965，1982）把经济增长归因于契约密集型的交易，这种机制符合古典自由主义的假设：市场反映了自然秩序。Geoffrey Hodgson 提出了另一种观点，认为市场机制既可以促进也可以抑制经济活动（1988，1993，1996）。
18. 洛伊提供了以下对多元化的批判："当存在某种制度结构来规范群体间的竞争时，群体的行为是动态的和累积的。若没有这种正式的结构，集体进程根本不是真正的多元化，而仅仅是合作，是无效的。更糟的是，它会将单纯的无效转化成不合法（Lowi，1969）。"
19. 信息技术对缩短距离起着至关重要的作用：它驱动了全球供应链的形成和运行，为世界各地的人们开展贸易与合作提供了便利，是比较优势而非中央计划，驱动了这个过程。
20. 弗朗西斯·凯恩克罗斯（Frances Cairncross）写道，通信革命具有民主化和自由化的特性，它有助于消除小和大、贫与富之间的差距，结束世界各国之间彼此隔绝孤立的局面（1997）。

第 5 章

1. 有人认为开放市场可以促进私人产权制度完善、民主和法治建设，冷战的结束进一步加深了这种观念。

2. 新制度经济学作为一个政策指令所面临的挑战已在第 3 章中作为“移植者的困境”进行过讨论。
3. 在与借款方的政策对话中，国际货币基金组织和世界银行试图将善治作为贷款的附件条件（Kapur 和 Webb，2000）。
4. 瑞典哥德堡大学的政府质量研究所发布了大量关于制度质量的调查、数据和阅读资料，见 http：//www. qog. pol. gu. se。
5. 参见世界银行设定的“全球治理指标”。
6. 新制度经济学擅于在先进国家与落后国家之间发现制度差异，进而认为制度的缺陷是国际经济发展存在差距的根本原因。然而，差距评估是发展经济学失败的一个主要来源。正如经济学家威廉·伊斯特利（William Easterly）所言：每一次认定了一个差距，另一个差距就又出现了。首先，有资本差距，然后是教育差距，再后来是政策差距，新制度经济学最后登场，找出了善治本身的差距。国际金融机构前来进行差距评估，计算出投资与增长的关系。为了证明这种方法论持续有效，其捍卫者辩称，虽然弥补差距是不够的，但它是增长的一个必要条件（2002，29）。
7. Hall 和 Taylor（1996）确定了三种独特的新制度主义类别，他们将新制度经济学归类为理性选择制度主义的一个子集。这个子集的核心在于制度和经济发展的关系，因此是本章唯一关注的焦点。

   之前的一个类别是历史制度主义，盛行于 20 世纪六七十年代，具有结构性功能主义的倾向。由此派生的制度、规则、过程和程序服务于社会的权力关系，因此也被定义为多元主义或者新马克思主义。一旦形成，制度将沿着一系列路径构建社会关系。James March 和 Johan Olsen 批判了历史的方法，认为它没有深入分析制度对行为的影响，并且缺乏理论参照点（1984）。阿西莫格鲁和罗宾逊（2012 年）又复兴了新马克思主义的观点。

   第三种类别是社会制度主义，强调符号系统为社会行动赋予了意义。这种方法将文化看作是一种制度，提倡消除制度和文化之间的阻隔。社会制度的持续低效与规定性的行为规范有关，制度模板规定了怎样按照社会上适宜的方式对待压力。将社会学的方法用于识别变化的机制或者评估主体之间战略性的交互，效果不佳，因为没有一个类别能将微观的基础与宏观的结果充分地联系起来。
8. 博弈理论通常被用来审视规则和行为之间的关系，并确定为什么制度参数的改变不会导致行为的变化。一个经常被披露的结果是，协调可能由于分布性的不确定、信息的不对称或搭便车问题而无法实现。由于人们可能不相信给定的规则会得到遵守，于是继续率由旧章，因此新规则不能自动达到令行禁止的效果。

9. “单个基因可能同时影响几种表现型……基因间的相互作用对于个人适应和选择的效果具有决定性的重要性”（Mayr，2001，272）。基因是由在分散的网络中起作用的碱基对组成的遗传单元，由于受到丰余的保护而不容易分解（Barabasi，2002，181－83）。

10. 权威是个人的和家庭的，是建立在长幼尊卑的基础上的，因此在概念上不同于理性的官僚体制，后者的权威是根据能力设定的。行政等级要确保将私人和官方角色清楚地分开。

11. 很难观察不同的政权如何制定实施规则。即使法律明确规定了公务员制度，但行政机构也可能甘愿对执政党俯首帖耳。通常，即使将自由主义制度强加于世袭制的政权，不平等的成员之间的社会互惠规范不会消失。恩庇式的交换能力只是转移给了新的制度和领导者，使他们可以有的放矢地调整自身的技能，用以识别可以通过物质诱惑的手段来笼络的团体或强势的个人。恩庇主义的政客不会将利益均分给大众，而是集中投放给拥护自己的选民，以备赢得下一届选举的胜利（Kitschelt 和 Wilkinson，2007，12）。

12. 一个有用的类比是神经系统。“神经系统作为一个封闭的互动网络运行，其中每一个互动关系的变化都会导致同一或者其他组件之间互动关系的变化”（Capra，1996）。在一个网络中，“每个组件的功能是帮助生产和改造其他的组件，同时维持网络的整体循环”（P. 96）。这些想法是 Humberto Maturana 和 Francisco Varela 在 20 世纪 70 年代初最早提出的。

13. 丹尼·罗德里克（Dani Rodrik）（2008，52）总结了制度主义者的共识：“从长远来看，要确保向发达国家的生活水平看齐，最主要的做法就是吸收先进的制度。”在对制度大力宣传的鼓舞下，经济研究从社会福利转向了制度或游戏规则的制定，这样既含蓄又明确地突出了政策选择的首要作用。

14. 例如，North、Wallis 和 Weingast（2009）指出，精英们意识到，合作是一种实现集体财富最大化的有效手段。

15. 中国政府的领导层是一个组织集体，因此其国家的未来比专制政权具有较高的确定性。这就是为什么共产党政权可以领导人民稳步地为美好的未来而奋斗，而新世袭主义的政府政权则普遍会失败。

16. 如果加拿大试图与美国分庭抗礼，冲突可能会扰乱两国的和平共存。

17. 在寻找社会增长方式的竞赛中，最常被引用的例子是 Rafael La Porta、Florencio López-de-Silanes、Andrei Shleifer 和 Robert Vishny 所发表的开创性文献。“政府的素质”将不同的发展路径与其法律渊源联系起来（1999）。另一项研究汇总了一张权力制衡的清单。一项浩繁的定量研究是 Richard Roll 和 John Talbott 通过回归分析 9 个重大的制度变量来解释国民总收入（2003）。但 Roll 对善治的定义所指向的往往不是由制度产生的政策结果，而是另一个变量的变量。在区分因果关系时，制度质量的指数通常会遇到这种瓶颈。反向因果关系是模糊的，因为制度一般会等到增长或衰退期的末尾才能衡量其优劣。

第 6 章

1. 如果一个生物体试图达到健康的顶峰，它会发现突变和选择是不够的，因为新的生物会为另一个生物提供其所需的养分。因此，共同进化也可以产生形态各异的物种。新型的物种出现，而其他形态的物种则可能被迫灭绝。“生物性进化和技术性进化中的适应性进程导致大量物种的变异和灭绝”（Kauffman，1993）。“内生的共同进化可能引发大范围的物种变化和灭绝，同时促使新的物种融入生态系统”（Kauffman，1993）。人类发展的历史与自然进化的历史具有惊人的相似之处。如同自然界曾经发生的爆炸式的变迁一样，人类的技术革新也在不断地推陈出新，一系列的产品被淘汰了，代之以新的更适应时代的新产品。共同进化的动力机制驱动了雪崩式的变革，而在此背后，是同行之间的相互竞争导致了优胜劣汰的结果。
2. 动荡情境在情境理论中通常被认为是复杂的。当每个层次的结构都存在时，情境就是真正复杂的，许多形式的进化行为都可以发生，因此无法推断出一般的行为模型（Bar-Yam，1997）。
3. Page 和 Miller（2007，228）。
4. 全局峰值是一个给定情境中最高的局部峰值，通常只有一个全局峰值存在。
5. 很多关于印度民主根源的论述强调国会精英在英国学校接受的培训以及对英国议会模式的仿效。不过，这些模式只是因为有利于他们的个人利益，所以他们才做出了这样的制度选择。巴基斯坦的领导人也接受了相同的教育，但在国家取得独立之后，他们并没有将其应用于国家治理。
6. 关于其中突出的例外，请参见 Mohandas Gandhi 和 SubhasChandra Bose.

7. 红桃皇后的假说源自刘易斯·卡罗尔（Lewis Carroll）的《爱丽丝漫游仙境记》一书。经过不断地奔跑却仍旧还在原地转圈之后，爱丽丝对红桃皇后说："嗨，在我们国家，你如果像我们这样快速奔跑一段时间，你一般会到达另一个地方。""这是个故弄玄虚的国家啊！"皇后说："你看，你跑了这么久，结果还是原地不动。如果你想去别的地方，你必须至少比现在跑得快一倍！"其含义是，在一个共同进化的系统里，只有不断地适应，才能保持相对优越的生存状态。
8. 经济增长持续低迷，严重偏离了计划的目标，症结在于政治经济体制。在一个共生的关系当中，政客和官僚这两个群体发现各自的地位都得到了提升。更多的官方意味着更庞大的官僚权力；只有介入政府干预才能办事，证明政客在不断地开辟寻租的来源（Root，2006）。
9. 通过复制和学习，中国公司掌握了全球公司的流程和制造技术，扩大了产品的范围，但加剧了与潜在贸易伙伴的摩擦。
10. 考夫曼认为，尽管任何生物形态都是可能的，但受到功能的限制，物种的总数和类型仅限于满足上述动态的一系列基本要求之解。
11. 详细解释，参见考大曼（1993，644）。

第 7 章

1. 在无标度的分散系统中，尽管引入了新的组织、商品或服务，关系网仍能保持功能的一致性。转变的可能性源于自组织，网络会自行管理变革的过程（Kauffman，1993）。
2. 西方霸权在国际舞台上潮起潮落。查理曼是只做了 14 年的皇帝，在 814 年去世后，欧洲成为一个战场，没有一股势力能够数百年连续主宰这片土地。德国奥托王朝主宰了中世纪早期，法国主宰了后来的中世纪，但法国领土被西部的英国所统治，东部和北部被勃艮第人分噬（Huizinga，1924）。引领地理大发现时代的葡萄牙被西班牙的哈布斯堡王朝制服，后者又被荷兰人吞食。英国人同时征服了波旁法国和荷兰。德国超过了英国，两者又都被美国超越。在冷战期间，俄国享有确立世界体系和秩序的地位。
3. 紧密的反馈强调未来的选择，帮助主体识别系统如何响应变化，既而增强了主体实现未来期望的能力，弱反馈回路使得主体难以意识到其行为的后果。
4. 乔治梅森大学 Yan Li 的论文。
5. 欧洲国家体系的政治和社会势力地图类似于现代航空公司的航线图，分布广泛并与枢纽连接。代替节点的是通过直接航班连接的机场，这些节点是贵族间通过联姻形成的家族。正如机场路线图由几个枢纽控制，如亚特兰大、芝加哥、洛杉矶和纽约，欧洲体系的枢纽包括大家族、公爵、王子和君主。

6. 约瑟夫·斯特雷尔（Joseph Strayer，1970）等制度学家将现代国家的起源追溯到中世纪时期的传闻。
7. 微观共同进化体现为特定物种的局部变化，如眼睛或耳朵的大小及能力的差异。
8. 最初，认为物种迅速出现，然后不再有显著变化，这种观点被称为“非达尔文主义”，但这种现象也包括在达尔文的进化论中，这有助于区分小进化和大进化。关于大小进化观点间的差异，参见 Rose 和 Lauder（1996）。
9. 杰弗里·霍奇森挑战了制度选择的渐进观点，他写道：“一段时间的冲击既是经济变革的推动力，也是经济变革的机会……大规模破坏性事件可以创造重塑结构和制度的机会，有利于造就更加现代和进步的习惯和惯例。”
10. Michael Roberts（1956）、CJ Rogers（1993，1995）、Geoffrey Parker（1988，1996）、Jeremy Black（1999）、Michael Howard（1976，2000）、JohnA. Lynn（2002，1997），David Eltis（1998）、Robert Bates（2001）和 Charles Tilly（1992）等学者研究了剧烈改变战争行为的军事革命，以及由此产生的社会学和组织行为的后果。
11 . 瑞士人在发动骑兵攻击方面缺乏比较优势，但学会了如何击败敌人的骑兵，形成了由戟兵（1421）组成的步兵防御单位，并最终用手枪兵来对付马上的骑士。杰弗里·帕克观察到，“短暂而迅速剧变”书写了欧洲的军事史。“因此，14 世纪，步兵用了很长时间才慢慢但稳步地提高了重要性，而瑞士的戟兵和英国弓箭手骤然之间戏剧性地增强了地位；然后，经过大约一个世纪的试验，火炮兵开始于 15 世纪 30 年代革新围攻战术；大约一个世纪以后，经过连续且代价高昂的试验，一种被称为炮兵堡垒的新防御技术使阵地战恢复平衡。每一次创新都打破了主导的均衡，引发了一个阶段的革命性变革和调整”（帕克，1995）。
12. 在“百年战争”时期，英国在 1346 年克雷西战役中首次部署的大炮被证明是非常笨重的，没有发挥很强的战斗力。而英国人也没有进行后续的投资改进大炮的移动性。
13. 密集的训练让瑞典人充分发挥了排击火和线性队形的潜力。
14. 在布莱登菲尔德会战中（1631），由瑞典古斯塔夫·阿道夫国王推出。
15. 在争霸欧洲大陆的过程中，路易十四的军队达到了 50 万人。如此偌大的军队亟须管理结构的创新，以保障各种战略物资的供应。太阳王开始了一系列的行政改革，使法国在近两个世纪主导了欧洲的政治。但是，为了进一步扩大政治权力，他需要寻求更多的经济资源，因此不得不更加依赖非精英的技能。像大多数近代的欧洲统治者一样，路易十四未曾想过通过技术创新来连续地提高生产力和财富增长。他相信财富是依靠国家的强力经济扩张获取的。若使法国在商业上独占鳌头，路易十四认为应该击垮欧洲领先的商业国家荷兰。在宣告对资产阶级的荷兰开战后，他几乎连续发起了53年的战争。具有讽刺意味的是，波旁君主制的开创者弗朗索瓦一世的继承人，越来越依赖于匹敌对手国家的技术创新。因此，欧洲国家之间的竞争加剧了法国王室对商人、金融家和法律专才的依赖。为了满足对资金的持续需求，王室不得不以各种形式向平民阶级的非精英让渡权力，比如提供皇家办公室、皇家特权以及免税等。

16. 国家的合法性常常被战略事件或者说动乱所打断，“更不用说战败这样灾难性的战略事件”（Bobbitt，2002）。创新者通过成功的军事干预取得合法性之后，国家会出现很长时间的停滞；“虽然战争可以制造国家，但是只有国家才有位格造就内外部的合法性，是维持和平的合法性”（2002，xvi）。

17. 在近代欧洲历史上，大致发生过两种军事革命。14世纪的步兵革命和15世纪的火炮革命都属于技术性的，17世纪的官僚、采购和财政体系的扩大，以及18世纪晚期的大规模战争，都属于战术性和战略性的。这两种类型的军事革命都改变了社会组织。

18. 拿破仑敏锐地觉察到，俄国一直是欧洲国家体系的一部分，就像该体系的其他组成部分一样，从16世纪起，俄国要么正在欧洲开战，要么在准备下一场战争。为了战胜准备优良的瑞典和土耳部队，彼得大帝推出了西化改革（1709—1723年）。一个世纪之后，叶卡捷琳娜大帝（1762—1792年）恢复了针对农民的农奴制，同时推行再集权化和再军事化。为了扩大俄国作为欧洲主要大国的角色，她诏令贵族也要服从于义务兵役制度。

第一次世界大战暴露了俄国和西方资本主义势力之间的另一个巨大差距。同时，与其他西方大国的竞争迫使俄国调整国家结构。经济和技术落后导致了军事力量的衰微，为了摆脱这一局面，约瑟夫·斯大林政权的确创造了一个巨大的追赶效应——在几十年内实现了苏维埃俄国的工业化。

19. 拿破仑自己在教堂里加冕为皇帝，与王室联姻，恢复了教会的神职人员。他的目标是通过采用封建政权的象征主义来保护革命的核心价值观。

20. 欧洲的权力建构是跨国界的，主权效忠的疆域基础是在19世纪建立的，但是权力和贵族地位的跨国界特征直到二战后才完全消失。

21. 解放犹太人等少数民族在普鲁士的动员战略中发挥了作用。普鲁士在1812年为犹太居民提供了平等的权利，1848 年开始对其开放兵役。1862 年，阿尔布雷希特·冯·罗恩元帅命令包括犹太人在内的所有普鲁士公民都有服兵役的责任，而奥地利在 1867 年之前没有对其更重要的犹太人采取同样的政策。

22. 奥地利也施行过贸易歧视政策，直到 1818 年建立了德意志关税同盟（Zollverein）很久之后，帝国才成为统一的市场，普鲁士经济随之得以迅速扩张。到 1866 年，大多数德国城邦都作为一员加入其中。奥地利由于高度的产业保护而没有取得成员资格，直到 1851 年仍然保留内部关税。相反，德意志同盟限制成员之间设置贸易和商业壁垒。奥地利只有一家银行，即奥地利中央合作银行集团（Creditanstalt），而普鲁士的银行系统则相当发达了。
23. 在前哈布斯堡分裂成多个民族国家之后，德语区和斯拉夫语区之间的差距开始缩小。
24. 阿西莫格鲁和罗宾逊声称，精英将特权授予非精英可以克服危机；在普鲁士，精英们赋予了非精英阶层更多的权力，使之能够在国家的核心部门，即军队中发挥更大的作用（2006，2000）。
25. 由于不同的民族和社会团体之间缺乏信任，奥地利的政治和军事系统难以保持稳定。最严重的问题是，奥地利的新兵缺乏技能教育，他们也没有技术或制造能力来更新战争武器，只是在那里坐等欧洲的竞争对手将自己抛在后面。卓越的技术教育使普鲁士人能够为他们的步兵装备后膛装弹的快速射击德莱赛针发枪。在 1859 年的法奥战争中，奥地利缓慢装载的洛伦茨步枪已经无法匹敌法国精良的武器装备。
26. 中国的经典著作《孙子兵法》讲述的只是一些战争策略，而没有涉及需要改变国家结构或指挥系统的技术创新。
27. 军事历史学家经常猜想，火炮对中国来说是多余的，因为威胁其安全的侵略者是来自没有防御工事的北方的游牧民族。他们争论说，火炮主要用于攻击防御工事，但中国的对手没有防御工事。
28. 中国朝廷一直保持警惕，以避免武装人员和商人的自主性造成叛乱的危险。“像有组织的武装势力一样，商人依靠贱买贵卖赚得私人财富，违背了儒家的伦理观念。如果这些人的活动服务于官方的目的，则可以容忍，甚至得到鼓励，但允许商人或实业家获取太多的权力或者积累太多的资本，就如同允许军事将领或蛮夷首领控制太多的武装一样，是极其不明智的。明智的政策旨在打破不适当的财富集中，就像精心设计的军事管理一样，首先要防止军政大权独揽在某个将领麾下。经济学中常用的分而治之的原则，同样适用于军队和战争管理。据此原则行事的官员可以赢得广泛的赞誉，因为在普通大众心目中，四处劫掠的军队和残酷无情的资本家几乎同样令人憎恶”（McNeill，1982）。

29. 关于日本对中国的侵略，请参见 Perrin（1979）。
30. 全部土地都属于幕府将军，他将其中的一小部分赏赐给领主，幕府的留成最多，大于所有领主所得的总和。这削弱了领主横向联合起来的可能性，以防挑战处于核心的幕府。幕府将军的权威不容置疑，藩地的领主必须无条件地效忠。等级森严的权力建构确保了该系统的稳定性，每一层的上级都掌握着对下级的生杀大权。在自己的封地上，每一个藩阀都是至高无上的权力化身。这是典型的垂直控制的封建主义。
31. 及至德川时代末期，武士变成了诸侯的贵族官僚。他们的长剑仅保留了象征意义，唯一可能的用途就是用它来砍杀轻侮无礼的平民。
32. 在 1877 年，当一支浩浩荡荡的农民大军镇压了西南部的武士起义时，武士个人勇武的神话便告谢幕了。
33. 斯基弗和斯塔萨维奇（2012）将他们的数据与收入不平等的长期演变联系起来，测试了政治权力对扩大累进税收的影响。他们发现，政权的类型与累进税制之间的联系十分薄弱；单靠扩大选举权无法产生税收累进的大幅增加。他们总结到，战争中的牺牲改变了社会对公平的看法。他们以 1850—1970 年为时段，研究了很多国家最高税率的增长，最终排除了选举民主或左派政党的存在作为导致累进税收的主要原因。
34. 欧洲国家发动了战争，战争也成就了国家，查尔斯·蒂利诙谐地说（1992）。
35. 对于 1989 年政治风波，斯图尔特·考夫曼猜测：“中国政府知道，假如改变其系统的一些特点，整个国家都将被置于剧变的危险之中。”

第 8 章

1. 东亚浪潮肇始于菲律宾的“人民力量运动”。这次运动推翻了马科斯政权，继而在 2008 年金融危机之际，迫使苏哈托辞职，它同时也启发了韩国、中国台湾、泰国以及印度尼西亚的民主改革。但是，这些国家和地区的民主仍然不稳定，经常反复，制度建设滞后，而且滥用职权的现象一直屡禁不止。
2. 葛兰运动的根源在于土耳其东部的努尔库秩序。其创始人赛义德·努尔西（1876—1960 年）来自土耳其东部，深受苏非主义的影响。
3. 有些人相信，葛兰运动属于伊斯兰极端主义运动，是民主和世俗主义的敌人，葛兰本人的野心是通过控制媒体和教育，对社会和政府各个层面的广泛渗透，最终接管整个国家，建立伊斯兰国（Sharon-Krespin，2009）。他的捍卫者则辩称，他是一个和平和非暴力主义者，也是民主和公民自由的倡导者，他尊重世俗的土耳其国家，要纠正反动的宗教极端主义的危险（Harrington，2011）。

4. 在博弈论中，如果玩家看到了未来互动的前景，他们更有可能合作。这适用于正发党；大多数土耳其人认为，只有遇到重大的经济挫折，才有可能在不久的将来将正发党赶下台。人们对于以前的灾难性政策仍然记忆犹新，所有的反对党都因之失去了民心。唯有正发党被寄予了推动政治变革的希望，除非土耳其的政治舞台上杀出一匹黑马，能够有足够的魅力将正发党员拉进自己的队伍。
5. 与“阿拉伯之春”的密切关系可能驱使土耳其进一步与西方国家疏远。埃尔多安可以借机进行大规模的逮捕和辞退来隔离军方世俗的高级将领，以加强对权力的控制。民粹主义的选举可能会迫使土耳其在伊斯兰阵营里物色政治领导人，并使其民主与志同道合的邻居并轨，共同主张伊斯兰高于个人权利。
6. 12 世纪有一部久负盛名的巨著叫作《教义四书》或《四部语录》，按照主题顺序，它包含四部分内容：三一神，道成肉身，圣礼，末世论。
7. 根据 Simon Johnson 和 James Kwak 的说法，对于政治和经济权力的疑虑与共和制一样古老。杰弗逊和麦迪逊都担心，财富的集中必将导致出现威胁民主的集权。时刻警惕“经济和政治势力熏天的小精英团体”的形成，这一点使美国的经验彻底区别于墨西哥和拉美国家，后者强大而不受约束的金融利益集团为了自己的目的随时可能扭曲经济。
8. 在东亚，韩国、中国台湾和泰国的政府通过提供正式的地契成功地实施了土地改革，使拥有土地变成了穷人的生存机遇。除此之外，它们还大力提供公共产品、延伸公共服务、小规模的生产信贷，为出口、加工和包装提供扶持政策。相比之下，菲律宾的民选政府却未能成功地推行其美国版本的《宅基地法》，因为农村可怜的土地权没有给那里的穷人提供翻身的机会，结果还是以征用和土地重新集中而告终。
9. 越多人感觉到其未来可以通过与外部社会结盟而得到改善，语言的标准化就越容易推广（Nettle，1999）。奈特从在非洲选取的几个例子中证明了这一逻辑。中东阿拉伯语系的民族未能创造强大的国家。这是由于整个大陆广袤的沙漠阻隔了他们的定期交流，而导致了社会学意义上的分散化吗？另一个假设是，“精英制度一直是语言扩散的决定因素，但这种情况迄今仍不多见”。中国的普通话和法国的法语是典型的例外，因为中国和法国强大的行政系统都强调民族语言统一的重要性。

10. 美拉尼西亚的社会沿袭了部落的组织形态，人类学家称之为区块化的血亲谱系，部落成员都属于一个先祖的后裔。一个部落的人数从几十到几千人不等。这些部落被称为“沃托克”（wantoks），其实是一个蔑称的英语单词，即“同一个讲话”，或者“讲同一种语言的人”（Fukuyama，2011）。奈特指出，如果中国与巴布亚新几内亚的语言比例相同，那么中国至少要有20万种语言。
11. 作为一种民族文化，日本的早熟整合引起了学者们的广泛评论。玛丽·贝里（Mary Berry）写道：“近代的日本，在国家或近似国家的单位内，以史无前例的方式形成了共同的习俗、态度和做法” （1999，103）。根据Edwin Reischauer和Alfred Craig（1989）的说法，在江户时代（1600—1868年）的德川幕府期间，日本“于19世纪之前，在文化、知识和意识形态上达到了高度的一致性……胜过了世界上任何其他国家……”（引自Lieberman，1999）。贝瑞表示赞同，集成化的结构已经覆盖了整个日本列岛：“一个集中的政体生成了一个庞大的、层级化的行政体系；区域乃至全国市场造就了专业化的商业性农业，同时也生成了专业化的垂直型的劳动力组织方式。额外的整合力量是可靠的运输、城市化和学校教育。”
12. 塞缪尔·亨廷顿的《文明的冲突》和弗朗西斯·福山的《政治秩序的起源》详尽地阐述了这一点。

第9章

1. 定义国家能力的著名文献来自Almond和Powell（1966）；Katzenstein（1978）；Zysman（1983）；Migdal（1988）；Ikenberry（1988）；Organski和Kugler（1980）；Skocpol（1985）；Kugler和Tammen（2012年）。
2. 筹集能力一般是指国家获得的收入，通常用绝对值或者占国内生产总值的百分比表示。这种测量方法虽然简单直观，但往往难以准确反映一个国家的总体能力。
3. 相比印度，中国对旧规范的继承性较弱，因为毛泽东时代的“破四旧”和“文化大革命”等运动都将其清洗殆尽了。
4. 围绕恩庇主义这一主题，基于国别的研究包括：巴西（Ames，2000；Abers，1998），阿根廷（Auyero，2000），菲律宾（Coronel，1998；Coronel和Severino，1996），泰国（Dixit和Londregan，1996；Doner和Ramsey，1997；Glaeser和Shleifer，2005；Medina和Stokes，2007；Diaz-Cayeros，Estevez和Magaloni，2004；Robinson和Verdier，2002；

Robinson，Torvik 和 Verdier，2006）和贝宁（Wantchekon，2003）。与南亚相比，非洲的再分配网络十分有限，只有少部分人能从中受益（Van de Walle，2001）。辛格等人对中央邦的调查显示，民族文化的严重分裂促进了恩庇主义的交换（Singh 2003）。其他恩庇网络，如毒品卡特尔或日本的黑龙会，也遍布全国各地。

5. Kitelhelt（2000）研究了恩庇主义对政治制度的影响；Scott（1972a，b）；Tarrow（1977）。Kitschelt 和 Wilkinson（2007，12）、Brinker-hoff 和 Goldsmith（2002）回顾了美国国际开发署关于侍从主义和民主治理的文献。
6. 虽然地方大佬在非洲最为盛行，印度国大党的做法也不例外（Kothari1970）；（Weiner，1957，1967）.
7. 勃艮第省的一位领主在 1756 年向国王申言，领主权的本质是土地所有权以及与之相偕的公共权力，其中包括领主委任新校长的权力。这位领主无奈之下将申述上呈给枢密院，但枢密院拒绝受理，遂将其转交给支持农民运动的巡察官。后者告诫这位名叫 Loppin de Gemeau 的领主说，即使层层上告到省级法院，他的案子也会败诉。巡察官指出，未经村民大会同意，领主的任何决定都将被枢密院推翻。从此，在勃艮第和其他地方，封建领主的经济权利和特权丧失了司法和行政的支持。
8. 中国政府也为百姓提供了揭发和状告地方官员的正式渠道，但很多案件因得不到及时而公正的解决而激化了他们的权利主张（Pei，1997）。
9. 国王要求由自己行使属于国家本身的权力。罗马共和中统一公权的概念最终战胜了“朕即国家”的概念。
10. 传统上，军事训练是在教练的指导下完成的。领导能力所需的英武美德被推定为是从一个人的出身所赋予的。1751 年，国王创建了皇家军事学院，专事训练年轻的贵族军官。作为军事科学的一个分支，炮兵和工程等科目变得更加重要，军事学院于是开始向非贵族家庭的成员开放。学院也认识到了由发明者前来亲临指导的重要性，而这些人大多都来自平民阶层。久而久之，非贵族的成员凭借自身的本领而非出身，得以跻身军官行列。
11. 英格兰银行被允许在议会的担保之下借款，处理金条和汇票，从事典当业务。到 1694 年底，通过发行公债，银行已经能够以票据的形式向国家出借总额大于其总资本的资金，使财政部得以偿还政府的债权人。因此，银行成为政府不可或缺的信用来源，同时也为在海外士兵提供了汇款渠道。在 18 世纪，随着银行票据的发行和标准化，银行与政府的关系变得更加亲密起来。

12. 在菲律宾，国内的社会分化是由国家在国际舞台上的地位所决定的。精英们用地缘政策的让步来交换其持禄保位所需的资源，但对外部资源的依赖削弱了政府通过体制改革来提高执政能力的积极性。相比之下，中国的精英们避免对外部资源的依赖，完全利用当地的资源树立自己的地位和权威。
13. 在政治领袖的激励理论方面，梅斯基塔和阿西莫格鲁两位学者颇具盛名，他们阐述为什么政治领袖要扩大公民权或决定创造公共品。但是，他们的理论都无法诠释中国这两位领导人之间的差异。梅斯基塔等学者强调联盟（也称为选众）的规模（Bueno de Mesquita 和 Root，2000；Bueno de Mesquita 等，2003）。这篇文献的核心思想在于，政府的预算资源与获胜联盟的规模之间的关系，决定了领导人为其分配预算盈余的战略。如果获胜联盟很小，统治者就会将其集成到赞助网络中来，向主要的支持者提供私人恩惠。如果需要保持赢得联盟的忠诚的恩惠支出超过了收入的供应，统治者就必须增进提供公共品的能力，以维护一个更大的获胜联盟。但是，东亚的专制政权里没有明确的获胜联盟的概念，因为没有选众，领导层的形成也不透明。毛泽东依靠发动群众取得了政权，邓小平凭借推行改革开放赢得了权威，用获胜联盟的概念来对比这两位领导人，显然是不着边际的。此外，他们都面临财政资源短缺的问题。在中国，与其牵强地确定获胜联盟的边界，倒不如研究其领导人的政治智慧和人格魅力。
14. 邓小平通过开放市场引进了外资企业，同时也为私营企业的成长创造了条件。经过简政放权，国有企业和中小型民营企业获得了更大的自主权。他的改革进程是跬步式的，他曾采用包干制来调动地方官员的积极性（Shirk，1993）。然而，这种试验型的模式也暴露了一些缺点，由于缺乏系统性和连贯性，也为机会主义和权力滥用打开了方便之门。
15. 委托代理问题是当委托人向代理人委派特定任务时产生的利益冲突，这样的任务要么具有巨大的利益诱惑，要么不符合代理人的利益。
16. 中国在促进独立的商业组织方面不如欧洲成功，这需要在合作和管理上超越亲属关系。网络化的世界经济是一种无尺度的结构，但中国的法律体系尚待完善，因而不利于企业间的公平竞争。中国仍然留恋集中化的控制系统，国有企业由于对政府趋奉唯谨而不断地得到补助和特权，一项垄断性的优惠政策可以使它们瞬间做大。私营企业大多是家族经营的，由于难以突破家族的圈子，所以会很快达到增长的极限。社会保障体系的不健全推高了储蓄率，从而抑制了资本的适用效率。贸易和投资的决策过重地依靠私人网络，暴露了法治的弱点。

17. 政策上向国有企业倾斜，表明资本的配置偏离了效率有效的标准（Song，Storesletten 和 Zilibotti，2011）。
18. 中国争取话语权的尝试和加强问责制的努力，一直是学术界热门的话题（Florini，Lai 和 Tan，2012）。

第10章

1. 马欣达·拉贾帕克萨所代表的斯里兰卡自由党领导的联盟，称为人民联盟。
2. 2004年，安哥拉放弃了与国际货币基金组织的贷款谈判，接受中国无条件提供20亿美元的贷款，利率较低，还款期较长。中国对苏丹和津巴布韦的支持同样抵消了刺激国内改革的国际努力。这些措施属于帮助各国实现独立自主和自力更生，同时承认平等和互利的政策。中国在苏丹、津巴布韦、缅甸和其他地方获得的好处包括获得自然资源和支持中国在国际组织中的倡议。根据2007年8月8日《纽约时报》题为《来自中国蓬勃发展的企业家》的报道，在过去10年中已有75万中国人定居非洲。
3. 拉纳辛哈·普雷马达萨（1988年任命）是出身于低种姓的第一位总统，而拉贾帕克萨属于传统的高等种姓，即平民，但不像他的前任，他来自农村。他首开先例，把讲英语的精英边缘化。所以，他的崛起具有深远的社会影响。
4. 《斯里兰卡问责专家小组的报告》，2011年3月31日（UNSG，2011）。报告提到了一种对侵犯人权的罪犯法外开恩的文化，其中包括在人口稠密的地区过度使用武力。
5. 2009年5月27日通过的A/HRC/S-11/L./Rev. 2号决议。29个国家赞成（安哥拉，阿塞拜疆，巴林，孟加拉国，玻利维亚，巴西，布基纳法索，喀麦隆，中国，古巴，吉布提，埃及，加纳，印度，印度尼西亚，约旦，马达加斯加，马来西亚，尼加拉瓜，尼日利亚，巴基斯坦，菲律宾，卡塔尔，俄罗斯联邦，沙特阿拉伯，塞内加尔，南非，乌拉圭和赞比亚）；12个国家反对（波斯尼亚和黑塞哥维那，加拿大，智利，法国，德国，意大利，墨西哥，荷兰，斯洛伐克，斯洛文尼亚，瑞士和英国）；6个国家弃权（阿根廷，加蓬，日本，毛里求斯，韩国和乌克兰）。
6. 斯里兰卡外交部部长拉米什曼·皮利斯报告说，在斯里兰卡内战的最后几个月里，不准联合国小组进入该国调查关于侵犯人权的指控。政府反对该小组的任命。皮利斯表示，该小组是不必要的，并指出斯里兰卡不会向其成员发放签证（DPA，IANS，2010）。
7. 美国消息指出，这笔10亿美元的投资将用于建设中国海军在印度洋巡逻的补给站，而斯里兰卡人认为这只是中国建筑公司的商业行为。

8. 这些项目将帮助居民迁移到沿海地区，最终缓解科伦坡和康提市中心的拥挤问题。对于盘踞在这两个城市、一直主宰国家政治的传统商业精英来说，这些项目具有重大意义。南方的一条道路（加勒至汉班托塔段）原本在亚洲开发银行的考虑范围之内，但中国承包商在其本国银行的支持下捷足先登，最后取得了该项目的建设权。
9. 斯里兰卡政府的一名高级官员 2011 年口头证实了这一信息。
10. 2011 年在斯里兰卡进行的采访。
11. 北美出现了逆转的态势，在美国的压力之下，墨西哥率先走上民主的道路，而拉丁美洲的邻国却投靠了巴西等区域性的强国。作为一个民主国家，墨西哥的执法环境仍然薄弱，政治恩庇和贪污腐败遍布朝野，民众则期望外部的强权能够对腐败的政府产生震慑作用。
12. 约翰·伊肯伯里坚信，“联合国等机构推行的多边主义规范强调开放和基于规则的国际关系”，这些机制仍然富有生命力，因为上升型的政权还有从中寻求更大的话语权（2011b，56）。

第 11 章

1. 李世同在《主权的黄昏》中的观点在 20 世纪 90 年代得到了许多流行著作的引用，例如凯文·凯利的《新经济，新规则》（1998），弗朗西斯·凯恩克罗斯的《距离的消失：通信革命如何改变我们的生活》（1997），卡尔·夏皮罗（Carl Shapiro）和哈尔·瓦里安（Hal Varian）的《信息规则：网络经济的策略指导》（1998），曼纽尔·卡斯特尔（Manuel Castells）的《网络社会的兴起》（1996），以及杰西卡·利普纳克（Jessica Lipnack）和杰弗里·斯坦普（Jeffrey Stamps）的《网络：21 世纪的组织原则》（1994）。
2. 许多悲观主义者担忧，重商主义联盟和全球的分裂局势会形成狭隘的利益集团和区域性的垄断。在这种情况下，全球贸易可能分裂成众多区域性的亚结构、安全综合体和经济区。像巴西、伊朗、土耳其、俄罗斯、德国和中国这样的较强国家，将会统御那些弱小的区域伙伴。
3. 亨廷顿所说的文明分裂会发生在伊斯兰世界和西方国家之间，但他猜测，伊斯兰有可能与东方社会联合起来，共同反对西方的价值观。
4. 1975 年共同签署《赫尔辛基协定》的国家有：德意志联邦共和国，德意志民主共和国，美利坚合众国，奥地利，比利时，保加利亚，加拿大，塞浦路斯，丹麦，西班牙，芬兰，法国，英国，希腊，匈牙利，爱尔兰共和国，冰岛，意大利，列支敦士登，卢森堡，马耳他，摩纳哥，挪威，荷兰，波兰，葡萄牙，罗马尼亚，圣马力诺，圣海，瑞典，瑞士，捷克斯洛伐克，土耳其，苏维埃社会主义共和国联盟，南斯拉夫。

5. 土耳其崇尚全球化的管理阶层占据了上风，因为他们能够从国际经济交往中获得特殊的利益，而且政府权力阶层一直与反社会主义的西方保持紧密的安全联盟。但是随着全球共产主义的威胁逐步消退，崇洋派的精英的社会地位和影响力已今非昔比了。

6. 根据2010年欧洲对外关系理事会的报告，主权轴心组织成员包括：阿尔及利亚，阿塞拜疆，孟加拉国，白俄罗斯，玻利维亚，中国，科摩罗，古巴，刚果（金），埃及，赤道几内亚，几内亚，印度，印度尼西亚，伊朗，吉尔吉斯斯坦，老挝，利比亚，马来西亚，缅甸，尼加拉瓜，朝鲜，阿曼，俄罗斯，塞内加尔，斯里兰卡，苏丹，叙利亚，塔吉克斯坦，突尼斯，委内瑞拉，越南和津巴布韦。但以下这些国家和地区也倾向于是主权轴心组织成员：阿富汗，安哥拉，巴哈马，巴林，巴巴多斯，贝宁，不丹，布基纳法索，柬埔寨，喀麦隆，佛得角，中非共和国，乍得，哥伦比亚，刚果，科特迪瓦，刚果（布），吉布提，多米尼克，多米尼加共和国，厄瓜多尔，厄立特里亚，埃塞俄比亚，加蓬，格林纳达，几内亚比绍，圭亚那，伊拉克，约旦，哈萨克斯坦，肯尼亚，科威特，莱索托，马里，毛里塔尼亚，莫桑比克，纳米比亚，尼泊尔，尼日尔，尼日利亚，巴基斯坦，菲律宾，卡塔尔，圣基茨和尼维斯，圣文森特和格林纳丁斯，新加坡，索马里，南非，苏里南，斯威士兰，特立尼达和多巴哥，土库曼斯坦，乌干达，阿拉伯联合酋长国，乌兹别克斯坦，也门和赞比亚（见 http：//ecfr. eu/page/-/the-eu-and-human-rights-at-the-UN-review. pdf）。

7. 1973 年，在关于保护利比亚平民决议上，巴西、中国、德国、印度和俄罗斯联邦投了弃权票；在保护叙利亚平民的决议上，俄罗斯和中国投了否决票。

8. 关于网络结构和全球政治经济的论述，参照了与 David Masad 联合发表的论文。

9. 比尔·麦克尔维尔（Bill McKelvey）最早提出了价值链能力的评估标准（1999，296）。